当代俄罗斯修辞理论三题

王加兴　王生滋　袁俭伟 ● 著

В. В. Виноградов

Р. О. Якобсон

М. М. Бахтин

南京大学出版社

目　录

上篇　作者形象的修辞角度研究

第一章　维诺格拉多夫作者形象说的实质和特性 006
一　主体与客体的统一 007
二　内容与形式的统一 011
第二章　作者形象的两种表现形式 017
一　叙述人的叙述结构 017
二　作者和人物的视角结构 021
第三章　讲述体与作者形象 031
一　讲述体理论 032
二　讲述体中的作者形象 034
第四章　风格与作者形象 041
一　风格与作者形象的关系 041
二　流派风格与作者形象 044
第五章　批评和补充 050
一　读者:不可或缺的环节 051
二　作者形象说与巴赫金的作者论 054
附录 061
一　作为美学范畴的“作者形象”(H.K.鲍涅茨卡娅 著) 061

二　M. M.巴赫金和 B. B.维诺格拉多夫的作者理论
（A.Ю.博利沙科娃 著）　090

中篇　语言学诗学理论研究

第一章　雅可布森的学术活动及其诗学体系产生的理论背景　116
一　雅可布森的学术活动　117
二　雅可布森诗学体系产生的理论背景　123
第二章　雅可布森的诗学理论　141
一　语言学与诗学的联姻：语言学诗学　142
二　语言艺术的本质：诗功能　148
三　语言的两极：隐喻和借代　157
四　等值的和谐：对称原理　164
五　诗与语法："诗的语法"　175
第三章　诗语的结构分析：语言学诗学理论对中国诗学的启示　184
一　汉诗中的对称和二元对立原则　185
二　汉诗中的语法　191

下篇　言语体裁理论研究

第一章　巴赫金言语体裁理论概说　199
一　言语体裁理论产生的背景　199
二　言语体裁理论的内涵　210
三　言语体裁理论研究现状评述　225
第二章　巴赫金言语体裁理论与修辞学　240
一　言语体裁理论与功能修辞学的关系　241
二　从言语体裁理论看巴赫金的修辞色彩观　250
三　言语体裁理论对于俄语修辞学的贡献　259
主要参考文献　267
后记　278

上　篇

作者形象的修辞角度研究

文学作品是语言学家和文艺学家共同关注的焦点。由于研究目的、研究方法上的差异，语言学家和文艺学家对待文学作品的语言，明显采取两种不同的态度。以苏联当时的情况来看，语言学家通常以研究语言本身为己任，很少顾及作品的其他方面。这种语言学的研究方法，主要有两种类型。一类是将文学作品的语言当作研究民族标准语言的素材。语言学家，尤其是语法学家和词汇学家往往从分析历代文学作品的语言入手，试图探索民族标准语发展的历史轨迹。我们从苏联出版的《俄语标准语言史》的各种教科书中可见一斑。另一类则侧重于研究作品的修辞手法和各种语言表现手段，也就是传统修辞学的内容。亚·格沃兹杰夫（А. Гвоздев）的《俄语修辞学概论》和亚·叶菲莫夫（А. Ефимов）的《文艺语言修辞学》，采用的便是这种研究角度。总之，语言学研究方法是以作品所使用的语言为出发点，最后也是以语言为归宿，始终没有超出语言本身的范围。而文艺学家则恰恰与之相反，他们的视野里是作品的形象、思想等，唯独不见语言。他们大多走的是社会学家批评的道路，即联系社会背景、作家生平来分析研究作品的人物形象、情节架构、主题思想。有的文艺学家对作品的语言一带而过，因为在他们看来，语言只不过是传达信息的工具而已，一旦将信息传送出去，这种工具也就随之失去意义。不过，也有一部分文艺学家觉得，既然“语言是文学的第一要素”，那么在自己的研究中对语言视而不见，似乎有些不妥。于是便采取“先内容后形式”的折中方法，就作品语言发表一些直觉式的印象之谈。文艺学家的这两种研究倾向，即使在当今的俄罗斯也屡见不鲜。

然而，科学发展到今天，诸门学科毕竟从隔绝和封闭走向了交流和融合。在对俄罗斯文学的研究中，在维诺格拉多夫之前，已有人运用语言和文学综合分析的方法来研究文学作品。他们试图从分析作品的语言入手，揭示出作品的思想内容。不过，这种研究尝试并不多见，开其端绪者当推列·谢尔巴（Л. Щерба）。他采用这一方法分析了普希金的诗《追忆》和莱蒙托夫的诗《松树》。

真正使语言学和文艺学相结合、相融汇的是维克托·弗拉基米罗维奇·维诺格拉多夫（Виктор Владимирович Виноградов，1895—1969）。围绕文学作品的语言研究，他提出了一整套理论体系，并由此创立了一门独立的新学科——文学修辞学。它的任务在于从分析具体文学作品的辞貌入手，揭示作品的结构规律和思想内涵；在于研究一部或多部，乃至一个流派的文学作品的风格。而维氏所创建的文学修辞学的核心范畴，便是我们要阐述的"作者形象"（образ автора）。它是作品中语言结构和思想内涵的核心，它是统摄作品风格、作家风格，乃至整个文学流派风格的灵魂。维氏在"作者形象"这块沃土上辛勤耕耘了一生，他以"作者形象"为出发点和归宿，分析研究了俄国文学史上几乎所有的重要作家，硕果累累。在此基础上，他提出了完整的文学修辞体系，几乎涉及作品结构的所有方面，如语言各层次的修辞特性和功能、言语结构和类型、语型的功用和组合、语言形象和艺术形象、句法和叙述结构、语言和情调、体裁问题、言语和情节等，并且把语言修辞同作品结构的其他要素有机地结合了起来。

作者形象理论可谓体大思精。它力求把握作品思想和艺术的焦点，统率作品整体，又由具体分析某部作品的语言修辞结构推衍出囊括整个时代的文学风格，此乃"体大"。它并不纯然是抽象的理论体系，它总是以具体分析作品语言为前提，在分析过程中，环环相扣，深中肯綮，令人信服，此谓"思精"。虽然，维氏对"作者形象"这一术语并未做过严格的界定，但这一理论本身产生了广泛的影响，为俄罗斯语文学界所普遍接受。许多学者都运用这一理论分析当今的文学作品并获得了成功。苏联科学院院士、著名文艺理论家德米特里·利哈乔夫（Д. Лихачев）给予作者形象理论以高度评价。他在为维氏的遗著《关于艺术语言的理论》所作的跋文中写道:“维诺格拉多夫在俄罗斯文学中作者形象的历史发展方面,已处于创立一套完整理论的前夕。如果他彻底完成了作者形象的这一发展图景,那么这对建构具有真正科学性的俄罗斯文学史,对建构它的发展史和完善艺术性总结的各种方法的历史都具有重大意义。仅就维诺格拉多夫给我们留下的这部分思想和观点来看,也同样具有极其重要的意义。它们考察的广度和深度,以及运用材料的翔实和理论分析的精密令我们惊讶。”①

① Лихачев Д. С. О теме этой книги //Виноградов В. В. О теории художественной речи. Москва, 1971, С. 224.

第一章　维诺格拉多夫作者形象说的实质和特性

文学作品不仅反映所描述的对象——人物、事件及整个艺术世界，而且还反映出作品的主体——作者本人的情志、观点、性格等等。这样，作者便也被看成作品塑造的一种形象，不过这是一种特殊的形象。作者可以直接或间接地反映在作品中。在俄罗斯现实主义文学作品中，对作者给予间接反映才是最为典型，也是最为重要的方式。在这种情形下，我们通过对作品语言结构的分析，包括具体的语言手段、各种语体、不同的社会语言类型等，通过对情调气势的分析，最后通过对作品结构的整体把握，便可以很自然地感觉到作者的存在。维氏说："在文学作品的结构中，渐次拓展的内容是在言语的各种形式、类型和不同格调的交替中表现出来的。这些言语的各种形式、类型和不同格调通过'作者形象'结合在一起，同时它们又使作者形象形成一套完整且复杂的表情言语手段的体系。正是在作者形象这一言语结构的特性中，深刻而又鲜明地表现出了整部作品结构在修辞上的统一性。"[①]由此可见，作者形象作为一个理论范畴具有统一作品辞章面目的功能，而且还可以从作者形象入手彰显作品的内涵。因此这一范畴的内容十分丰

---

① Виноградов В. В. О языке художественной литературы. Москва, 1959, С. 154.

富。这是一个集语言学视角和文艺学视角于一身，同时又含有美学和哲学思想成分的理论范畴。在哲学方面，它体现了主体与客体，内容与形式两方面的辩证统一。本章将围绕这两对哲学概念，从整体上对作者形象的实质和特征做阐释和评析。

一　主体与客体的统一

“作者”与“形象”这两个词搭配在一起似乎让人难以接受。因为它们分别属于主体和客体这两个不同的范畴。主体和客体是一对哲学范畴，主体指认识者和创造者，客体指与主体相对的被认识和被表现的对象。就文学活动而言，主体即作者和读者，客体就是文学作品所要描绘的现实世界和作为主体审美意识物态化的文学作品。一般所说的作品中的形象，正是在文学作品中的艺术世界的范围内产生的，因此它属于客体范畴。如我们通常所说的“人物形象”，便是由作品中生动的人物语言，具体的人物行为以及这一人物与其他人物和事物所构成的联系和冲突而产生的。那么，维氏将“作者”和“形象”这两个属于不同范畴的词语组合成一个新的术语，有什么用意呢？

让我们先看一段维氏本人说过的话：“如今我满脑子全是作者形象问题。文学作品从来都是要透露出作者形象的信息。从字里行间，从描写手法中，都能感觉到他的面貌。这并非现实生活当中那个托尔斯泰、陀思妥耶夫斯基、果戈理的面目。这是作家的一种独特的‘演员’脸谱。”[①]显然，这里的“作者”并非现实生活中具体从事写作的那个人，即作者本人，而是指反映在文学作品中的作者。作家的创作个性要反映在作品中，这本是古今中外公认的文学常识。这种个性多体现为作品风格，也是被普遍接受的文学观念。维氏之所以能再进一步，提出“独特的‘演员’脸谱”一说，是因为他

① Виноградов В. В. О языке художественной прозы. Москва, 1980, C. 311.

深入考察了作为文学材料的话语所体现的主客体关系。文学作品的话语，即叙述语言，一个根本特点就是必须有主体，必定属于这个人或那个人的叙述。文学话语是高度个性化的东西，如同形象内容是个性化的产物一样。抓住话语主体这个环节，在修辞研究上就是抓住了纲，纲举则目张。维氏早期称这个语言主体为“语言意识”，随着后来认识的深化，又提出了作者形象的概念。这样一来，这一命题就比“作品反映创作者个性”的一般艺术见解更进了一步，体现了文学作为语言艺术的独特性。也因此，维氏一直探讨作者形象在作品中的具体表现。在他举出的数种典型表现中，作品（特别是小说）的叙述主体占据优先地位。从作者与小说叙述人的关系来看，无论叙述人以什么方式出现在作品中，他都不是作者，也不等同于作者形象，但大多在不同程度上反映着作者的形象。有的文学作品中，作者安排一个与人物形象一起出现的叙述主体。这个主体以叙述人的身份站出来直接与读者进行交谈，并不加掩饰地发表自己的观点。这时，他是作品众多成分中的一种，与其他人物形象处于同等地位。有的作品中不出现叙述人，但叙述的语言仍然有它的主体，他将自己掩藏在作品的叙述之中。这两种叙述主体如果体现了作者的个性特点，便成了作者的一种“独特的‘演员’脸谱”。既然作者将自己掩藏了起来，那他又是怎样在作品中反映出来的呢？举凡优秀的文学作品都包含着作家本人对所描写事物的明确的态度，他的爱憎好恶等，虽然不同态度的表现方式会有所不同，有的直露、鲜明，有的则较为隐蔽，但这种态度却总是客观存在的。对这种态度的感受，是从作品语言和形象中得来的。文学作品的语言并不是抽象的语言，而是形象生动，富于感染力的语言。正是通过整部作品的形象语言，读者才感受到血肉丰满、感情充沛、爱憎分明的创作主体的形象。换句话说，这一主体形象是通过整部作品具有形象性的语言结构反映出来的，我们只有通过作品本身才能感受到它的存在，才能了解到它的本质。

综上所述，“作者形象”中的作者并非现实生活中从事写作的个人，而是反映在整部文学作品艺术世界中的创作主体，也就是说，这是客体化的主体，或者叫作对象化的主体。

现在我们再从文学作品这一客体的角度对作者形象做一简要考察。

维氏在著述中曾多次引用俄罗斯作家有关作者的一些重要论述来验证他所提出的作者形象理论。如果一部作品缺乏鲜明的作者形象，那就不是一部成功之作。如果其作者形象游移不定，飘忽变幻，那也不是一部好的作品。对一部作品来说最重要的就是反映在作品中的作者个性。关于这一点，安·契诃夫（А. Чехов）在评论谢·奈焦诺夫（С. Найдёнов）的剧本《金钱》时写道："重要的是要在剧本中感觉到作者的存在。在我所读到的当今剧作中，根本没有作者。这些剧本就像是由同一个厂家，同一台机器生产出来的。而在奈焦诺夫的剧本中是有作者的。"①可见，作者形象是评价一部作品的要旨。不仅如此，作者形象还是区分不同作品的重要标志。列夫·托尔斯泰（Л. Толстой）说："其实，当我们阅读或者欣赏一位新作者的文学作品时，我们总会在心里提出这类基本问题：我倒要看看你是何许人也？你同我认识的其他人有什么区别？在看待我们的生活这一问题上你能告诉我什么新的见解？无论艺术家描写什么人：圣徒、强盗、沙皇、仆人——我们追寻的、看到的只是艺术家本人的心灵。"②

契诃夫和托翁的这些论述都说明，作为客体的文学作品，一定要展现作者鲜明的个性，即客体实现了主体化，或者叫作对象主体化。

因此，作者形象理论实际上涉及了哲学史上一对古老而永恒的范畴——主体与客体。哲学的基本理论告诉我们，主体与客体的关系是辩证统一的。主客体之间是双向建构的关系，即主体和

① 转引自 Виноградов В. В. О теории художественной речи. Москва，1971，С. 113。

② Толстой Л. Н. Полн. собр. соч. Т. 30. Москва，1951，С. 18.

客体之间存在着双向能动的反映关系。具体来讲,“主体的能动性不是无限的,因为人在实践中直接同作为服从一定规律的物质构成物的客体相互作用着”,[①]客体也有其能动作用。维氏的作者形象理论恰恰反映了这一哲学思想。虽然在作为客体的文学作品中,艺术世界是作者即作品的主体创作而成的,但作者的能动性却不是无限的;相反,他还有一定的受动性:他不能脱离文学作品所反映的现实生活的自身规律而随心所欲地任意杜撰。文学作品并不是消极、被动地为作者所左右,而是具有能动反映主体的特性。这点无论是在文学作品的形式方面,还是在内容方面都有所体现。法国作家福楼拜就文学作品的表现形式曾说过这样的话:“不论人们所要描写的东西是什么,只有一个词最能够表示它,只有一个动词能使它最生动,只有一个形容词使它性质最鲜明。”[②]可见,在一定的上下文中作家对语言的选择和使用并不是随心所欲的。这一点固然可以从“局部和整体”的关系中得到印证,但从主客体的辩证关系来考察似乎更为合理。在内容方面,文学史上不乏作品的情节发展离开作家原定轨迹的例子,如人们所熟知的普希金笔下达吉雅娜的出嫁,托翁笔下安娜的卧轨自杀等情节。

与一些通行的文学批评理论相比较,维氏的作者形象说的一个很大的优势,就是它全面揭示了主体和客体的辩证统一关系。社会学角度的批评,关心的是现实生活中的那个作者,评论的是作者其人的思想和审美情趣等,很少着力探究文学作品中被物态化了的作者。过去,形式主义学派的某些研究者则相反,他们注重的是文学作品的内部表现形式,而对反映在作品中的创作主体的思想、态度、情感等,则多半置之不问。

---

① 帕尔纽克主编《作为哲学问题的主体和客体》,刘继岳译,中国人民大学出版社,1988,第230页。

② 伍蠡甫主编《西方古今文论选》,上海复旦大学出版社,1984,第262页。

二　内容与形式的统一

一部文学作品的内容具有特定的整体性和统一性。只有在对作品内容的整体关照和把握中，才能准确地认识作品中的人物形象。这是不难理解的，不少文学研究者对此都有所阐发。但有一个问题却一直困扰着文学研究者们：既然作品的内容具有特定的整体性，那么它是依靠什么才得以统一的呢？是主题思想吗？我们知道，有时一部作品的主题思想并不是单一的，如《战争与和平》，其中的思想内涵十分丰富，有哲学方面的，历史方面的，也有道德方面的，等等。这种复杂多元的主题很难把作品的全部内容有机地统一起来。那么统一作品内容的核心是什么呢？在以研究文学作品语言形式和语言艺术为己任的语言学家、修辞学家看来，文学作品的语言犹如一幅色彩斑斓的油画。作品的众多语言成分自然不是杂乱无章地拼凑在一起的。那么是什么使这些纷繁的语言元素统一起来的呢？他们往往回答：是统一的美学功能。但这个美学功能又是怎样统一作品语言结构的呢？对此则同样语焉不详。更重要的是，在一部文学作品中，内容因素同形式因素，思想方面和艺术方面，是由什么黏合、统一起来的呢？有一种见解，认为这个黏合剂就是作家的创作意图或创作构思，然而，在创作过程中甚至下笔之前形成的意图和构思，显然是文本之外的因素，而我们关心的是文本结构内部客观存在的黏合剂。

维氏认为，文学作品是一个完整的结构体系，它由多种结构要素组成，包括多种内容要素与形式要素。众所周知，内容要素与形式要素是互相渗透、难解难分的。因此将问题拆开来，单问统一作品内容的是什么，统一作品语言的又是什么，是很不容易说清楚的。从理论上看，至为重要的问题是：统一整个文学作品的内聚力是什么？这种内聚力应该同时凝结内容和形式两个方面。

维氏通过长期苦心孤诣的钻研，终于发现统摄整部文学作品的灵魂是作者形象。我们认为，他的这一发现恰好提供了解决内容形式统一之谜的一把钥匙。那么，作者形象是怎样同时包括内容和形式两种要素的呢？

谈到文学作品的内容，人们首先会想到作品的故事情节和人物形象，以及它们背后的主题思想。内容方面最高层次的因素，其实是作者对描写的艺术世界所持的评价态度。维氏认为它是贯穿整部作品而实实在在可以把握的东西，正是它统摄着整部作品。作为佐证，维氏援引了列夫·托尔斯泰的两段话。托翁说："使任何一部文艺作品联成有机整体的聚合剂……是作者对事物统一的独特的道德态度。"[①]"任何一部文学作品中，对读者来说最为重要、最为珍贵、最有说服力的东西，便是作者自己对生活的态度，以及作品中所有写这一态度的地方。文学作品的价值不在于有首尾贯通的构思，不在于人物的刻画等等，而在于贯穿全书始终的作者本人对生活态度是清楚而明确的。"[②]作者的评价态度是怎么升华为作者形象的呢？这里说的"对生活所取的态度"，实际上就是我们通常所指的作家的情感，作家对现实的社会生活，进而对作品描绘的生活所施的褒与贬。文学作品对社会生活的把握和反映虽然是融认识与情感为一体的，但情感更能反映文学的特性。因为认识毕竟是对事物本身客观属性的真实反映，而情感则是由主观体验生发出来的态度和评价。从文学生产的角度来讲，情感是文学创作的内驱力。文学生产的发生、构思和物化这三个阶段都贯穿着作家本人的审美情感。这无疑会体现在文学作品的文辞、形象、含义这几个由表及里的结构层次中。文辞所表现的形象正是蕴含着主体复杂情感因子的形象。因此文学作品中灌注和凝聚了作家强烈的情感。而表达情感又是一种个性化的活动，文学生产的每一个主体都是活生生的、不可重复的"自我"。他们在作品中所表现

---

① Толстой Л. Н. Полн. собр. соч. Т. 30. Москва, 1951, С. 18.

② Литературное наследство, Т. 37－38. Москва, 1952, С. 525.

出的感受和态度都是生动而独特的，带有个人独创性的印记。另一方面，情感不仅贯穿文学活动的前两个环节，即作家和作品，而且还贯穿于第三个环节，即读者、鉴赏者。文学作品的阅读和鉴赏首先是读者与作者的情感交流活动，或者说是一种心心相印的交流活动。而这种交流活动正是以整部作品所反映的创作主体的感受和态度为前提的。这种态度和感受表现得越是生动鲜明，越是富有个性，就越是能在读者的心目中清楚地展现一个活生生的、不可重复的创作主体的形象。维氏将这种反映在文学活动全过程，即创作、文学产品、鉴赏三个环节中的作家对生活鲜明、生动而独特的感受和态度给予科学的总结，概括为“作者形象”。

任何一种类型的文学艺术都是情感的物化形式。作家的评价态度最终还是要落实到作品的语言层面上。对维氏来说，无论是从文学生产，还是从文学鉴赏、批评来看，语言是整个文学活动的支撑点。因此，维氏在强调作者评价态度的时候，一刻也没有忘记它的语言表现，可以说，尤其重视它在文学作品中的语言表现。也正是在对所写生活评价态度和语言表达的结合中，维氏又发现整部作品中贯穿着作者对语言的统一的态度，并把这归结为作者形象的另一个侧面。

为了分析这另一个侧面，我们不得不简要地提一下维氏的基本的修辞理论。维氏几乎对语言学的所有学科都做过缜密细致的研究，并多有独到、惊人的发现。与文学语言的研究直接相关的是他对于三种修辞学的阐述，即语言修辞学、言语修辞学和文学修辞学。语言修辞学主要描述语言统一的结构中各种单位的修辞特性和潜力，增加表现力的方法；并对结构中各种表达手段进行分类和解释，如各种语体及它们之间的关系。这里的语体即功能语体，包括口语体和书面语体两大类及它们的分支。

言语修辞学研究人们在社会实践中运用语言的各类惯常形式。语言正是在社会运用的实践中才表现出它真正的创造属性。言语修辞学是以语言修辞学为基础的。它的研究对象包括：一、言语的各种体裁，如科技语体分为科普、生产技术等。二、言语的结构类型，如独白与对话（报告、辩论、采访等）。三、社会言语类型，如各行业部门阶层集团的行话。在言语修辞学中不仅观察到语言单位的新用法、新特征，以及语义和修辞学色彩的丰富变化，还要研究新的言语单位，新的言语结构体系。

维氏的文学修辞学正是在这两门修辞学的基础上建立起来的。它与言语修辞学的关系尤为紧密。那么，普通的语言和文学作品的语言之间的关系又是怎样的呢？

一方面，文学语言要以民族语的语言单位和言语单位为基础。文学作品的语言风格，尤其是现实主义文学作品的语言风格，与当时的语言和言语现状都是直接相关的。作家只有在了解、掌握各种言语类型的基础上才能将它们融入自己的作品风格。另一方面，普通的语言和言语单位一旦进入文学作品，便获得了一种新的艺术生命。它们不再仅仅是简单的指物称名了，而是增添了新的意味和色彩。它们进入文学作品之后，不仅与客观现实中的具体事物发生关系，而且还与作品中所反映的完整的艺术世界发生了关系。它们的运用及联结手法、规则不仅取决于作品整体，还取决于整个艺术世界。正是受这种整体的制约和感染，一些言语单位与其他语言单位发生关联而获得了附加意义。本来没有形象性的词语也因此获得了形象性。维氏为了区分普通的词汇单位和诗语单位，将后者称为“象征”。是什么因素将普通的词汇单位变成了“象征”呢？从原则上讲，当然是文学作品的美学功能。但具体来讲究竟有哪些因素呢？维氏指出了以下几点：一、文学风格流派；二、创作方法；三、作品结构的形式和类型，如文体等；四、作品的情节。在任何一种文学体裁中，用语言手段创造的世界都是一个充满复杂关系的世界。这些关系在情节的推衍中改变着语言自身的组织形式和指物称名的内涵。这一艺术世界和描绘它的语言结构是作者个人和文学流派相互作用的复杂产品。同时，它们还受过去的文学传统的影响。正是从这个意义上说，文学修辞学远比言语修辞学的范围要宽泛、内容要复杂得多。

至此，我们可以回到“作者形象”的问题上来了。普通的语言进入文学作品而获得艺术新生的这一转变过程，归根结底是由作品的创作主体来完成的。作者是怎样完成这一过程的呢？作家为了塑造艺术世界并表现自己的评价态度，将以上所说的某一时代最为典型的各类语言手段、语型、语体等，根据自己的语言艺术观，即对民族语的态度，创造性地运用在文学作品中。每个作家对语言的认识、好恶、品评标准、运用习惯千差万别。用维氏的话来说，作家的个人“语言意识”各不相同。正是在这种“语言意识”的基础上才形成了作家独特的表现风格。反过来讲，从文学作品的风格结构中，可以看出作家是怎样理解和认识民族标准语的，可以看出作家艺术性、创造性地运用标准语的方法和态度。整部作品独特的辞章面貌反映出作品创作主体对标准语的立场。这样，作品创作主体便由一般的语言主体升华为“作者形象”了。在这个意义上，可以说，“作者形象”“是将社会语言范畴转换为文学修辞范畴的一个中介”。[①]

结合前面所谈到的，我们发现作者形象说包括以下几个渐次升华的层次：先由普通的语言和言语上升为具有形象性的诗语，再由具有形象性的诗语上升到作品的情感和含义层面。维氏一再强调：作者形象是“独具一格的语言结构，它贯穿文学作品的始终，决定着作品所有因素的相互联系和相互作用”。[②]“作者形象是综合和融汇语言艺术作品中所有修辞手法的核心和焦点。”[③]可以看出，维氏提出作者形象这一范畴，首先是从语言艺术的角度立论的。因此，作者形象是对文学作品进行修辞分析的主导范畴。

作品思想方面的整体性，辞章面貌的整体性，这两者都分别为人们所认识。但如何从辞章的整体性发掘出思想内涵的整体性，

---

① Виноградов В. В. О языке художественной прозы. Москва, 1980, С. 313.

② Виноградов В. В. О теории художественной речи. Москва, 1971, С. 151 - 152.

③ Виноградов В. В. О языке художественной прозы. Москва, 1980, С. 314.

则是前人未曾做到的。维氏独辟蹊径，在作者形象的结构中“实现了由具有自身特性的形象诗语的问题……向文学作品的思想内容或观念意识方面的过渡”。[①] 这就是作者形象说在揭示作品思想与语言、内容与形式统一关系方面所具有的开创性意义。

① Виноградов В. В. О теории художественной речи. Москва，1971，С. 82.

第二章　作者形象的两种表现形式

维氏对俄国文学史上从卡拉姆津到契诃夫几乎所有重要作家的作者形象都做过深入的考察。不过在各个阶段其研究的侧重点有所不同。而且，在具体分析作者形象时，维氏往往点到为止。我们要悉心体会，仔细琢磨，才能把握其要义。因此很有必要对维氏在各个不同时期，从不同角度对作者形象的具体分析做一总结和归纳。

综观维氏的实例分析，我们可以将作者形象的复杂多样的具体表现形式大致归纳为两类：一、整部作品中叙述人的叙述结构，用维氏本人的话讲，就是作者的一种语言面具。二、作品中作者和人物的多种声音所组成的统一体，作品叙述结构中错综融汇的不同的主体视角。

一　叙述人的叙述结构

在现实主义的文学作品中，一般来说并非由作家直接出面讲故事，通常是一个作者假托的叙述人。这个叙述人的叙述结构正是作品建构的关键所在。整部作品的情调、气势都有赖于这个人的叙述。维氏指出，叙述人的叙述格调实际上是作者本人的一副

"语言面具"。这一"语言面具"带有叙述人的社会性、心理特征及个性。作品叙述人的叙述结构又有两种形态。一是完整统一的叙述结构是由几种不同的"脸谱"组合而成;二是作品的叙述工作虽然只有一人承担,即一种脸谱,但他本身又可以变化出好几副面孔。

(一)完整统一的叙述结构是由几种不同的"脸谱"组合而成

如普希金《别尔金小说集》的叙述结构是由三个主体——讲述人、别尔金(即所谓的"作者")、出版人(即普希金)共同完成的。这三个主体的表层关系是:作品集的五篇小说是由别尔金写出来的。不过,他仅承认这是从好几个讲述人那里听来的,自己只是执笔将这些故事记录下来而已,并非他本人创作的。而出版人则将这些故事汇辑起来,修改润色,写上前言,并在每篇故事前加上题记,然后出版。这就构成了叙述的多主体性。这三种主体的叙述成分在书中时离时合的流变,形成了辞貌上的多姿多彩。叙述结构的"三位一体",不仅表现在词汇、句式的使用上,更重要的是反映在这三类主体各自不同的社会特征上。对作品中的同一个艺术现实,他们各自得出不同的认识,做出不同的反应。因之,这三类主体的作用是各不相同的。小说的基本情节是由几位讲述人提供的。故事中正是通过他们的眼睛,通过他们世界观的折射来再现世界的。小说集里出现了四个分属不同阶层的讲述人:一、地主贵族(《暴风雪》《村姑小姐》);二、军官(《射击》);三、小官吏(《驿站长》);四、小商人(《棺材店老板》)。别尔金将讲述人的故事连缀起来,并做了艺术加工。他成了联系讲述人和出版者的中间环节。出版者直接反映在集子的前言和各篇题记中。各篇题记所引用的都是感伤主义和浪漫主义流派中一些颇有影响力的诗人的诗句。其目的在于揭示别尔金小说集的风格和思想,且区别于这两个流派,与之形成鲜明的对比。

我们来看一下叙述的这种多主体性是怎样具体反映在《棺材

店老板》这篇小说中的。

小说的讲述人是一名店员，他的姓名是以“Б. В.”的缩写形式出现在作品中的。整个叙述的基调，笼罩着一层工匠行业的色彩。这种言语基础的构成，不但包括词汇、句式的运用特点和独特的言语表现力，还包含对生活细节的选择和描写，包含讲述人的整个评价体系。小说随处可见与棺材制造和销售有关的物品。词汇的语义场无非是商品、买卖、销售、盈亏、价格等等。手艺人之间的话题也没有超出这一范围。这些正是店员所关心、感兴趣的，同他的生活意识很贴近。这就说明在对现实的描写和评价中，反映了讲述人最初的视角和看法。

店员虽然是这篇小说现实主义风格的社会生活的一个支点，但他的作用毕竟仅限于提供生活素材。小说艺术情节的真正建构，是由别尔金实现的。以店员所提供的故事为基础，别尔金建立了小说的形象体系。这篇小说的题材，本是在感伤主义和浪漫主义文学作品中经常出现的，但在别尔金笔下却表现出了与这两者迥异的现实主义的格调。

出版者则将现实主义倾向又向前推进了一步。他运用反讽的手法表示与此前的文学传统的决裂。他的面目或形象反映在题记中(如:“我们不是每天都看到棺材，这日渐衰老的宇宙的白发？——杰尔查文”)和插叙中(如:“博学的读者知道，莎士比亚和瓦尔特·司各特都把自己书中的掘墓人写成快活诙谐的人，以这样截然不同的对比来使我们的想象力相形见绌。”)这样，店员所讲的故事本身获得了新的含义。出版人透过别尔金转述的折射，使小说与世界文学，与莎氏、司氏的掘墓人形象形成鲜明的对比，流露出对棺材商的同情。

总之，“作为《别尔金小说集》风格的标准，可以确定有三面棱镜:讲述人、别尔金和创作者普希金本人。在整篇作品的结构中，甚至在整部小说集的结构中，他们的观点相互交叉反映并得以统一。对艺术现实的反映采用多视角、多方位的描写方式。其表现风格具有深广的含义和强烈的流动感。”①

（二）同一个叙述人变化出多副面孔

作品的叙述由某一个叙述人来承担，但这个叙述人需要经常变换自己的面孔。这种情况通常出现在第三人称的叙述方式中，较为典型的便是列夫·托尔斯泰的《战争与和平》。首先，这是一部以几个家庭的悲欢离合为线索的战争题材的小说。其次，这是一部有事实根据的史诗性的作品。叙述人运用了大量军事术语、军事文件、军人阶层的口语、行话，还有军事科技语体和战情报告语体等。这时，他仿佛是一位深谙军事的行家。当然，这些语言材料都经过了提炼和加工，不是生活中的原型。使用它们的目的在于真实地揭示那个时代的特征和精神。小说的叙述人更不时地发出种种充满哲理的议论，借以表达作者本人的历史哲学观。在充满哲理的议论中，叙述人广泛运用自然科学，如物理学、数学、天文学的术语及语汇，目的在于构成各种明喻、暗喻、类比和对照等手法。如："Сама огромная масса их, как в физическом законе притяжения, притягивала к себе отдельные атомы людей."为了揭示历史规律，叙述人广泛运用数学术语和短语："Принимая все более и более мелкие единицы движения, мы только приближаемся к решению вопроса, но никогда не достигаем его. Только допустив бесконечно малую величину метрической прогрессии, мы достигаем решения вопроса."在句式方面，叙述人多次运用数学上的论证方法的句式，或逻辑学上严格推理方法的句式，如："Ежели бы Кутузов решился оставаться... то... Ежели бы Кутузов решился отступать по дороге... то... Кутузов избрал этот последний план."这时，叙述人给自己换了一副政论家和哲学家的面孔。为了再现那一时代的精

① Виноградов В. В. Язык и стиль русских писателей. Москва, 1990, С. 219.

神面貌，作品中还使用了法语。法语与俄语的交替使用不仅出现在文献中、人物的语言中，还出现在叙述人的语言中，叙述人时而还对这些法语的运用及法语的内容背景、含义进行解释，这时，叙述人就像一个深谙生活风俗的历史学家。

可以看出，“由于《战争与和平》的作者有多副面孔：他既是语言艺术家，又是历史学家，同时还是军事专家，政论家和哲学家，这就增添了作品语言的复杂性。”①

这些例证说明，维氏从叙述结构入手发掘作者形象，抓住了其两条本质，一条是叙述的主体，一条是叙述的个性化。无论是作品叙述呈现多层次多主体，或是单一主体呈现多层次多面孔，也无论是叙述主体具名出现或是全不露面，这两条都是必然成立的：凡是叙述就不能没有叙述人，而文学的叙述人又不能没有个性。基于这两点来分析叙述结构，才会有上述两种类型的发现。叙述的多主体，或单一主体的多面孔，都是因为叙述具有个性化特点才得以区分开。

这里我们要特别强调一点：作者形象在维氏看来不是简单地指叙述多主体中的某一个或几个，也不是指单一主体多面孔中的某一个或几个面孔。作者形象指的是叙述多主体的结构，单一主体多面孔的结构，即叙述主体的复杂而完整的体系。换句话说，它是作品中的叙述结构。这个叙述结构的发现和挖掘，正是维氏的一个重大理论贡献。

二　作者和人物的视角结构

作者形象的另一种表现形式是反映在作品中的作者和人物的视角，他们各自不同的声音，不同的主体域（即一种声音所占据的语域），以及它们之间的关系。如果说作者形象的第一种表现形式

---

① Виноградов В. В. О языке художественной литературы. Москва, 1959, С. 634.

是对“作者面具”——叙述人做单独的考察，那么在这一表现形式中，则是从几个方面将作者（或通过叙述人）与人物联系起来加以考察。

叙述视角问题在20世纪70—80年代受到各种文学理论的广泛注意，出现了许多专门的研究。联系这种学术发展的情况，回过头再看维氏的观点，他在这个问题上的确算是先声夺人，而且有不同于别人的独特角度，也就是作者形象的角度。我们结合近年关于叙述视角的理论，在对维氏的视角分析爬梳梳理的基础上，将这种视角按其内容分成四种类型：一、时间视角；二、心理视角；三、语言视角；四、评价视角。时间视角指作品情节发生的时间顺序以及表现这一时间顺序的手法。心理视角是描写作品人物的一种心理出发点，对人物行为的描写既可以从旁观者的角度出发，即外部描写，也可以立足于该人物本身，或从可以深入人物内心状态的全知全能的观察者的角度出发，即从内部来描写人物。外部描写反映出作者的一种相对客观性，而内部描写则是作者的一种主观反映。语言视角指作者的叙述语言和人物语言的交融或对立。评价视角指作者和人物对某物某事的认知和评价。一部作品可以自始至终只有一种评价观点，即使出现其他评价态度，这一观点也可凌驾其上。但更为常见的是，一部作品中有多种评价视角，它们相互交锋，一起推动作品中故事的发展。这四类视角各自都有一定的功能，它们紧密相连，组成一个有机的整体。其中，评价视角是时间、心理、语言诸视角的最终归宿。维氏在理论和实际分析中，正是抓住了评价视角这一核心，反复强调作者形象包含了作者对艺术现实的态度和评价。其他因素在他看来都是服从于这个评价态度的。再者，时间、心理视角，在维氏的分析中，也总是与语言手段（特别是句法手段）的运用相结合的，它们是运用语言手法的结果。因此实际上，维氏还是紧紧扣住了由语言形式发掘作者评价态度这两个环节来阐述的。

下面我们就从作者和人物的视角结构出发具体分析一下普希

金的《黑桃皇后》的作者形象。小说讲述了这样一个故事：男主人公格尔曼一心想靠赌博发财。为了探听伯爵夫人赢牌的秘诀，他骗得了夫人养女丽莎的爱情，但最后还是落了个一场空。这部作品里除作者外，有三个主体域：男主人公格尔曼、女主人公丽莎及伯爵夫人。作者在他们之间来回穿梭，时而离此，时而即彼，将他们联结成一个故事。在这一穿梭过程中，作者又保持着自己的个性。这三个主体域对同一现实有着不同的反应。它们相互交织并同作者对立，从而推动着作品的情节发展。作者虽然能洞悉人物的心理，但并不出来代替他们讲话。在人物形象中有两种现实属性辩证地统一起来：一方面，他们对世界有着自身的主观认识；另一方面，他们自身又是这世界的一个组成部分。因此，他们既作为艺术世界的客体，又作为认识这一世界的主体形式出现在作者的叙述中，不过，需要说明的是，伯爵夫人几乎不作为主体出来活动。在作者笔下，她是一具行尸走肉，作者很少通过这一视角去看世界。

（一）时间视角

主体域的多样性首先表现在作品的时间进程中。这个时间在过去时的大范围内能够从某一主体意识自由地转换到另一主体意识。小说的整个叙述时间，自然是逐渐向前推动的。但由于作者与人物主体域的对立，作者的叙述时间就常常被属于人物意识的时间切断。这样，时间的运动就取决于不同主体域的互相穿插。通过对时间视角的分析，我们可以更加清楚地看出整部作品的结构及作者对情节轻重的处理，可以把握住作品的情节重心。因此，下面我们就对整部作品的时间进程做一简要考察。

小说的第一章写的是包括格尔曼在内的一群赌徒在军官纳鲁莫夫家的谈话和托姆斯基对祖母——伯爵夫人有关赢牌故事的追述。时间是从某天早上四点多至五点三刻。第二章将读者带入了另外一个全新的环境——伯爵夫人更衣室。一开始，这个场景与

第一章的时间关系并不明朗，但一系列的暗示和意义上的关系说明：这事发生的时间要晚于前一章。第二章的开头，时间是以对话的方式向前推进的。但到了中间部分，叙述时间便出现了断裂。在作者指出纳鲁莫夫家的一幕已经过去了九天，作者的客观时序被打乱了。以下的叙述是以丽莎的感受和心理活动为坐标的。由此，情节便退回到一星期前，即丽莎第一次见到格尔曼的那一天。对她来讲，正是从这一天开始了一种充满戏剧冲突的新生活。自然，其后发生的事是紧接着这一天的（“两天后……她又见到了他”）。由此就很清楚，老伯爵夫人更衣室的场景就出现在丽莎第一次朝格尔曼微笑的那一天。“当托姆斯基请求伯爵夫人允许他把自己的朋友介绍给她的时候，可怜的姑娘的心怦然跳起来了。”在这里，叙述转向另一主体域——格尔曼。对格尔曼来讲，时间的计算是从他听到三张神牌的故事开始的。正是从那天起他开始了与命运的搏斗。第二天傍晚他沉浸在对三张神牌的幻想之中，无意中走到了伯爵夫人的住宅附近。第三天，他从那座住宅的窗口看到了丽莎那“娇艳的小脸”。这样一来，情节叙述中那些被打断的环节就连接了起来，各个主体域的时段都被串联在同一个链条上，于是作者又回到了客观的时序上。

第三章又将读者带回伯爵夫人的更衣室，把丽莎第一次朝格尔曼微笑那天的事情接着讲下去。在第一部分中，时间的计算是以丽莎的意识为标准的。就是在这天，她收到了格尔曼的第一封求爱信。接着，简单历数了其后几天的情况（“第二天”“三天之后”“丽莎维塔·伊万诺夫娜每天都要收到他的来信”）。但随着“最后”的出现，时序又中断了，在第二部分中，格尔曼一登场，叙述时间便带入了他的主观感受。在他看来他寻找机会潜入伯爵夫人的住宅以及等待她回来的这一过程中的分分秒秒都相当漫长。“Герман трепетал, как тигр, ожидая назначенного времени. В десять часов вечера он уже стоял перед домом графини.〈...〉Он подошел к фонарю, взглянул на часы, — было двадцать минут двенадцатого. 〈…〉 Ровно в половине двенадцатого Герман ступил на графинино крыльцо. 〈…〉 Время шло медленно. 〈…〉 В гостиной пробило двенадцать; по всем комнатам часы одни за другими прозвонили двенадцать 〈…〉. Часы пробили первый и второй час утра — и он услышал дальний стук кареты."从这段的句子结构,以及对钟点多次反复的描写,都可以看出,这里是以格尔曼的意识来计算时间的。作者借此为小说情节进入高潮做准备。伯爵夫人出场后,情节时间便回到了作者叙述中。

第四章一开始的情节,并不是第三章的延续。这里是以丽莎的意识为坐标的。"丽莎维塔·伊万诺夫娜坐在自己的房间里,身上还穿着参加舞会的服装,就陷入了深深的沉思。"接着丽莎将读者带回当天晚上的舞会上。她正在沉思之际,格尔曼从死去的伯爵夫人那里走进了她的房间。之后,作者又替代丽莎担负起叙述的任务。

第五章的叙述涉及"在出事夜晚的三天之后"各个不同的时间点。这一天,格尔曼满脑子都是伯爵夫人。情节准备收拢。

第六章开头的叙述又被格尔曼的时间隔断。接下来,描述了连续三个晚上的赌博场景。作者的叙述不再与人物的主体域发生关联了。

可以看出,对事件时间的排列,不同时间段的相互衔接,相互交替决定了小说的整体结构模式。情节结构的重心落在第一章、第三章以及第六章的后半部分。

(二) 心理视角

作者与人物在心理视角上的关系并不是单一的,既有外部描写,也有内部描写。作者写伯爵夫人、丽莎、格尔曼这三个人物,所取的心理视角是各不相同的。

当伯爵夫人在第二章首次亮相时,作者完全是作为一个旁观者来描写她的,这与第一章形成了鲜明的对比。在第一章中,从叙述中可以感受到，作者很像上流社会的一分子，很像那群赌徒中的一员。他是事件的积极参与者，和自己的主人公打成了一片。到第二章描写伯爵夫人时，突然换了一个角度，全然是一个冷峻的旁观者在记述他的亲眼所见。作者根本不去触及伯爵夫人的内心世界，其实在作者看来，伯爵夫人只不过是一具早已失去灵魂的行尸走肉而已。全篇小说在描写这一人物时采用的就是这种外部描写的手法。

虽然对丽莎的描写也多是外部描写，但与写伯爵夫人的方式却全然不同。对伯爵夫人的外部描写无法反映任何的内心活动。而丽莎则相反，她充满矛盾、丰富多彩的内心活动正是通过外部描写反映的。作者对丽莎内心世界的活动本身也时有涉笔。用的是人物内心世界自我暴露的方法。如当她第一次接到格尔曼的求爱信时，她心慌意乱、不知所措的那段描写。

在格尔曼这一人物形象上，外部描写和内部描写两者兼而有之。作者时时游离于他本人的客观叙述和格尔曼的主观感受之间。如："Поздно воротился он в смиренный свой уголок; долго не мог заснуть, и когда сон им овладел, ему пригрезились карты, зеленный стол, кипы ассигнаций и груды червонцев. Он ставил карту за картой, гнул углы решительно, выигрывал беспрестанно, и загребал к себе золото, и клал ассигнации в карман."从副词的后移及连接词带有感情色彩的重复可以看出，作者已透视到人物的主体意识中。作者是以格尔曼的主观感受来描写这一梦境的。但紧接着转入了出自旁观者之口的客观叙述："Проснувшись уже поздно, он вздохнул о потере своего фантастического богатства, пошел опять бродить по городу и опять очутился перед домом графини."尔后，作者和格尔曼这两个主体域又接近了："Неведомая сила, казалось, привлекала его к нему. Он остановился и стал смотреть на окна. В одном увидел он черноволосую головку, наклоненную, вероятно, над книгой или над работой." 句中插入

语的运用说明这是格尔曼的意识反映。最后随着“Эта минута решила его участь.”这句话又使情节回到了作者的客观叙述。

在塑造不同的人物形象时，作者的主体意识与人物的心理意识有合有离，时合时离，取决于创作的意图。而起着统率作用的，只能是作者（或通过叙述人）的意识。

（三）语言视角

语言视角指人物语言与作者叙述语言的关系。人物语言和作者叙述语言之间的关系有两种形式。第一种形式是分离的，即作者叙述与人物对话之间的关系。第二种形式是融合的，即作者叙述中融合了人物的言语。我们先看作者叙述与人物对话的关系。

在《黑桃皇后》中，人物的对话是包含在作者的整个叙述独白体系中的。总的来说，对话服从于叙述语言的体系。不过，人物对话语言与作者叙述语言的差异是明显的。因此，这两者之间的关系并不是单一的。如第一章以人物对话为主，辅以一些简短的解释性说明。在第二章里，叙述与对话的关系就发生了变化。叙述成为主要形式与对话一起推动情节的发展。作者不仅描绘了伴随对话出现的动作，而且还较为详细地解释了它们的含义。这样，对话几乎被叙述所覆盖，成了叙述语流中的一个短暂环节。

我们简要分析一下格尔曼的言语以及它与作者叙述之间的关系。格尔曼的语言特色在于：一方面带有书面语的华丽色彩，甚至是庄严崇高的色彩，如第一章。另一方面又有明显的口语色彩，表现在第二章里。不过，这里并不是他的言谈，而是他的沉思。格尔曼的对语很少伴有作者的解释性说明，只是在第三章、第四章，即出现悲剧性场面时，才伴有作者的解释性说明。最能反映他的言语特色以及他的言语与作者叙述之间关系的，是他与伯爵夫人的对话。这里表现出了他的言语特性的双重面貌。他的崇高华丽、富有激情的言语常常又被自己带有粗俗色彩的口语感叹所打断。这说明他本人社会心理的分裂。这里，伴随格尔曼的话语出现了作者一系列的解释性说明——“他清晰地低声说”“格尔曼气愤地说”“格尔曼下跪了”“他咬牙切齿地说”，等等。正是这些简洁的说明把格尔曼的对话包容在作者的叙述语言之中。

作者叙述语言和人物言语，在以上这些形式中，其界限一目了然，因为人物语言用的是直接引语。它们之间的关系还表现为另一种形式，即在作者的叙述语言中融合了人物的言语。这就是所谓的“准直接引语”。准直接引语中，既有作者的声音，又有人物的声音。准直接引语可以鲜明地表现出人物的情感活动。在《黑桃皇后》中，作者主要用它表现了丽莎的丰富情感，丽莎的内心言语常常进入作者的叙述。这反映在词汇和句式的一些特点上。如："Лизавета Ивановна выслушала его с ужасом. Итак, эти страстные письма, эти пламенные требования, это дерзкое упорное преследование — все это было не любовь! Деньги — вот чего алкала его душа! Не одна могла утолить его желания и осчастливить его!"这里运用了准直接引语最典型的句式——感叹句来表现丽莎富有激情的内心言语。

可以看出，在表现人物意识时，无论是在人物对话中，还是在准直接引语中，作者都不会将自己的语言强加于作品中的人物，人物的语言都有自己的特色。

（四）评价视角

在作品中，作者和人物对某一人物形象的不同评价，从不同侧面的认识和表现，可使形象更立体。无论是伯爵夫人，还是丽莎和格尔曼，都是由好几个评价视角反映出来的。

伯爵夫人在作者的叙述中，是上层妇女的典型，身上保留着旧式贵族的遗风。“伯爵夫人心肠并不坏，但是她像在上流社会被人捧坏的妇人那样任性，也像所有既不再留恋逝去的年华，又与现代社会格格不入的老年人那样吝啬、冷漠，一心只顾自己。”好逸恶劳，槁木死灰，悭吝小气，自私自利——这便是作者对她的评价。

而在格尔曼的心目中,伯爵夫人充满了神秘感。正是她那三张神牌才促使他铤而走险。这种神秘感一直保持到那张倒霉的黑桃皇后打破了他的发财梦。于是,那张牌上的黑桃皇后在他眼里成了伯爵夫人的化身。这样,作者和格尔曼对伯爵夫人的评价是不一致的:一个是嘲讽,另一个是由崇拜到仇视。

对处于奴婢地位的丽莎,作者给予了深切同情。第二章的题记是"'先生好像更喜欢侍女?''太太,那有什么法子呢?她们更娇艳。'——社交界闲谈"。这里充满了对侍女的嘲讽、调侃。这并不是作者本人的态度。恰恰相反,社交界的这种闲谈正是作者针砭的对象。在丽莎发出"这就是我的命运!"的喟叹后,作者肯定了她的自叹:"的确,丽莎维塔·伊万诺夫娜是个最最不幸的人!"接着作者又引用但丁的话,证明自己所发表的议论是客观公允的。格尔曼对丽莎的态度与其他上层人物对待侍女的态度相差无几。他主动去讨丽莎的欢心,只不过想以这种手段得到伯爵夫人的垂教。即使丽莎听到他吓死了伯爵夫人而痛不欲生时,也没能打动他那冷酷的心。他所痛惜的只是失去了一个发财的机会。

格尔曼这一人物形象在作者看来有其两面性:一方面,是过分的节俭,有坚强的毅力;另一方面,是爱慕虚荣,具有强烈的贪欲和狂热的幻想。但所有这些都源于对"幸福",即对金钱的渴求。作者并没有说他是一个十足的恶棍,而认为他是一个拜金主义者。作者对他的态度是痛斥与讽刺而又带有少许的同情。丽莎对格尔曼的认识经历了一个痛苦且曲折的过程。起初她把格尔曼看成想象中的救世主。但这种幻想一旦破灭,她便发出"你是个魔鬼!"的呼喊。第四章的题记是:"一个丝毫没有道德标准和信仰的人。"这不仅是作者对他的评价,也是丽莎对他的认识。但作为侍女的丽莎毕竟是上当受骗的当事人,她与作者的态度虽趋于相似,但还是有所区别的。

维氏分析普希金的这部作品,在上述视角中自始至终以评价态度为主线,即作者对三个人物所采取的立场,并着重分析这种立场的表现方法。同时自然也联系到三个人物之间的关系和态度。这就明确点出了作者的作用和地位。在分析对人物的评价态度时，维氏最大的特点就是一步也不离开语言的表达、修辞的架构，把评价态度同语言域结合起来。即使对时间视角的考察，也都是从分析语言手段入手的。这样就不同于一般的纯内容分析，而是做到了内容与语言的综合。

叙述结构和视角结构是作品客观存在的要素。维氏在研究具体作品时，根据作品特点的不同，时而侧重揭示叙述的结构，时而强调考察视角结构，目的都在于发掘作者形象的具体形态和功能。事实上，他的众多分析也有力地证明：通过这种分析确实鲜明地展示了作者对艺术现实的态度和对全民语的态度是如何指导和决定了整部作品的结构，以及如何创造出作品独特的修辞面貌和艺术风格。

第三章　讲述体与作者形象

如前文所述，作者形象"是作品本质的集中体现"。换句话说，它是作品思想与艺术的精髓所在，核心所在。"它囊括了人物语言的整个体系，以及人物语言同作品中叙述人、讲述人（一人或更多）的相互关系；它通过叙述人、讲述人，成为整个作品思想和修辞的焦点，作品整体的核心。"[1]从修辞层面来看，作者形象触及作者、叙述人（包括讲述人）、人物这三个层次的言语结构，其中叙述人的言语结构尤为重要。而讲述体正是以讲述人言语结构为主流的一种文学样式。在维氏看来，讲述体几乎成了小说体裁的典型代表。在研究作者形象的过程中，维氏对讲述体这一文学样式给予了特别的关注。本章将对讲述体这一文学样式中的作者形象做一考察。要考察讲述体中的作者形象问题，首先就必须对讲述体的理论概念本身有明确的认识。因此，本章分为两个部分：一、讲述体理论；二、讲述体中的作者形象。

① Виноградов В. В. О теории художественной речи. Москва, 1971, С. 118.

一　讲述体理论

“讲述体”(сказ,或译“故事体”)是俄国文学所特有的一种体裁。俄国文学史上的许多大作家都采用过这一形式。虽然有不少文论家、文学修辞理论家都曾对此做过比较深入的研究,但对这一理论贡献最大的还是维诺格拉多夫。当今人们在提及“讲述体”这一术语时,大多都将维氏的定义视为圭臬。如 1990 年版什维多娃主编的《奥日科夫俄语词典》就对“讲述体”做了如下释义:“是指模仿讲述人的言语并由讲述人引出的叙述。”这一释义便是从维氏的解说中简化而来的。

维氏主要是从独白的角度来研究讲述体的。独白有多种类别,如抒情独白、戏剧独白等,与讲述体密切相关的是叙述独白。叙述独白的语言具有综合性的特点。一方面,它的语言结构本身应以书面语为标准。“叙述独白的言语无论是其词汇本身,还是将词组合成句子都趋向于将书面语作为最高境界”①。但标准的书面语往往适用于表达有严密逻辑性的内容,而在叙述独白中讲述人则常常带有个人强烈的感情色彩、个人的主观情绪,因此他总要突破书面语的规范。“讲述人的激情越为明显,他对语言对象的激昂情绪越为显著,那么他的独白就越不拘泥于书面语句法和词汇的逻辑限制。②”叙述独白的语言结构往往在两极间摇摆不定:一极是书面语的复杂逻辑性较强的独白结构;另一极是一般对话的叙述性简短答语中的各种强烈情感的流露。因此,叙述独白常常从通用的标准书面语转向了俗语、方言,乃至行话。总之,它是各种不同类型语言相混合的一种独特形式。由于讲述人打乱了各种语域,叙述独白的语言构成了一幅五颜六色的修辞图案。“有意识地

---

① Виноградов В. В. О языке художественной прозы. Москва, 1980, С. 47.

② 同上书,第 48 页。

在结构上打乱各种语域——是它们的典型特征。书面语的成分，在书面语基础上产生的人为特征，大众词源式的独特见解，通过复杂组合而产生的句法的各色图案，各种民族的、社会的方言，各种零散的行话词语——所有这一切都可以在对许多方言环境有所接触的（无论是直接接触，还是通过他人接触）某讲述人的修辞结构中相交汇。”[①]叙述独白语言的混合类型繁多，不一而足。

叙述独白的这些特点是认识讲述体的关键所在。因为讲述体正是对某一种叙述独白言语的模仿。“讲述体有一个独特的文学艺术目标，即在于采用叙述型的口头独白，它是对因体现出叙事情节，便像是以直接讲述情节的方式而构成的独白言语的一种艺术模仿”。[②] 这便是维氏对讲述体所下的定义。模仿是讲述体的重要特征。原先，сказ 就是对民间故事这一体裁的模仿，现在 сказ 作为一种讽刺手法来使用，因此又出现了对公文语、学术文语体等的模仿。19 世纪，杰出的现实主义文学大师屠格涅夫和陀思妥耶夫斯基笔下的 сказ 主要是对小人物语言的模仿，他们用这一手法揭示了小人物的内心世界。总之，сказ 既可以对某体裁，某历史时期，也可以对某社会——心理阶层的独白言语进行模仿。

从讲述人的角度出发，可以将讲述体分为两类。一是由某个出场人物来充当讲述人。二是由某个在作品中不露面的，隐姓埋名的，好像就是作者本人来充当的讲述人。讲述人的不同造成了讲述体语言修辞层面上的差异。在第一类讲述体中，讲述人是由某个固定身份的人物来充当，其语言修辞结构就一定要符合这一人物的“语言意识”。相对来讲，这时的语言修辞现象就比较单一。而第二类的语言修辞现象就非常多样化。因为“由作者之‘我’引出的讲述是不受限制的作家的‘我’——不是名词，而是代词。因此，它可以随意隐藏一切”[③]。

---

① Виноградов В. В. О языке художественной прозы. Москва，1980，С. 49.

② 同上。

③ 同上书，第 53 页。

二　讲述体中的作者形象

在讲述体中，作者形象体现在由作者、讲述人、人物这三个语层组成的叙述结构中。这三个语层的关系颇为复杂。作者大多并不直接出现在作品中，出现时讲述人与作者又很难分得那么清楚；有时讲述人同时又是作品中的人物。但应该说，活动最为积极的，与读者直接进行交流的是讲述人。

那么在讲述体中这个讲述人与作者、人物之间的关系究竟是怎样的呢？先看讲述人与作者的关系。无疑，作者形象凌驾于讲述人形象之上，它是“作品所有言语结构的最高形式的联结，是联结由作者派生出的诸多讲述人形象的思想-修辞的核心”①。而讲述人则是作者的言语产物。当作者与讲述人一起出现在作品中的时候，他们的关系表面上是平等的，实际上仍是一主一从。“作者和讲述人形象，以公开的方式在讲述体的众多形式中，会相互交错、混杂在一起。②”甚至在讲述的某一种特定结构中，他们的关系也是发展变化的，其变化幅度是不确定的。如果我们将作者形象比喻成一位导演，那么有时这位导演可以作为一个角色客串在舞台上。再看讲述人与人物的关系。在一般的小说作品中，刻画人物性格特性的一个重要手法是依靠人物本身的对话。而在由讲述人进行的讲述中，可以说是讲述人的独白风格，他独特的语言表现力一统天下。人物对话是通过讲述人之口传达的，人物的对话语言势必受到讲述人语言的特定表现力的感染，带上讲述人独白的风格印记。因此，人物对话的自我表现功能就会受到一定程度的削弱。讲述人的独白语，像一大川接纳了由各种语言域组成的条条溪流。“接纳”的方式是多种多样的：从人物的言语特色被讲述

① Лихачев Д. С. О теме этой книги //Виноградов В. В. О теории художественной речи. Москва, 1971, С. 226.

② Виноградов В. В. О теории художественной речи. Москва, 1971, С. 117.

人的语言完全吞没到在文学转换这一过程中保持住人物口语对话的独特性。人物对话的语言，还受到讲述人与作者关系的影响。“讲述人的形象越是接近作者形象，对话的形式便越是多样化，在表现力上区分各种不同人物言语的可能性就越大。因为讲述人为了表现自己的客观，与作者在言语上拉开很大的距离，而使人物言语同一化，给人物言语打上他自己主观性的印记。”[①]造成作品修辞多层次性的，主要还是讲述人和作者。

讲述体的语言修辞往往要经过两层过滤：一层是讲述人的非标准语意识，另一层是作家的标准语意识，他的语言审美观。基于讲述体语言的这种双重性，读者会感受到由此而生发出的两种修辞评价，即讲述人和作者的评价，但这两种评价常常又是对立的。

根据讲述人和作者的语层关系，可以将讲述体分为三类：一是讲述人的讲述镶嵌在作者叙述的框架之内，即作品的开头和结尾是作者叙述，作品的主体部分是讲述人的讲述，不过，其中还夹杂着作者的解释性说明。这一类的讲述人和作者的语层关系最为分明，一目了然。二是讲述人与作者的语层同时贯穿作品的始终。它们时而相去甚远，泾渭分明，时而又挨得很近，乃至交织在一起，难解难分。三是作品通篇只有讲述人的语层而不见作者的语层。下面我们就分别对这三类讲述体中的讲述人和作者的语层关系做简要的考察。

在第一类讲述体中，作者的介入表现在作品的开头、结尾以及对讲述人自叙所做的解释性说明中。作者与讲述人的语层关系极为分明，一目了然。伊·屠格涅夫(И. Тургенев)的短篇作品《县城医生》(收录在《猎人笔记》中)便属此类。这部作品讲述了某县城的医生在一次出诊时爱上了自己的病人——一位生命垂危的贵族姑娘的故事。故事是通过县城医生本人之口讲述的。其叙述语言不仅符合他本人的社会心理特性，且带有突出的个性特征。但一

① Виноградов В. В. О языке художественной литературы. Москва，1959，С. 123.

开始，这位讲述人是经作者引上场的："... я послал за доктором. Через полчаса явился уездный лекарь, человек небольшого роста, худенький и черноволосый. Он прописал мне обычное потогонное, велел приставить горничник."作者在对医生的外貌做了描述后，突然笔锋一转，以调侃、嘲讽的笔调描写了一个细节："... весьма ловко запустил к себе под обшлаг пятирублевую бумажку, причем однако сухо кашлянул и глянул в сторону, и уже совсем было собрался отправиться восвояси..."这一细节揭示了医生的内心特征——贫困导致了他的性格具有较为浓厚的功利主义和实用主义的色彩。然后，伴随着作者的解释性说明医生展开了自叙。医生的叙述语言有以下特点，首先，鲜明地表现出"准"知识阶层的语体特征："... и кучер, ради уважения, без шапки сидит"; "... и дороги такие. Что фа! Да и сама беднеющая, больше двух целковых ожидать тоже нельзя, и то еще сумнительно..."他的言语中反复出现同一种表示尊敬，甚至巴结讨好对方的表达方式，这说明他处于卑微的社会地位。"Вы не изволите знать... Вы не изволите знать здешнего судью"; "Вы изволите смеяться, а я вам скажу: наш брат бедный человек, все в соображение принимай."当他讲述患病的贵族姑娘爱上他时，总是吞吞吐吐，缺乏自信："Но вот-с... тут-с... /лекарь помолчал/ Право, не знаю, как бы вам изложить-с.../он снова понюхал табаку, крякнул и хлебнул глоток чаю/ Скажу вам без обиняков, больная моя... как бы это того... ну, полюбила, что ли меня... или нет, не то чтобы полюбила... а, впрочем... право, как это того-с... /лекарь потупился и покраснел/"同时，他的话语又充满了个性色彩，如经常出现独特的，相同类型的句子结构："Однако долг, вы понимаете, прежде всего: человек умирает"; "Однако думаю, делать нечего: долг прежде всего."医生的叙述总是伴随着作者的解释性说明。"所有这些形成了真实的、生动的，具有戏剧色彩的

话语。在这一话语中，表现出讲述人的个性，他的胆怯，他的激动，他对所经历的事件的态度，在回忆自己生活中那幕悲剧（爱上一位即将死去的姑娘）时的情态。"[1]最后，还是由作者将讲述人送下场去："Мы сели в преферанс по копейке. Трифон Иваныч выиграл у меня два рубля с полтиной — и ушел поздно, весьма довольный своей победой."可以看出，作者和讲述人间的语层界限极为分明，它们就像是两条永不交汇的平行线。

在第二类讲述体中，虽然讲述人和作者都不直接站出来，但是他们的语言层还是可以分得清的，如尼·列斯科夫（Н. Лесков）的作品《左撇子》。这部作品讲述了一个俄罗斯兵器制造匠创造奇迹的故事。他在英国人做成的微型钢跳蚤上钉上了掌钉，人们只有通过高倍显微镜才能看清这一掌钉。然而，这位身怀绝技的能工巧匠的命运却十分悲惨。从故事叙述语言的成分变换可以看出讲述人的形象和作者形象。作品前三章的语言，是一般民间史诗讲述人所特有的。他的语言是脱离标准语规范的。无论是从词汇手段还是从句子结构都可以看出讲述人出自非标准语的环境。如在词汇手段方面："（Платов）этого склонения не любил..."；"Был человек женатый и все французские разговоры считал за пустяки, которые не стоят воображения." 在句子结构方面："Приезжают в пребольшое здание — подъезд неописанный, коридоры до бесконечности, а комнаты одна в одну, и, наконец, в самом главном зале разные огромадные бюстры и посредине под валдахином стоит Аболон полведерский."这类语言手段反映了带有鲜明社会特性的民间史诗的讲述人形象。但在前三章的叙述中也间夹杂着作者的语言成分。第三章的脚注是由完整的作者语层构成的："《Поп Федот》не с ветра взят: император Александр

① Виноградов В. В. О языке художественной литературы. Москва, 1959, С. 494－495.

Павлович перед своею кончиною в Таганроге исповедовался у священника Алексея Федотова-Чеховского, который после того именовался «духовником его величества» и любил ставить всем на вид это совершенно случайное обстоятельство. Вот этот-то Федотов-Чеховский, очевидно, и есть легендарный «поп Федот».”从这段解释可以得知：传奇故事并不是“作者”创作的。从第四章开始，脚注中的这种作者语层便进入了作品正文：“— Это, — говорит, — ваше величество… а надо бы подвергнуть ее русским пересмотрам в Туле или Сестербеке, — тогда еще Сестрорецк Сестербеком звали, — не могут ли наши мастера сего превзойти…”作者的语层不断拉大，以致喧宾夺主，成了叙述的主导成分，而讲述人的语言只作为零散的引文夹杂在作者的叙述中。这时零散的，作为引文出现的讲述成分便获得了幽默色彩。这在第六章、第七章中表现得尤为突出，如：“А в другую сторону, до Орла, такие же «два девяносто», да за Орел до Киева снова еще добрых пять сот верст. Этого пути скоро не сделаешь, да и сделаешь его, не скоро отдохнешь — долго еще будут ноги остекливши и руки трястись.”在作品的结尾处，作者跳出故事的叙述范畴，替代讲述人开宗明义地说出了创作意图：“… предания эти нет нужды торопиться забывать, несмотря на баснословный склад легенды и поэтический характер ее главного героя. Собственное имя левши… навсегда утрачено для потомства; но как олицетворенный народною фантазиею миф он интересен…”总之，在这类讲述体中，讲述人和作者的叙述语言所占的比例是变化的。时而讲述人表现得较为强烈有力，时而作者的语言又取而代之。

在第三类讲述体中，作者则“完全隐退”，通篇采用讲述人自述的方式，如果说前两类的作者客串在舞台上，那么这一类的作者则躲在幕后指挥操纵一切。米·左琴科(М. Зощенко)的一些短篇作品便属于此类。作家笔下讲述人的语言成分过于庞杂，虽然作家一再指出他们都是些有着丰富社会阅历的人物，但毕竟还是留有明显的人为痕迹。读者可以隐约感受到，这是无形的作者在讲述人的背后操纵一切。左琴科笔下的讲述人往往都是些自满自足、庸俗不堪的小市民。现实世界通过他们的思想意识反映出来，自然是变了形的。而正是这些变形的反映，透露了讲述人灵魂的贫乏。作者对讲述人，则报以嘲讽的态度。这一态度是在讲述人的语言结构中体现出来的。作品中表面上只有讲述人的语层而没有作者的语层，而实际上前者中已包容了后者。所谓水中着盐，浑融一体。下面我们分析一下《西聂布留霍夫先生的故事》中讲述人的语言结构以及它与作者的关系。这部作品以西聂布留霍夫先生自述的方式，向读者展示了一个老于世故的人物形象。讲述人语层的词汇成分是相当繁杂的。如士兵的行话："Так и так, рапортую, из несрочного отпуска." "я, говорю, очень по самонужнейшему делу с собственным письмом из действующей армии."教会语的成分："Отвечаю смиренномудро"; "...Воистинная есть правда..."公文语的因素："Беспокоюсь по поводу недвижимого имущества..." "Зачем, — отвечаю, — относишься с такими словами?.."报刊套话："А все, безусловно, бедность и слабое развитие техники."构成西聂布留霍夫语层基础的是粗俗的市民行话："Дам теку.""Катись, — говорю, — колбаской."等等。虽然以上成分所占比例不同，所起作用的大小也不一样。但正是它们构成了五花八门的语言修辞层面。这一手法的运用表现出躲在讲述人背后的作家——左琴科本人的意志。这是作家故意安排的。既然日常口语中谁也不会这样使用语言，作为人物出现在作品中的讲述人，其语言的人为痕迹这么明显，是不是有失真之嫌呢？问题并非如此简单。从讲述人这头来讲，这样使用语言是想达到幽默的效果，但从作者这头来讲是为了达到嘲讽的目的，即作家对西聂布留霍夫如此运用语言报以嘲讽的态度。正如维诺格拉多夫指出的，"左琴科借助于言语表现力的独特形式创造了一系列讲述人，创造了许多‘市民诗人’。他用各种方式将他们与自己的作家个性、作者形象（指这一术语的本义）区分开来。作者‘我’，可以说，将他们所有的人‘牢牢地掌握在手中’，报以嘲讽的态度凌驾于他们所有人之上”①。

维氏之所以重视讲述体的作者形象研究，是因为在他看来，讲述体几乎成了小说的代表形式。作为叙述体裁的小说不同于其他文学样式的重要标志，便是作者假托了一个叙述人（在讲述体中则表现为讲述人）来建构作品的叙事结构。叙述人是沟通作者和人物及艺术世界的中介。小说叙述人的最为复杂的叙事结构形式，莫过于讲述体。因此，解决了讲述体中的作者形象问题，那么小说的作者形象同样也就容易把握了。

以上，我们采用了典型的维氏分析法，对讲述体的作者形象进行了考察。从理论上讲，作者形象是通过讲述人“而成为整个作品的思想和修辞的焦点”。而在维氏的实际分析中，可以看出，作者形象通过讲述人确实成了整个作品修辞的焦点，但却看不出作者形象如何又是思想的焦点。其实，在他那精细的修辞分析中，已透露作品深层意蕴的端倪，但毕竟缺少明确的阐析，给人留下功亏一篑的遗憾。

然而，维氏从作品的语层关系入手分析讲述体的作者形象，有着重大的意义：他澄清了文学界对作者和叙述人之间关系的模糊认识。长期以来，文艺学界混淆了叙述人和作者的关系。而维氏通过对讲述体中的语层关系所作的条分缕析，使这两者之间的关系昭然若揭。这是维氏的又一重要贡献。

---

① Виноградов В. В. О теории художественной речи. Москва, 1971, С. 125.

第四章　风格与作者形象

在维氏的文学修辞理论中，风格（стиль，亦可译为“体式”）是核心范畴之一。“Стиль”在艺术个性的含义上，即在风格的含义上，成为维氏数十年来的主要研究对象。他不仅写出了许多著名作家的风格分析，还提出了自己的风格观。而他立论的特点，就是紧紧把握风格与作者形象之间的关系。应该说，维氏是从作者形象出发对风格研究做出自己贡献的。我们先分析一下维氏所确立的作者形象与风格的相互关系，然后再以作者形象为中心，对俄国文学史上风格流派的演变做一个简要的考察。

一　风格与作者形象的关系

尽管文学中的风格概念在俄罗斯文艺学界有多种界定，但归纳起来，无非是广义的和狭义的两种理解。广义说指作品的整体创作个性，体现着内容因素和形式因素的和谐统一。狭义说则着重强调，它是实现艺术构想的艺术手段和方法的总和，换言之，风格首先是一种艺术表达体系。（关于文学风格的几种主要界定，我们将在下文专章加以阐述和论析。）

维氏研究风格，自然是以文学修辞为基点的。但综观他的风格论述，我们发现他并没有简单地把文学风格等同于通常所说的语言风格。维氏的风格论不囿于语言的表现形式，而是包含由语言塑造出的现象、情调等诸多因素。维氏是这样界定作家个人风格的："作家的个人风格是对文学发展的某一阶段上特有的语言表现手段进行独特地审美运用的体系。"[①]需要强调的是，这里的语言表现手段不仅仅指传统意义上的遣词炼句、构筑辞格，更重要的还有维氏通过修辞研究所发掘出来的特有的风格因素，如全民语语体、社会语型、语言的形象性、话语情态、叙述语层的运用等等。从这个定义中我们看到维氏提出了风格的两大特性：体系性和历史阶段性。这两大特性恰好可以帮助我们理解维氏所阐释的作者形象与风格之间的关系。

先看体系性。风格不是一些表现手段的汇集，而是一个完整的表达体系，而这个体系性又是和独创性密不可分的：风格必须是一个独特的表达体系。维氏说："表述和描绘手段，富有表现力和形象性的手段，不管在哪儿，只要能构成独特的体系，或者是个性化了的体系（与其他同类体系相比或相对而言），那就意味着出现了风格的概念，而且它会无处不在。"[②]维氏认为，构成这一表达体系的因素是十分复杂且丰富的，包括"与全民语的关系、多种评价语层的配合（多声现象）、表达的语言和描绘的语言、章法和语言句法的拓展、语言节奏、形象语言和辞象、人物语言、情调和语言的感情色彩"[③]。风格正是这些因素所构成的完整的体系。那么，风格的这些因素是依靠什么才凝聚在一起，组成了独特的完整体系呢？维氏指出，统摄风格诸因素的正是作者形象，因为是作者对艺术现实的态度，决定着情调和感情、评价语层，因为是作者对语言艺术的态度，决定着表达手段的选择和运用。所以维氏反复论证：作者形象是风格的核心和灵魂。有了这样的核心，风格才能成为完整

① Виноградов В. В. О языке художественной литературы. Москва，1959，С. 85.

② Виноградов В. В. Проблема авторства и теория стилей. Москва，1961，С. 8.

③ 白春仁：《文学修辞学》，吉林教育出版社，1993，第 205 页。

统一的体系；有了这个独一无二的作者形象，风格才能成为独特的体系。其实，作家风格取决于作者形象的体现形式，这一点从文学语言方面看是很明显的。正是作者形象“规定”了作家从他所处时代的语言库中甄选和综合言语手段的原则。作家们的艺术风格之所以千姿百态、异彩纷呈，一个重要的原因是作家艺术创作的语言意识存在着不同的类型。所谓语言意识，即指作家对本族语体系的理解和掌握，他们使用语言的习惯和爱好。语言意识支配着作家对“象征”——形象手段的选择和使用。正如维氏所说：“在‘作者形象’身上，在它的语言结构当中，统摄综合了一部文学作品风格上的所有特质和特点：运用富于表现力的语言手段造成明暗相间，浓淡交映；叙述中不同语言格调的转换更替；文辞多种色彩的交错配合；通过选词炼句表现出来的种种感情色彩、褒贬态度；句法起伏推衍的特点。”①作者形象与风格的上述制约关系，正是维氏对风格论做出的独特贡献。

再看风格的另一个特性——历史阶段性。上面我们谈的是作者形象与风格的横向关系，即二者在作品结构中的相互联系。这里我们要讨论的是作者形象与风格之间的纵向联系。维氏很早就提出：不研究作者形象在历史上的嬗变，就无法认清文学风格的发展规律。作者形象在文学史上形成的“类型、种别”相当繁多，甚至一个作家的作者形象也不是一成不变的，凡此种种都与文学风格的流变紧密相关。俄罗斯文艺学中的风格，一般认为包含着客观和主观两个方面的因素。客观因素指某种文学体裁、式样的固定语言表达形式和结构模式；主观因素则是创作者人为的创新因素。当客观因素占主导地位，或者说风格与客观因素结合紧密时，往往容易形成某种流派的风格。或者更进一步，干脆演变为一种固定的文体。反之，当风格与主观因素结合得紧密时，它便是可以区别于特定文体和特定流派的个人风格。因此，在俄国文艺学的术语

---

① Виноградов В. В. О языке художественной литературы. Москва, 1959, С. 155.

“стиль”中，“风格”与“文体”是难分难解的。在某种历史条件下，特定的文学体裁与特定的语体、语言表达体系之间，建立了牢固的关系。但是在另一种历史条件下，这种牢固的关系则会被打破。这破旧立新者，也正是作者形象。这样，不同时代会产生不同的作者形象，随之引起风格乃至流派、文体的变化。每个时代都有一套建构作者形象的主导原则。但它一旦固定下来，变为程式化的东西，便会逐渐成为被人突破的对象。从而产生新的作者形象。这样一来，作者形象本身在文学史上也有不同的性质：守旧者有之，革新者有之。相应地也就产生了各种个人风格、流派风格等等。维氏在文学风格的演变中，在文学的进化中，发现了作者形象类型的转换。他认为每个时代、每一流派具有革新意义的艺术体系，都是创建崭新的作者形象的结果。这是维氏对风格发展规律研究的一个贡献。我们看到，无论维氏研究什么问题，得出什么样的结论，都要用历史主义方法这面镜子去观照一番。在对各种论题的阐述中，他总是不厌其烦地强调“在历史上是发展变化的”这个道理。这是他治学的一大特色。

二　流派风格与作者形象

作者形象在俄国文学史上经历了一个发展变化的过程。它在俄国文学中绝非古已有之。从 11 世纪到 17 世纪的古代文学中，并不存在我们现在所理解的作者形象这个东西，更不必说前期的民间口头创作了。其缘由主要有两个方面。一方面，如果说 18 世纪以后的文学看重作家的独创性，作者的个人风格，那么 11 世纪到 17 世纪与基督教息息相关的古代文学，恰恰相反，不主张作家有独特的个性，个性因素是受到压抑的。决定一切、压倒一切的体裁原则。特定的文学体裁不仅规定了叙述者的思想、性格，还规定了他的叙述格调以及语言表达的一些固定套式。叙述者的面目都是既定模式，普遍如此，可谓千人一面。比如，在编年史、布道作品、圣徒传记这些典型的古代文学体式中，叙述者形象都必须是信仰上帝的道德说教者，或是不折不扣的基督徒，伟大的殉教者。基督教克己顺从的强大传统与发挥作家个性、独创性往往是相互排斥的。这类体裁的语言结构，完全是建立在教会斯拉夫语的基础之上的。描写事物和人物情感专有一套严格规定的斯拉夫书面语套式和用语。描绘教会中各种等级代表人物的外貌、行为及内心品质时，都有一套相应的教会书面语的表达方式，由不得作者本人任意选择、随机发挥。总之，那时作品的创作和建构，完全是另一番情景，作品并不是作家的个性表现，更谈不上他在思想观念和审美意识方面有什么独特的立场。作品语言结构的核心是呆板凝滞的固定套式，遵循着中世纪通行的那种体裁规范。另一方面，古代文学中的文献作者，与我们今天的作者也不是同一所指。古代文学的文献往往是由多人来完成的。不过，这既不同于民间口头诗歌的集体创作，也不是当今数人分工执笔的集体创作，而有其特定的含义。它包括两个因素：第一，凡能留传下来的文献，都是经过不同年代的编者多次增删和改编而成，已不是本来的面目。就拿著名的《俄罗斯编年序史》来说，它只是到 12 世纪初才得以最后完成。在 100 年的历程中，它经过数代编年史作家的修改，每一代作家都要在前辈作家的基础上进行加工。第二，作者、抄写者、编撰者三者之间并没有严格的界限。无论是抄写者还是编撰者，对原作的态度都比较随便，可以根据自己的意愿来决定对作品各部分的取舍。这两个因素共同作用的结果，是作品原本的思想内容和语言表达，经过多次易手后已经所剩无几。因此，古代文学作品就很难说有我们现在所理解的这种真正意义上的作者形象。

18 世纪的古典主义作品中，作家的个性因素表现得还是微弱的。统摄作品结构的核心力量，仍然是体裁原则，而不是作者别出心裁的创作意图。体裁原则在古典主义作品中保持着不可动摇的统治地位。而且各种文学体式有着明确的分工，什么样的体式表现什么样的题材，何种体式运用哪些语言手段，都有着更为明细的规定。后来，米·罗蒙诺索夫(М. Ломоносов)总结出了"三品说"。如高品体裁(悲剧、英雄史诗、颂诗等)专门描写神话中的英雄人物以及帝王将相，使用的词语、句式大多是带有崇高和庄重色彩的。而低品体裁(喜剧、寓言、讽刺文等)是用来描写普通人生活的，其语言表现形式一般带有口语、粗俗色彩。对古典主义作品的这些特性，维氏总结说："在俄国古典主义诗学和修辞体系中，体现和表现作者独特个性的独特风格和作品本身，还没有表现为审美认识和艺术结构的决定性力量。修辞手法、形象、表现手段，以及它们的连缀规则，它们的使用和变化规范，都只是理想的体裁模式的特征，而不是独特艺术创作的产物。"①

独特的作者形象，是在18世纪后期以尼·卡拉姆津(Н. Карамзин)为代表的感伤主义流派带入俄罗斯文学的。卡拉姆津的作品冲出了古典主义的理性樊篱，突破了古典主义的死板模式，着力表现作者个人的感情色彩和思想倾向，并根据实际需要来安排作品的艺术结构。从这一意义上说，是卡拉姆津开了俄罗斯新文学的先河。然而以卡拉姆津为代表的感伤主义流派，其作者形象都是投合上层妇女以及贵族趣味的。它那缠绵悱恻的格调，使读者对作者产生了多愁善感而又温文尔雅的印象。感伤主义流派追求把作者表现为多情的高雅之士，并以此为理想标准。因此感伤主义作品中的作者形象，多是一种特定的抽象。描绘世界时的矫揉造作，多愁善感的评价原则，必定影响到作者所使用的语言，即采用贵族阶层通行的标准语和口头语，又必定影响到作者的叙述风格，使它缺乏个性却又不失优雅。甚至当作品题材超出贵族的生活圈而接触到多姿多彩的复杂现实时，作者所营造的艺术氛围仍是贵族式的，一切都以贵族读者的口味为准绳。作者与艺术世界、作品人物的关系，是单向的，或者说是单声的。作者形象给作品人物一律加上自己的主观评价，加上自身世界观的特征，而无视他们复杂的社会属

① Виноградов В. В. Проблема авторства и теория стилей. Москва, 1961, С. 60.

性。整部作品自始至终只有一个视角，即作者的视角。对艺术世界绝不以人物的视角来加以审视和描写。主人公简直都是作者的附庸，他们不用自己的眼睛去观察事物，却总是借用作者的目光去看待一切。作者的声音不仅出现在他本人的语域里，而且覆盖了他所描写的整个世界。众多的人物言语毫无特色，各种社会阶层的主人公都操持着同一种语言——作者的语言，人物的语言特点完全为作者语言所吞没，所掩盖。由于整部作品成了理想化作者本人的直接体现和反映，对卡拉姆津来说，作者的问题就完全等同于作家个性的问题。不过，在卡拉姆津晚期的作品中，以及他对早期作品的修改中，出现了一种明显的倾向：他减弱了叙述中过分强烈的作者的主观色彩，压缩了作者劝善和讽刺的成分，放弃了感伤主义所特有的某些表达方式。这在某种程度上加强了描写的历史客观性。但历史主义问题在文学作品中真正得到解决，是在其后的文学创作中。

浪漫主义文学与感伤主义文学相比，其作者形象的性质并无二致。在浪漫主义文学中，作家的个性锋芒毕露。作者不仅将自己的评价加在人物身上，而且不管这一人物在作品情节中所起的作用如何，总使他直接成为自己意见的传声筒。作者形象不仅使所有的人物都丧失了思想个性，而且还使他们失去了言语个性。维·别林斯基(В. Белинский)说："如果您闭起双眼，倾听玛尔琳斯基小说人物'讲话'，我敢保证，那您就无法断定这是什么人在说话，是海军军官，还是野蛮的切尔克斯人，还是利沃尼亚骑士团的骑士……"[①] 亚·别斯图热夫-玛尔林斯基(А. Бестужев-Марлинский)也直言不讳地承认："不管怎么说，作品和作者是同一个面孔，只是包装不同。因此，无论作者模仿得多么不露痕迹，无论他多么想刻意隐藏自己，他皮肤的真正颜色总会透过借用的白

① 转引自 Виноградов В. В. Проблема авторства и теория стилей. Москва, 1961, C.59。

粉显露出来。心灵的语言总会使他在什么地方说漏嘴的。”①由此可以看出，浪漫主义的作者形象以及由它决定的风格与感伤主义文学的情形相差无几。

现实主义文学的奠基者亚·普希金对作者形象问题大胆地做了革故鼎新。普希金对感伤主义、浪漫主义文学中作者与人物之间业已存在的那种简单化的平庸关系很不以为然。他将塑造复杂的现实主义的作者形象，将建构作者与人物的全新关系视为文学创作的一个焦点。早在其诗体小说《叶甫盖尼·奥涅金》中，他就把叙述主体同主人公分离开来，作品的主人公已不再是简单的作者思想的传声筒。普希金在这部作品中开宗明义地说：

> 我一向乐于说明：
> 我跟奥涅金区别明显。（第一章）

在普希金的小说中，叙述者的语言里出现了反映那一时代的各种不同声音的汇合和交替。叙述语言的结构具有了一种多层次、多声部的主体性。这种多层次、多声部的主体性，具体表现为各种语体、语型、格调的结合。因此，普希金对作者形象革新的实质是：在叙述风格中将各类不同的社会语言类型结合起来。为了真实地描绘艺术现实，叙述主体采用与这一世界相协调的语言表现形式。人物的语言没有被作者的语言所同化，所淹没。恰恰相反，作者的语言倒主动向主人公的语言接近、靠拢，却又不与之完全融合。这样，作者就不会破坏人物形象的现实特性。虽然作者在各个主人公的不同语言意识之间往来穿梭，思想上又与他们截然分开，保持一定距离。总之，作者与人物之间的界限，并不是固定不变的，但在叙述结构中是不断变化的。作者时而接近这一人物的意识，时而又向另一个意识靠拢。后来的现实主义作家，如莱

① 转引自 Виноградов В. В. О теории художественной речи. Москва，1971，С.152。

蒙托夫、果戈理、托尔斯泰等人继承并发扬了普希金的这一优良传统。维氏在总结现实主义文学的作者形象问题时说："托尔斯泰写道，'妙在作者只是稍稍离开事物一点，这样一来你就捉摸不定，这写法究竟是主观的还是客观的'。因此，作者既要有鲜明的个性，他对自己所讲的一切要有明确的、一贯的理解，但同时他又不应遮掩，不应用自身去取代'事物'，而要让事物清晰地展示在读者面前。这两点同样重要。"[①]现实主义的这种写作传统，发展到极致就出现了所谓"纯客观"的小说（如契诃夫的小说作品）：作者从作品的叙述结构中销声匿迹了。当然，这种隐退只是一种表面现象，是作者形象表现形式中的一种独特的类型。

综上所述，作者形象在俄国文学史上表现为这样一个发生发展的过程：从最初古代文学中的零位到逐渐的萌生，再从程式化的强烈的裸露到现实主义的丰富多彩的个性化，一直发展为 19 世纪末的"纯客观的""完全隐退"，似乎恰好完成了一个轮回。通过这一轮回，作者形象在俄国文学史上实现了质的飞跃。

从以上作者形象的发生发展过程中，我们大致勾勒出了俄国文学史上风格流派的变化轨迹。这一历史事实足以证实维氏对作者形象和风格相互关系的理论概括：作者形象是风格的核心和灵魂，风格的变化取决于作者形象的变化。

---

① Виноградов В. В. О теории художественной речи. Москва，1971，С. 182.

第五章 批评和补充

在维氏对作者形象的理论阐述和实际分析中，也暴露了一些不足和缺憾。例如，从理论上说，分析作者形象应通过作品的辞章面貌揭示作品的思想内涵。在实际分析中，维氏着重分析的是作品的修辞面貌，而对作品的思想内涵则往往展示得不够。不过后来有一些学者，在用作者形象理论分析作品时，便不再局限于探索修辞的目标，弥补了上面所说的不足。再如维氏对作者形象的界定不尽明确。由于作者形象理论一直处于不断发展、完善之中，维氏并未给它提出一个统一、完整的定义。在具体分析中，他时而强调这个范畴的这一面，时而又突出另一面。这就导致了后来的研究者对此采取各取所需的态度。[①] 我们看到，不少学者都使用了作者形象这一术语，所谈的却不全是同一个内容，甚至出现了随心所欲的理解和发挥。

但以上这些不足和缺憾并未削弱作者形象说所带来的巨大影响，作者形象说已经在俄罗斯文艺学界，尤其是文学修辞学界深深地扎下了根。当然，评述维氏学术思想，我们的任务是看他做出了

① 对作者形象不同层面的理解，可参见本篇附录的两篇译文《作为美学范畴的“作者形象”》和《M. M.巴赫金和 B. B.维诺格拉多夫的作者理论》。

什么成绩，不必责难他没有做什么。而像作者形象这样复杂的问题，本也不可能一劳永逸地解决。不足之处，正是后人继续研究的起点。

维氏曾多次强调，研究作者形象不仅可以立足于文学修辞学，而且还可以立足于其他不同的角度。[①] 本章将从读者接受的角度来辨析作者形象理论的合理性，并把作者形象说与米·巴赫金（М. Бахтин）的作者论加以比较，找出其异同点，以期对作者形象这一范畴做些补充的分析。

一　读者：不可或缺的环节

某些学者对作者形象说提出了这样的批评：既然作品本身并没有出现这一具体的作者形象，它是由研究者挖掘、创造出来的，那么这种并非作品所固有的作者形象就失去了意义。[②] 这一批评具有一定的片面性，因为作品本身就已经包含作者形象，维氏说："作者形象可以涉及对其进行认识和研究的各个不同方面。思想深刻的艺术家，对某个作家的创作发生兴趣而对他进行研究时，会创造出他的形象——完整而独特的形象。这一形象既是研究者或崇拜者创造意识的印记，同时也是研究对象本身风格和个性的艺术属性的客观特征的反映。"[③]很明显，这段话包含两层意思，即作者形象不仅是由研究者创造出来的，而且首先是作品中客观存在的。不过，这一批评倒是给了我们一个很好的启示：作者形象在何种程度上是作品中客观存在的？是否只有"思想深刻的艺术家"才能认识到作品中的作者形象？普通读者能否感觉到作者形象的存在？

---

① Виноградов В. В. О языке художественной литературы. Москва，1959，С. 142.

② Храпченко М. Б. Творческая индивидуальность писателя и развитие литературы. Москва，1981，С. 156.

③ Виноградов В. В. О теории художественной речи. Москва，1971，С. 156.

我们知道，维氏研究作品的作者形象，主要是从本体论的角度对作品做修辞分析，他的着眼点是作品本身的语言结构。

如果我们从认识论的角度，以文学活动的第三个环节——读者角度出发来认识作者形象，同样也能清楚地看到这一理论的合理性。

读者与作品之间的关系，诚如巴赫金所说，是一种对话的关系。作者当初在创作作品时就已经考虑到了读者接受意识的种种因素。可以说，作者的创作意图之一便是面向读者的接受意识。读者与作品之间的这种对话又不同于普通意义上的对话。读者既看不到作者的外貌，也听不到他的声音，而且还不能将接触到的作品中的艺术形象直接看成作者的代表，他们之间有着根本的区别。也就是说，读者并不是通过外部，即言语、动作、视觉等。而是通过内部，即直觉、心灵来和作者进行交谈的。其实，这种“内在交谈”要比“外部交谈”显得更为可靠，更为重要。既然整部作品中的现实世界都是经过了作家情感的涂染，被作家的心灵所浸泡过的，读者接受作品，就时时刻刻都能感觉到作者的存在，都会感悟到作者的内在声音。因此对读者来说，作者在作品里是一个特殊的形象。它的性质完全不同于人物形象一类，它是作品创造者的内在个性的形象。读者对作家的热爱，归根结底是对表现在作品中的作者个性的爱。阅读活动结束后，作品的事件、人物可以被渐渐淡忘，可是在记忆的深处，在心灵的深处，却留有一种难以磨灭的印象。这一印象，这一痕迹正是作者个性的积极活动所留下的，这就是作者形象。因此，作者形象又可以说是通过阅读活动在读者的接受意识中建构起来的。

对读者来说，虽然作者形象并不等同于作品的精义，但它们是紧密相连的。我们这里说的精义，要高于通常所指的作品的思想内容。精义是作品最高层次的含义，可说是客观真理。而这一客观真理，是经过作者意识的折射展现的。客观真理在作品中的展示，总是与具有个性的作家的态度联系在一起的。巴赫金说：“每个篇章（作为话语）都是独特的，唯一的，不可重复的东西，这便是它的全部含义（它的构思、篇章正是为此而被创造出来的）所在。这是篇章中对真、善、美、历史的态度有关的部分。”[①]由此可见，作品的含义总是与创造者的独创性、个性相连的。因此，作者形象是与作品不可分割的，也是作品最为重要的一个方面。

不过，读者对作者形象的认识，首先是从作品的形式入手的。作者在营造艺术世界时，竭力想把自己隐藏起来，让自己躲在作品的最深层，同时他还试图抹去自身营造活动的痕迹，即作品形式方面的缝合、连缀、结构。他想使作品中的艺术世界像现实一样自然，可是这点无论哪个作家也无法做到。读者总能看出这些缝合和连接处。在这些缝合和连接处首先暴露的是作者的面目，因为它们是作者营造活动的结果，它们直接指向作者。读者一般将它们视为作者的艺术手法。读者分析研究的意识越是强烈，就越是能看出作者营造艺术世界的组织活动。发展到极致，作品在读者面前便纯然成了一个运用语言手法的形式结构。这便是作者形象的另一面，即作者在运用艺术手法（包括修辞手段）方面的独特性、个性。

如上所述，作者形象是通过阅读活动在读者意识中产生的。那么，对作品的多次阅读，不仅能更加准确地把握作品的含义，而且还有助于读者接受意识中的作者形象更加鲜明突出。初次阅读作品时，读者主要是体验作品中所反映的生活。第二次阅读便多了些思考、认识的成分，这就开始与作品中的作者个性发生关系。随着认识、理解的深入，对作品所描述的事件的兴趣便会减弱，作者的个性成了读者关注的主要对象，如果说对运用艺术手法这一方面的作者个性的认识是有限的，那么对客观真理所表现出的态度这一方面的作者个性的认识是没有极限的。读者每次阅读作品，都可能用新的认识、新的眼光、新的内容来充实作者形象，这样

---

① Бахтин М. М. Эстетика словесного творчества. Москва，1986，С. 299.

就一次比一次更为深刻地理解了作品。对作者形象的这种认识活动，可以永无终结地延续下去。我们可以把作者形象看成一个表现作者个性的神秘空间，每次认识它时，它都在不断地扩展。从这一意义上来说，作者形象就可以成为一个纯粹的象征——创作者的个性象征。

综上所述，作者形象这一术语中的“形象”二字其实是针对读者说的，它是树立在读者心目中的。因此，读者是一个不可或缺的环节。

二　作者形象说与巴赫金的作者论

俄罗斯著名文艺理论家巴赫金从美学的角度对作者问题做了深入了考察，主要是研究作者和主人公在作品中的价值意义和美学意义。早在 20 世纪 20 年代，当维氏开始研究作品主体的时候，巴赫金就写出了《审美活动中的作者和主人公》的重要论文。其后他又多次探讨这个问题，直到晚年。这里，我们对巴赫金的作者论与维氏的作者形象说做一简要的比较，分析它们之间的异同点，找出其中的缘由，并在此基础上提出自己的一点看法。

从比较中可以发现，尽管巴、维二氏在研究角度上存在着很大差异，但围绕作者问题却有不少共识。例如巴赫金也同样认为，作者是统一作品、统一主人公的核心力量；不应当把作品的创作主体与生活中的作家其人等量齐观；应该通过作品整体去认识作者，而不能脱离作品的整体仅凭片言只语对作者做臆断；虽然作者是统一作品内容和形式的灵魂，但读者更多地还是从作品形式中感觉到作者的存在，因为作者统一的意志是通过众多的形式因素传达出来的。巴赫金还认为，对作品形式的研究要突破传统修辞学的局限，应去关注不同社会语型、地域方言、职业行话、语体等因素的复杂连缀形式。而维氏对作者形象的研究，恰恰是从言语修辞入手的。因此，巴赫金赞赏地写道：“在整个现代的语言修辞学（包括苏联国内外)中,维·符·维诺格拉多夫的优秀著作显得格外突出。他以大量的材料充分揭示:小说语言从根本上说是极其多样的,具有多语体的性质;并且揭示了小说中作者的立场(即'作者形象')的极端复杂性…… "[①]

然而,他们所取得的这些共识,毕竟不是基于同一个观察视点,他们从不同的角度对以下几个具体问题进行了考察。

第一,作者与主人公的关系问题。巴赫金从研究人的意识(指一个人的全部思想观念)的角度来看作家在创作中与所写形象的关系,从而得出了与维氏部分相似的结论。巴赫金认为,作者的所知所见,不仅多于每个主人公和所有主人公所知所见的总和,而且作者的某些所知所见,是主人公所无法企及的。因此,作者的意识包含了主人公的意识,它是意识的意识。由此看来,巴维二人对作者在作品中的主宰地位和统摄作用没有原则上的分歧。但对作者在作品中的体现形态却有不同看法,巴赫金对维氏提出的"作者形象"这一术语中的"形象"二字提出了异议。他认为,作为创作主体的作者不可能成为形象,不存在那种君临一切的作者"形象";如果说有作者的形象,只能是作品里众多形象中具体的某一个,如小说里某讲述人,诗中某抒情之我,等等。"真正的作者不可能成为形象,因为他是作品中所有形象、所有形象因素的创作者。因此,所谓的作者形象只是这部作品众多形象中的某一个(的确,这是一个特殊的形象)。"[②]巴赫金区别于两类作者:一类是作为创作本源的作者,它不可能成为作品中的形象;另一类是作为创作派生的作者,这便是成为具体形象的作者。第一类作者与人物形象的关系是:不可将二者分割开来,因为人物形象中包含着作者的因素。而第二类作者则可以与人物形象分开。维氏则认为不可把这两种情形截然分开。派生作者是本源作者的舞台面具,这样或那样,直接

① 巴赫金:《陀思妥耶夫斯基诗学问题》,白春仁、顾亚玲译,生活·读书·新知三联书店,1988,第 277 页。

② Бахтин М. М. Эстетика словесного творчества. Москва, 1986, С. 383.

或间接地体现着本源作者的观点和情趣，因此与作品中的其他人物形象不可等量齐观。

第二，作者语层和人物语层的关系问题。巴赫金指出，一般而言，作者语层要高于人物语层。因为人物是作为所描写事件的直接参与者来讲话的，他们的视角受到了限制，讲的话也只能是从自身的局部出发。而作者处于所描写的世界之外，他通常站在更高的视点上感受、认识这一整个世界。人物的一切，包括他们的言语，对作者来讲都是他的客体。不过巴赫金特别强调，当人物独立的自我意识顽强表现的时候，人物的意识会摆脱对象化的趋势，不会变成纯粹的作者意识的客体。换言之，人物的意识和作者的意识可能具有同等的价值，这时人物语层和作者语层之间便是一种平等的对话关系，陀思妥耶夫斯基的作品就是这样。在巴赫金的著作里，对话理论具有普遍的，更为深邃的含义。仅就这里提到的一部作品内部的对话关系来说，就包含了不同意识的对话（作者与人物的复调）、不同语层的对话（作者与人物的多声，话语的多指向）。按照我们的理解，巴赫金在陀思妥耶夫斯基的小说中看到的复调——作者和人物平等的对话关系，只是对话关系的一种极端形式，也许可以说是巴氏的“极而言之”。在表现形式上，人物确乎与作者平起平坐，不受制于后者，但本质上、原则上仍是作者的创作派生物。这与维氏对契诃夫艺术风格的分析颇有相通之处。在契诃夫的许多小说里，作者并不出现，叙述采取客观的态度，是所谓“客观笔法”。但这种“客观性”在维氏看来，恰恰是契诃夫独有的作者面具，也是作者形象的一种极端表现。当然，陀思妥耶夫斯基和契诃夫的艺术风格相去极远。但在分析中所反映的巴维二人的理论见解，应该说在不同之中寓有共同的内核，他们的理解是相互呼应相互补充的，而不是相互矛盾相互排斥的。

第三，讲述体中的作者问题。这两位学者在看待讲述体作者的问题上所表现出的分歧，是较为典型的。按照巴赫金的观点，讲述体的目标在于利用他人的话语。比如在列斯科夫的讲述体中，作者之所以安排讲述人，是为了描绘出另一社会阶层的语言面貌。由此，作者与讲述人的关系便是一种并行的对话关系。但对维氏说来，讲述体中的人物，包括讲述人在内，不可能与作者形成平等的对话关系，他们不能与作者相提并论。在讲述体中，完全没有必要设定利用他人语言的这种目标。他人的语言和声音可以径直归作者所有，因为作者兼容作品中所有的语言和声音。作者本身就不是单声的，不只是有一副面孔，都统一在作者之"我"中。在分析讽刺家左琴科的讲述体作品时，维氏着重指出，这个作者之"我""将他们所有的人'牢牢地掌握在自己的手中'，抱着嘲讽的态度凌驾于他们所有人之上"。[①] 总之，在维氏看来，作者形象是解决作品结构问题的出发点，是它决定着其他一切因素，没有比作者形象更为重要的概念了。在这个意义上（意识、话语均统一于作者），讲述体是独白性的（关于维氏对讲述体独白性的阐述，我们在第三章第一节中已有论析）。对巴赫金来说，则一切都是以对话为根本。作者问题只是对话理论中的一个方面，再也找不出比对话性更广更深的概念了，因为巴氏是从审美活动中主客体的辩证关系的角度来研究作者问题的。

从两位学者对以上三个问题的不同阐述中可以看出维氏主要立足于文学修辞的角度。在他看来，作品中各种人物的言语如同条条小溪，都是从作者的语言意识这一源头中奔流出来的。因此作者的地位当然总是高于人物，作者形象决定作品的一切要素。巴赫金主张价值说，关心的是各种话语，特别是话语的意识，在艺术世界中具有怎样的精神价值、文化价值。所以，在陀思妥耶夫斯基的作品中，当人物的意识得到加强与突出时，作者与主人公都具有了充分的价值，他们相互间自然就可以构成一种平等的对话关系。而且，巴赫金进一步从作品的话语结构上精辟地揭示了小说语言的多声现象，可以说与维氏提出的作者形象的语言结构理论

---

① Виноградов В. В. О теории художественной речи. Москва, 1971, С. 125.

有殊途同归之妙。

巴赫金曾指责维氏的研究方法是纯语言学的方法。应该说，这一批评是有失偏颇的。其实，维氏要突破的正是对文学作品的修辞采取纯语言学的研究方法，他一再强调不能囿于纯语言学的研究范围和研究方法。他从一开始就不是立足于现代语言学的语言体系分析，而是抓住了语言的主体，语言的意识，这已经超出了语言结构的范围。之后越来越自觉地采取语言学与文艺学相结合的文学修辞的研究方法。巴赫金为自己确定了“超语言学”的研究方法。所谓“超语言学”，就是把作品语言当作“活生生的，具体的言语整体”。[①] 它是在“对话交际之中，亦即在语言的真实生命之中来研究语言”[②]。如仿格体(模仿风格体)、讽刺体(讽刺性模拟体)、讲述体等都在超语言学的研究范围之内。用现代术语来说，就是研究文学篇章的整体，就是研究作品中的语层，研究体现主体的活生生的话语。不难看出，巴赫金的这种“超语言学”，与维氏的文学修辞学其实有许多相通之处，最基本的一点就在于把语言同主体及其意识联系起来考察。而且，维氏从不认为自己的研究已经穷尽了作者形象的全部问题。他反复强调：“作者形象问题……既可以从文艺学和美学的方面，也可以从文学语言这门学科来研究、考察。对同一个问题，同一种对象的这两种不同的研究角度和方法应相互补充和深化。”[③]巴维两人对作者形象问题所采取的不同角度的研究方法，正是起到了这种相互补充和深化的作用。

作者形象是从文学事实中概括出来的理论范畴，它是文学中客观存在的东西，不管人们怎样称呼它和界定它。作者形象又是一个高度抽象、高度概括的综合范畴，简单地说是作者对所写世界的评价态度和作者对民族语的态度。作者对艺术现实的态度，决

---

① 巴赫金：《陀思妥耶夫斯基诗学问题》，白春仁、顾亚玲译，生活·读书·新知三联书店，1988，第250页。

② 同上书，第277页。

③ Виноградов В. В. О языке художественной литературы. Москва，1959，С. 142.

定着作品的情调和气势，构筑着复杂的评价语层。作者对语言艺术的态度，决定着表达体系的面貌。因此作者形象确实堪称作品思想和艺术的聚焦点。

作者形象贯穿文学活动的全过程，即存在于创作、文学作品、鉴赏三个环节中。文学的构思、物化、接受都缺不了作者形象这一内核。但它集中体现在文学作品的文辞、形象、含义这些由表及里的结构层次中。文辞是文学作品结构的基础，它对建构作者形象具有重要作用。维氏紧紧抓住这一环节，并以此为切入口剖析，发掘出作品的深层结构。因此，作者形象问题是文学作品本体研究的一个中心课题。作者形象与作品的叙述结构、形象体系、情感气势有着非常密切的关系。作者形象决定、统率着这些结构成分，而自己又栖身其间。在叙述结构方面，作者形象无论是作为叙述多主体的结构，还是作为单一主体多面孔的结构，都反映出叙述主体复杂而完整的体系。而形象体系、情感气势则往往是由作者和人物的多种视角结构所决定的。因此，离开作者形象这个核心，很难理解作品的各种修辞问题。

作者形象对文学风格具有重大的意义。第一，它在作品中具有统摄一切风格因素的功能。作者形象是风格的核心和灵魂。有了这样的核心，风格才能成为完整统一的体系；有了这个独一无二的作者形象，风格才能成为独特的体系。第二，它在文学发展史上起着创立和丰富风格的作用。不同时代会产生不同的作者形象，并随之引起风格乃至流派的变化。

维氏的作者形象说与巴赫金的作者论反映出他们看待作者问题的不同角度：维氏以文学修辞为出发点，巴赫金则基于价值说和审美关系。两位学者都研究了作者的“意识”。对巴赫金来说，意识是一个人的全部思想观念，它具有价值意义和美学意义。而维氏则主要强调作者的“语言意识”。实际上，两位学者对作者问题都有重大而独特的贡献，他们的研究起到了相互补充和深化的作用。

从接受的角度看，读者通过作品与作者进行对话。读者用直觉和心灵来和作者进行交谈。作者形象既然是作品中物化了的创造者，那么他的形象就会通过阅读活动在读者意识中再现出来。对作品多次反复的阅读，有助于读者接受意识中的作者形象更加鲜明突出。读者对作者形象的认识是没有止境的，可以永不终结地延续下去。从这一意义上来说，作者形象是一种象征性的东西——创作者的个性象征。

仅从以上的概括中就可以看出，作者形象在维氏创立的文学修辞中占据着中心地位。抓住这一点，便可做到牵一发而动全身，使整个学科完全改观。

附　录

一　作为美学范畴的"作者形象"[①]

H.K.鲍涅茨卡娅

19世纪现实主义文学的发展在学术界催生出作者的问题，而此前这一问题从来就不是特别关注的对象和激烈争辩的焦点。人们可能会以为，现实主义作品的作者在其中充其量只不过是一种狭窄的视角——他所有的其余方面都属于生活本身。不仅如此，作者的功能从形式上来看，常常是由虚构的人物完成的：不是从主人公的视角展现事件，就是由身兼讲述者的人物来进行叙事——而作者在这种情况下似乎就从艺术世界和艺术性的叙述中隐退了。正值作者从作品中"隐退"之际，这一问题被推到了学术的前沿：作者"隐退"了，就在这当口却引发了人们对他的讨论。尽管这仅仅是间接的讨论，因为作者的问题是作为作者替身的问题而被提出来的。实际上，谁的意识是艺术主体，谁在说话和描述——这

① 本文译自《语境·1985(文学理论研究)》，科学出版社，1986。——译者注

对艺术效果而言至关重要。这是观照作品的一种全新视角。讲述人、"视角"和作者假面的表演及其相互作用，表现作品事件的"核心智慧"的种种特点，便成为英语文学研究者所关注的主要对象（始于对 Г. 詹姆斯[①]艺术成就的论述）。这一研究途径使他们获得了许多发现。

然而，无论这一方法多么巧妙而有效，也无论 B.凯泽——他得出了关于小说"自我讲述"的结论——看待作者问题的态度多么富有精神内涵和深邃的哲学意味，必然要对有关作者隐退的假设做出反应。这是基于一个极为简单而又无可争辩的事实：作者的"隐退"只不过是现实主义诗学的一种幻想，而真相却在于现实主义作品的创作特性，因此在现实主义作品的研究中倘若忽视了创作者，那么一些极为重要的艺术方面也就随之被忽略。在西方学术界，对作者隐退说的这种反应表现得最为充分的是美国研究者 У.布斯的专著《小说修辞学》(1973)。书的标题，如果不死抠字眼的话，最好译为《作为修辞的小说》，因为布斯的主要见解——透过作品的所有成分绝对能感觉到作者的存在——乃是一种修辞上的领悟。

在我们国内学术界持有类似看法的是 B.B.维诺格拉多夫。他十分关注语言中的个性特点；但凡论及艺术作品的语言和风格，他必定以个性鲜明的作者层面为落脚点。在 1927 年的一封私人书信中，维诺格拉多夫写道"作者的面目总会在艺术作品中显现出来""问题只是在于，如何以他的作品为基础来复原这一形象"。[②]"作者形象"，作为维诺格拉多夫所创建的"关于文学语言的学科"的核心范畴，对我们国内阐释作者问题产生了重大的影响。对这一范畴采取论战式的排斥态度，对浓缩其中的含义趋向做进一步的扩展，推出该术语的全新用法（这是维诺格拉多夫始料未及

① 亨利·詹姆斯(1843—1916)：美国作家，代表作有小说《黛西·米勒》(1878)、《贵妇的画像》(1881)和《使节》(1903)。——译者注

② 转引自 A. П.丘达科夫，《B.B.维诺格拉多夫和 20 世纪最初 25 年的艺术言语理论》，参见 B.B.维诺格拉多夫，《论文选集：论艺术散文的语言》，莫斯科，1980，第 311 页。

的)——这就是作者形象在学术界所处的多重而矛盾的境地。

在我们国内的研究者中没有人否认作者问题;但当说到作者形象时,就出现了麻烦和分歧。“对此类形象文学学缺乏研究途径”,С.Г.博恰罗夫[①]就别尔金形象——《别尔金小说集》的虚构“作者”这样写道,准确地说,人们对维诺格拉多夫的这一范畴持有多种各不相同的态度——对此断然发表抵制言论的只有 М.М.巴赫金。[②] 维诺格拉多夫本人不是把作者风格,就是把艺术世界里的作者“视角”与作者形象联系在一起。在分析列斯科夫那结构精巧的讲述体小说《左撇子》时,维诺格拉多夫从语言结构中提取出作者本人的言语——其实就是夹杂在模仿性叙述当中的标准语;“作者形象”便是用文本的这些成分构成的镂空结构。[③] 而在《黑桃皇后》的风格研究中,作者形象被理解为游移于小说的不同现实之间的“视角”;据此维诺格拉多夫做出结论:叙述主体一如光怪陆离的现实生活具有“普罗透斯[④]式的”特性。[⑤]与维诺格拉多夫的“作者形象”所不同的是,Л.Я.金兹堡的这一术语从文本的客观存在中分离了出来:她的“诗人形象”是各时代对于某位艺术家和具体个人不同认识的相互作用的产物,是一个完整得多、人性化得多的形象。[⑥]于是自然就会产生这样的问题:“作者形象”会不会是偶然出现在维诺格拉多夫意识中的,与任何一个具体的艺术现实都不相符的一种隐喻?或许每位研究者借此来表述各自的论题?抑或在维诺格拉多夫的这一概念里毕竟可以发现对语文学科所具有的重要意义?“作者形象”范畴博得了人们精神上的同情与好感:这一范畴中所蕴含的对作品个性特征的认识与现代文化中所出现的使文化

---

① С. Г.博恰罗夫:《普希金诗学论文集》,莫斯科,1974,第 139 页。

② “真正的作者不可能成为形象,因为他是各种形象的创造者。”(М.М.巴赫金:《话语创作美学》,莫斯科,1979,第 363 页。)

③ 参见 В.В.维诺格拉多夫,《论文学作品的语言》,莫斯科,1959,第 123—131 页。

④ 普罗透斯:希腊神话里的海中老人,能变出各种形状。——译者注

⑤ 参见 В.В.维诺格拉多夫,《论文选集:论艺术散文的语言》。

⑥ 参见 Л. Я.金兹堡,《论抒情诗》,莫斯科-列宁格勒,1964。

产物失去个性化的趋向是相对立的，后者虽是时髦的，但从根本上来说却是有害的。因此依据对该范畴的这种直觉的接受，便可以尝试着深入其内在含义，尝试着设定目标来论证：确实能感受到的"作者形象"可以成为深入理解作品的基础，而这种理解比依据作者"隐退"理论要更加深刻。于是，下面的疑惑：是否可以谈论作品所表现的作者形象？如果可以的话，那么又是在何种意义上来谈？——应该也就迎刃而解了。

因此，作者问题目前所面临的局面在理论上是一种悖论。一方面，文学研究者凭借经验研究，提出先验的前提，并利用艺术家们有关创作过程的证据，来证明作者在他所建构的艺术世界里几乎是无权可言：主人公会摆脱他的权力束缚（再说，这是他的产物吗？会不会是他们从生活中径直进入作品的？）他也没有自己的语言，在创作行为中他没有意志力，等等。去作者化的主张在M.巴赫金的观念中得到了特别极端的反映，他在致《新世界》编辑部的那篇众所周知的答复中谈道：无论选取作品的哪一个方面，都不难感觉到，它不是作者本身的产物，但却是客观存在的。但从另一方面来看，也无法回避这一基本事实，即作品中的一切都是从作者个人的内心深处流淌到笔端并注入读者意识的。只要认同这种二律背反的现象，即作品中的一切，既是作者的，又不是作者的，那么就会产生反映在作品中的"作者形象"、作者之"我"的问题，以及有关这一形象的特性和探索这一形象的原则等问题。

严格说来，这一问题属于艺术接受范围的问题。必须将关于作者因素与非作者因素相统一的论点纳入作品现实的生命活动和接受过程中加以考量，从读者意识的立场来感受它。考察艺术作品时可以采取两种视角：或者把它视为某种自在存在的现实，以及由作者的精神所建构的形象和思想的综合体——这属于本体论的层面；或者也可以把它视为接受的对象，如果依照巴赫金的理念，就是把它作为作用于读者意识的一种话语来感知——这是其认识论的方法。所以我们在谈论作品中的"作者形象"时，就倾向于从第二种角度来审视它。在我们看来，作者形象问题与接受和阐释的问题紧密相关。或许，按照认识论的方式所得出的结论会转变为作品本体论的认识，会在某种程度上解释其自在的存在；然而，这种自在的存在，倘若不考虑创作者和接受者的意识，那就是一种极为玄妙的、文学学术语所无法描述的事实。只要将作品的存在确定为介于创造者意识和接受者意识之间的一种生命活动，只要以读者为本，对于文学学科的宗旨而言便足够了。这也是唯一严肃的方法。其实，将作品成分划分为纯作者的和非作者的——这是形式主义的划分手法，经不起深入推敲。

审美经验的条件，与作品内在要旨相一致的接受状况将成为一种现实情况——我们将在其中审视“作者形象”问题。审美与作者形象有着直接的联系。我们以为，使用“作者形象”的概念并不是偶然的，它是由文学作品的审美特性所决定的。我们需要解释清楚，这里的审美究竟是什么含义，并从“审美”中推衍出“作者形象”的意义。在这种情况下，“作者形象”就不再作为一个可有可无的术语被接受，而是上升到美学范畴的层次。在寻找具体作品中的“作者形象”之前，应该清楚地意识到其内涵是什么。下面我们就尝试严格采用这种方法来探讨这一问题。

“作者形象”不是一个凭空臆造的概念，而是指任何一种审美接受（而且是最朴实、最直接的接受）的实际情形。甚至就连小孩在接受艺术作品的过程中，不仅需要观察人物形象和事件，而且还不得不与作者进行交流。这种无意识的交流总是存在的，他们常说的“我喜欢普希金”之类的话就是明证。读者不说，我喜欢读普希金的作品，尽管这句话才正确地反映出自然的实际情形，以及从阅读诗人作品的过程中所得到的快乐；他宣称的是自己对诗人的爱戴，在一定程度上就是对普希金个人的爱戴。此类普通的词句说明了我们觉得重要的审美接受的一个特点：对作品的作者（甚至对他的个性，而不仅仅是其作家身份）的静观性认识作为不可或缺的因素而进入审美接受。这样一来，审美感受也就包含了“作者形象”。

人类创作的作品作为审美性质的一种现实，所表现的是艺术幻想的规则。这一规则对我们而言，将成为审美因素的同义语。它包含两个方面。第一，幻想的目的在于制造某种骗局：不存在的事物想摇身变为存在；从本体论上显得不是特别有价值的东西（想象的产物或一闪而过的念头）来充当最高价值和完美的客观现实。从审美体验来看，幻想的存在可以替代真实的存在。这是通过逼真性和审美的关键要素来实现的。艺术作品所描绘的世界仿佛在构建第二现实——引入观察者意识的现实；与此同时，观察者摒弃了自身当下的存在，并作为一种现实感受到作品的世界。将艺术性地加以描绘的生活作为现实生活来接受，不折不扣地相信所描述的内容——这一点构成了审美感受的一个重要方面。通过共同经历、"恐惧和怜悯"（亚里士多德语）的机制，即通过受制于幻想，接受者的意识进入审美客体，实现一种审美认识，其结果表现为对个性的改造、提升和净化。将幻想的生活当作现实生活来接受，这是审美感受的首要的、直接的，也是必不可少的因素。

正是该因素奠定了诸如或显或隐地将主人公及艺术世界与作者相分离这一类作者理论的基础。这一点也同样适用于巴赫金的一些认识。在他看来，主人公从根本上是外在于作者的；巴赫金这一认识的世界观基础奠定于他早期的论文《审美活动中的作者和主人公》，此文是理解他其后所有创作的关键所在。在《陀思妥耶夫斯基诗学问题》中得以进一步阐述的作者理论所依据的也是最为直接的阅读体验。依照巴赫金的观点，陀思妥耶夫斯基的一些长篇小说中的作者所担纲的主人公的创始者角色，从本体论方面来看是微乎其微的；作者的地位已降到主人公的层次，主人公不受作者的控制。巴赫金的这些思想是针对陀思妥耶夫斯基的长篇小说所制造的幻想而言的；这些思想理应直接阐明阅读感受，并将这种感受转化成理论语言。巴赫金之所以对陀思妥耶夫斯基笔下的作者产生这种看法，其基础是阅读过程本身，而不是完成这一过程的思考——关于陀思妥耶夫斯基通过自己的小说想告诉我们什么的思考。正是在阅读过程中，在受制于幻想的状态中，读者会产生一种印象，即主人公脱离作者而独立存在。但在完成审美体验时，在接受活动向高层次过渡时（与受制于幻想相比较而言），对主人公脱离作者的感觉就会被削弱——对这一点巴赫金则未加考虑。使作品终结的意图反映在标题和题记中；据此也就可以对陀思妥耶夫斯基小说主人公存在的注定结果和必然性做出判断。例如，在阅读《罪与罚》时，可能会以为拉斯柯尼科夫可以做出自由选择——杀人，还是不杀人；然而从一开始，从小说标题本身，在作者的安排下，他注定要行凶杀人。陀思妥耶夫斯基的所有核心人物还是在作者构思阶段就注定了命运：拉斯柯尼科夫注定要犯罪并忏悔，斯塔夫罗金注定要自杀（与题记保持一致），梅什金注定要彻底疯癫。[①] 艺术作品的世界是充满磨难的奥古斯丁[②]的世界，此间实际上一切都是预先确定的，主人公从一开始就被剥夺了自由，从自己"出生"的那一刻起命运就已经注定，包括为了实现作者的创作意图而去犯罪。无疑，主人公受制于作者的事实对巴赫金而言是相当简单的，也是极为明显的。所以，他是鉴于其美学的人本主义的生活特性而弃绝这一事实的。艺术生活与现实生活保持着深刻的相似性；不过，巴赫金的这一重要理念与接受作品时的直接阅读体验，与受制于艺术幻想的体验倒是相一致的。巴赫金是以陀思妥耶夫斯基小说中作者的虚幻角色——主人公的交谈者的角色——来建构自己的作者理论的。巴赫金并没有试图解决作为创作者的作者问题。这一问题已与审美的第二个方面发生了关联，下面我们就来谈谈这一方面。

艺术作品有着自身的审美目的——有别于自然物体的诸种目

① 拉斯柯尔尼科夫：长篇小说《罪与罚》的主人公。斯塔夫罗金：长篇小说《群魔》的主人公之一。梅什金：长篇小说《白痴》的主人公。——译者注

② 奥古斯丁（公元354年—公元430年）：古罗马帝国时期基督教思想家，欧洲中世纪基督教神学、教父哲学的重要代表人物。他提出的"原罪"理论具有重要历史影响。——译者注

的。黑格尔说:“如果艺术的形式方面的目的只是单纯的模仿,它实际所给人的就不是真实生活情况而是生活的冒充。”他对自然物体及其艺术形象这两种印象做了区分:“完全使人误信以为真的模仿确实是有例证可举的。宙克什斯[①]画的葡萄从古到今都被公认为是艺术的胜利,同时也被公认为是模仿自然原则的胜利,因为真有活的鸽子啄食这些画的葡萄。除了这个古老的例子,我们还可以引一个新近的例子,毕特涅[②]的猴子把洛色尔[③]的《昆虫乐趣》一书中画的甲壳虫咬成碎片……这些以及其他类似的例证可以马上使我们想到:这种连鸽子、猴子也能欺骗到的艺术作品值不值得赞赏,而那些只会把这样庸俗的效果捧为艺术最高成就,认为这样就可以抬高艺术的人都理应受到谴责。总之,我们应该说:靠单纯的模仿,艺术总不能和自然竞争,它和自然竞争,那就像一只小虫爬着去追大象。”在艺术创作中,“对于人来说,从自己所创造的东西得到乐趣,就比较适合于人的身份”[④]。作品是由艺术家创造的,每个形象都源于他的个性,并带有其烙印——了解到这一点是审美感受极为重要的一个因素,其重要程度不亚于上文所分析的第一个因素——将艺术生活视为现实生活,并沉浸其中。如果我们把第一个因素确定为受制于艺术幻想,那么第二个因素就将是:克服、消除幻想,意识到幻想是对感情的欺骗,弃绝幻想,并回到事实上的简单真实。

在这两个因素中,任何一个都不能单独涵盖审美体验。它们是抽象概念,是审美方面无法企及的两极,尽管正像我们已经指出的那样,接近于其中第一个因素的是淳朴观赏者的审美感受,而第二个因素则部分被形式主义类型的分析经验模拟化——“技法”是

① 宙克什斯:公元前 5 世纪末至 4 世纪初的古希腊画家。——译者注

② 毕特涅(1716—1801):德国昆虫学家。——译者注

③ 洛色尔(1705—1759):德国昆虫学家,著有《昆虫乐趣》,以插图著名。——译者注

④ Г.В.黑格尔:《美学》第一卷,莫斯科,1968,第 48—49 页。(见黑格尔:《美学》第一卷,朱光潜译,商务印书馆,1984,第 53—54 页。——译者注)

其主要范畴。现实的审美体验总是这两个成分的融合。的确，甚至当我们极为天真地沉浸于作品所描绘的"生活"中时，我们也会渐渐被作者的创作活动所吸引。要知道作品中的"生活"是经过作者理解的，而对艺术现实的这种必不可少的理解就从其内部摧毁了艺术的逼真性。在统一的审美行为中，即创作行为或接受行为（此时此刻对我们而言后者显得尤为重要）中，幻想既可以伟岸耸立，也可以化为泡影。在时间上渐次展开的审美接受就在审美方面的这两极之间摇摆不定。有时观赏者把自己和作者都抛诸脑后，沉浸在作品中，有时他忽然渐渐看出作者在建构艺术世界时所利用的种种连接和接缝，明显感觉到作者存在其中。在审美方面的两个因素中，任何一个都有着削弱另一个因素的特性。对作品的制作性的感受就会使接受者的意识渐渐摆脱艺术幻想的影响；于是，"恐惧"和"怜悯"就被审美化，变得具有某种意义。在激情的冲动下，曾有人不由自主地向舞台，甚至向银幕上开枪射击；合乎情理的、被审美化的激情体验则会促使灵魂得到净化和提升。也会出现相反的情况，读者往往会阻挠文本分析专家：我们看不出作品是怎么"制成"的，它的终极意义是什么，因为我们摆脱不了幻想，它使我们把作品看作对真实事件的陈述。因而现实主义的作品是最难分析的。在这种情形下，研究者就很容易受到艺术的迷惑，忘记事实真相——作品是作者为了某些目的而创造的。而研究那些具有明显雕琢痕迹、结构精巧的作品则容易得多，因为其中处于重要地位的恰恰是作者的创作活动、想象、技艺，而对生活的幻想却大打折扣。审美方面的这两个因素彼此间为了征服接受者的意识而展开争斗。不过这一动态过程有时会导致这两股力量势均力敌，在接近现实生活和获得某种意义之间所达成的和谐就是美本身，也是审美方面的佳境。

上文对审美方面的两个因素及其辩证关系做了描述，现在我们再来看看第二个因素，确立一下它与作者形象的关系。当我们沉浸在艺术现实时，我们就会把作者抛诸脑后。当然，即便是这样，我们也在无意识地与他交往着，因为幻想永远不可能是绝对的，对艺术现实的感受也永远不会等同于对客观生活的感受。正因为这样，作者形象才会是任何一种审美体验(即便是最为朴实的审美体验)的固有属性。然而，即便对审美体验做出符合逻辑的分析，那也应该承认，只有当我们克服幻想，审美方面的第二个因素发生作用时，作者形象才可能被我们观察到。因此，"作者形象"的概念是审美概念的必然结果，如果把后者放在诸如幻想性和消除幻想性这样的论式中加以考察的话。"作者形象"经过这一推断便上升到美学范畴的层次。

用这种方法建立起来的"作者形象"存在于所有艺术作品中。我们把艺术理论最为普遍的概念，把审美方面本身的概念作为出发点，采取一些合乎逻辑的步骤，获得了先验的，由此而成为美学范畴的作者形象。所称作者形象的第一个特征是其多面性。其次，该作者形象源于作品的每一个艺术成分。作者因素与非作者因素之间的对比关系本身就具有动态的性质：这种对比关系有赖于接受过程的深入程度。[①] 在接受的起始阶段，所感受到的各种作品成分都是疏远作者的。但此前对作家并不了解的读者也能够对个性色彩极为强烈的地方有所领悟。这可能是第一人称的抒情或自白式的率真表述，也可能是主人公那敏锐的存在主义体验的讲述(这种体验极为生动，以至于读者不可能将它与作者本人联系起来)，还可能是明确表明世界观的宣言。倘若读者能在这里识别出作者的个性，作者的精神特质，那么他在继续阅读时就会在所有的作品元素中感觉到这一精神的存在。它们因而就会失去非作者、无个性的性质。作品"人格化"的这一过程如同链式反应一样具有急剧性，甚或爆炸性。因为作品的每个元素在读者的意识与作者个性首次"相遇"后的接受过程中，就已经被感知为作者的因素，就

① 下文凡提到"接受"，均指阅读过程：我们把"作者形象"的美学范畴放在艺术话语的范围内加以探讨。

会使读者对作者个性获得某种新的认识，并会加快使非作者因素转变为作者因素的过程。阅读活动时间越长，就越像是与作者的一场对话。接受过程似乎会在两个层面上进行：读者关注着事件的发展变化，但同时在作者的影响下他从中提炼出各种结论，吸纳生活哲理，并在不知不觉间怀有一种新的意绪，被另一种处世态度所感染。接受的这第二个层面就是与隐藏在作品深处的作者之“我”的交流。

正如巴赫金所指出的那样，当读者通读完作品后，作者活动会在他的意识里形成某种面貌（当然不是形体上的，而是纯精神的）——它是用词语通过突出其中的一系列特点而被描绘出来的；这一面貌也就是作者形象。不过，这一完成性的活动并未破坏作者形象基本上处于动态的特性。就像每次见到熟人都会对那张熟悉的面孔补充新的特征一样，在接受者的意识中随着对作家表现形式（如他的作品，同时代人的见证等）的不断了解，作者形象就会愈发明晰和深刻。列夫·托尔斯泰确确实实是我们一直谈论的这类读者的代表。作家的主旨在于把自己的感情用形象表达出来，而读者的任务则恰恰相反，是在于透过作品辨认出作者的心灵——这些思想恐怕就是他最主要的艺术主张。他在日记中写道：“作品所表现的作者性格乃是阅读作品，尤其是纯文学作品的主要兴趣所在。”[①]我们举一个例子来说明，托尔斯泰是如何把作者从作品中“读出来”的：“读了尼采的《查拉图斯特拉》（指《查拉图斯特拉如是说》）和他妹妹关于他如何写作的札记，我完全相信，当他在写作时，他是个十足的疯子，不是隐喻意义上的，而是直接和最准确意义上的，语无伦次、思维混乱，比喻中未指明被比喻的事物，有头无尾，使用对比或类比手法时出现跳跃式思维。在神经错乱这一焦点的背景上就会产生这样一个挥之不去的念头，他试图推翻人类生活和思想的所有最高形式的基础，以此来证明自己的超

① 转引自《俄罗斯作家论创作》第三卷，列宁格勒，1955，第439页。

人天才。”[①]为了确认在尼采长诗中所发现的作者形象，托尔斯泰依旧需要作家生平一类的，能够证明纯粹从阅读中获得发现的记载材料。与作者相关的材料采用得越多，单篇作品的作者形象在读者看来就越发完整。反复阅读也很重要：对作品的每一次重新接触都会使读者觉得作品越发具有“作者的因素”。总之，严格说来，读者认识作品的过程是无穷无尽的。该读者大致能够体会到的那部分作品含义是他多次阅读的结果。可以用含义无穷序列的数学极限来说明这一点。确实如此，第一次阅读——在了解作为整体的作品，及其含义，作者意图之前——实际上是一种盲目的阅读，因为读者所接受的作品成分从根本上来说不可能充分完成自身的艺术功能：这些成分的含义是与整部作品的含义密切相关的，而读者在完成阅读过程之前却对后者不甚了了。读者经过通读就能了解这种含义，尔后，就可以重新回到作品的开头，对含义重新加以理解。由于读者对作品含义已有所领会，这时各种艺术成分就会以一副崭新的姿态展现在读者面前。不过，这第二次阅读——已不是盲目阅读——它会提供作品的另一种含义，另一种思想（柏拉图式的思想）——它更加贴近作品本身的思想，作者的创作意图。在掌握了这一新的第二种含义时，还可以第三次阅读作品，而且这次阅读还会给出第三种，也是更为精确的含义，就这样一直延续下去，从原则上来说可以永无止境。这样的反复阅读不仅可以获得更为准确的作品含义，而且有助于使读者意识中的作者形象更加清晰。第一次阅读时，读者多半沉迷于幻想中；第一次阅读主要是对逼真性的体验。第二次的接受尽管有了更多的认识，但对作品的理解同时也变得更为人格化，与作者的个性发生了关联。随着接受的深入，对作品的事件、幻想方面的兴趣就会减弱，于是作者的个性就成了读者的主要关注对象。托尔斯泰便具有如此深刻的阅读经验。像这样以作者个性为目标并不是什么特别的阅读方

---

① 转引自《俄罗斯作家论创作》第三卷，列宁格勒，1955，第525页。

法，而是卓越人物的必然归宿，因为对作者的认识已成了作品的审美目的。作者之“我”是极为深邃、极为重要的作品内核。作品的含义——作品正是为此而创造出来的——是客观的真实，但又是经过作者折射的真实；这里有着深刻的辩证关系。最伟大和最为普遍的真理不是抽象概念，而是对个性最准确的揭示。巴赫金强烈感觉到了这一点，并在晚年札记中做了精确的表述：“每个篇章（作为话语）都是独特的、唯一的、不可重复的东西，这便是它的全部含义（它的构思，篇章正是为此而被创造出来的）所在。这是篇章中对真、善、美、历史的态度有关的部分。”①按照巴赫金的看法，作品中最为主要的内容与创作者的个性相关。所以，如果说读者的目的在于尽可能地深入理解作品，那就应当承认，作者形象不是什么稀奇古怪的概念，而是作品所固有的，并且几乎是最为重要的一个方面。

如上所述，作者形象在接受者的意识中愈清晰，克服艺术幻想的过程就变得愈加深刻。作者是自身艺术世界的创造者和营造者②；但在建构这一世界时，他不仅要把自己隐藏起来，躲进作品的深处，而且还要设法仔细清除自己的活动痕迹，即所有这些缝合处、连接处、构件和脚手架。他的目标是，作品要写得像现实世界那样浑然天成。但任何一个作家都无力做到这一点。接受者的意识总会看出缝合处和连接处，比如在失真的地方。就是在这些破绽处显示出来的首先还是作者的面目。作者正是这些缝合处和构件，以及作者活动特征的所指方向。接受者的意识将它们视作艺术手法。研究者的分析意图越是强烈，那么逼真效果在他的意识里就越发不可避免地受到影响。研究者从作品的每个成分中都可以看出艺术家那营造者的组织意愿。整部作品如果失去自身的浑然天成，就会暴露出制作的痕迹，并作为一个纯粹的构件呈现在研

① M. M.巴赫金：《话语创作美学》，第 283 页。

② 我们将在下文指出这两个概念的区别。

究者的面前。可以取代作品的“所有手段的总和”就将是作者形象，因为这一综合体会呈现他在个性营造方面的特征。这里就会谈到形式主义类型的分析：作者的特性按照形式主义者的理解，就是对使用自身的、独特的一整套艺术手段有某种爱好。

制作和构建的特征是观察者所发现的艺术作品世界不同于真实世界的首要因素。现实世界是一个有机体，而对艺术真实而言，作为极点的有机体只是其向往的目标。但在艺术真实和实际真实之间还存在着另一个区别。现实世界，如果可以这样表述的话，是不会强加于观察者的，并且根本就不指向观察者。这是一个不需要人类的“冷漠的自然界”；它自我封闭起来，把自身的含义深藏在内部。因此在一个淳朴观察者的眼里，它似乎是没有含义的；而含义只能从思想体系中获得。艺术世界则完全是另一种情形。它的每一个成分作为艺术家创作意志的产物，总是服务于某种艺术目的。因此艺术世界，无论是整体还是其中的某些部分，被赋予了某种意义。而这些含义是针对接受者意识的；艺术真实的世界不是建立在自我封闭上的——它积极主动，具有外向型特点，并努力吸引它所面对的意识，使其对自身产生十分明确的、绝不含糊的理解。作者活动所产生的效应是，从一开始就用创造性的手法使作品世界充满含义；因此还应该在作品的含义层面来寻找作者形象。

需要专门说明一下，我们这里所理解的“含义”一词究竟是什么意思。在巴赫金的著述问世后，不得不承认，作品的含义不是唯一的，也不是业已完成的。因为作品存在于创造和接受这两种意识之间，所以读者就有一定的权利对它做出自己的解释。不过，从一种接受意识转向另一种接受意识而引起的含义变化，并不是我们此刻的兴趣所在：含义的波动反映的是接受层面，而绝不是作者的个性。作者赋予作品的含义基本上是一个恒量。作品的“博大”含义这一因素（用巴赫金的话来说，也就是在“长远”历史时间中得以实现的含义）也在揭示作者形象。如果将这一构成成分确定为作品的构思,将它理解为发生在作品创作过程中的缔造性的物态化之前的作者活动,那么在我们看来,这是合情合理的。创作本身的行为,亦即将新含义引入不断完善的作品之中的行为(而这种新含义融入了作品的整体含义),先于每一次的营造活动,先于每一个使用某种艺术手段的情形,因为技巧不是艺术家的目的,而只是取得总体艺术效果的手法。创作行为的本质不属于文学的研究范围,而是心理学和创作的形而上学的研究对象。我们认为,有必要强调一下,艺术家的活动必定要经过物化前的创作本身的阶段,正是在这一阶段上出现了新的,此前不曾有过的艺术含义。作者的下一步活动,即对业已存在的材料进行包装,是由在创作最初那一刻出现的强烈冲动加以实现的。关于这一时刻,我们有一系列艺术家,主要是诗人所提供的佐证。艺术形象诞生于作者个性的内心深处,而这里是意识之光所无法照到的,因而诗人是把它作为不属于他的因素加以接受的。诗人对创作的初始冲动是作为外来因素加以体验的;对于这一事实,艺术家们总能找到许多解释。创作的神性观念(其中也包括普希金的"神的语言"这一神话题材成分)发端于柏拉图;诗人们把创作深度阶段比作睡梦(M.茨维塔耶娃,Вяч.伊万诺夫)。诗歌的初始形象没有语言属性。对此A.勃洛克说到了用内心去倾听的轻盈之声,光线、涌动的波涛、绚丽的花朵和某些视觉形象(《艺术家》《俄罗斯象征主义的现状》《诗人的使命》);B.马雅可夫斯基则断言,诗人从一开始感觉到的是即将创作出来的那首诗的节奏(《怎样做诗》)。语言作为诗的材料不参与创造诗歌形象的那一时刻,即我们在这里称之为创作本身的那一时刻;因此谈论作者活动的物态化之前的阶段也是合情合理的。作品的含义层面也就在这一阶段形成的。

单个艺术形象的含义和整部作品的总体含义既不是指它们的造型方面,也不是指抽象的思想观念方面。不妨在艺术含义和柏拉图的思想之间,同时也是在具体和抽象含义之间进行一番比照。艺术含义具有三方面的属性:第一,它是客观的,具有全人类的普遍意义,属于生活本身,因而它是接受者的意识可以企及的;第二,这一客观存在被作者的个性从本能上加以领会,因而客观真理便成为有具体个性的、活生生的、存在主义色彩的真理;第三,作者把他所领会的这一生活真理体现在艺术形象之中。纯含义上的精神内核蒙上了一层躯壳,这层躯壳既把它掩盖起来,遮挡起来,同时也把它呈现出来。作品含义从存在主义层面来看是作者的含义;但创作的目的在于,用艺术形象把它们呈现出来。

我们再来看一下托尔斯泰的美学观念,这些观念是从他那伟大的现实主义作家的体验中提炼出来的。他将审美活动理解为作者把自己内心的感受传递给别人:"唤醒内心曾经体验过的情感,把它唤醒,并通过动作、线条、色调、声音、用语言表现的形象传达出这种情感,以便别人也能体验到那种情感——这就是艺术活动的目的。艺术是人类的活动,其目的在于,一个人利用在意识上成为已知的外部符号把他所经历的各种情感传达给别人,其他人被这些情感所感染,并加以体验。"[①]不错,托尔斯泰说的是传达情感,而我们则是把领会艺术世界的因素与作者联系起来。不过,这里的差异多半是在用词上。因为作品的含义不是靠理智,而首先是靠心灵来把握的;原则上可以将它们称为情感。与此相反,托尔斯泰的"情感"不是自发的、混乱的意绪,而是调和的、被创作个性做了合理安排的感受。重要的是,艺术形象的背后隐藏着作者深刻的个人体验。发现这种体验,譬如,在主人公的内心深处发现了这种体验,就是领会到了作者形象的一些极为重要的方面。这里也存在着辩证关系。一方面,作者是通过最外部的、作品的纯结构因素,即艺术技巧表现出来的。另一方面,他还表现在艺术所反映的生活的内在本质中。不得不承认这样一种极为离奇的悖论:主人公越是接近生活,在个性方面越是符合实际情况,因而也越是脱离作者,他就越发是"作者的",他就越发清晰地向读者展示作者的个

① 参见《俄罗斯作家论创作》第三卷,列宁格勒,1955,第450页。

性。艺术的含义，主人公的本质本身所证明的都是作者身上最为深刻的东西，是他那不可重复的“我”。

读者是通过主人公形象——深入了解他们的思想和纯粹的含义——来接触作者个性的。我们来看一种极端的情形。在诗学的层面，陀思妥耶夫斯基的主人公在很大程度上脱离了作者（关于这一点不能不同意巴赫金的观点）；陀思妥耶夫斯基的诗学是与主人公摆脱作者约束相适应的诗学。但同时正是陀思妥耶夫斯基的主人公的内在本质向读者揭示出其创造者的个性。读者不是在主人公的命运中，不是在他们客观存在的性格和行为中，而是在他们隐秘的内心生活中识别出作者个性的。陀思妥耶夫斯基的主人公用自己的命运来解决的“终极问题”乃是他们的创造者所困扰的问题。可以列出这些问题的一份清单——世界和人类生活的意义，上帝的存在和仁慈等，但并非所有问题都能被定义为哲理问题。陀思妥耶夫斯基的大多数主人公很难说有什么思辨观念，况且这一观念也无法充分表达出他们的艺术含义。这一含义乃是主人公内心生活本身，事实上它也不可能同时作为作者的生活被接受。陀思妥耶夫斯基的主人公以存在主义的态度所体验的一切，作者本人也都体验到了。作家的心灵是对他同时代生活的一种反映；陀思妥耶夫斯基以个人痛苦的经历深深体验到了 19 世纪的一些重大问题，并将它们体现在主人公的形象之中。而读者则相反，在接受过程中从主人公上升到作者，在主人公的内心本质中感受作者个性的存在。

因此，只有当透过艺术世界开始感觉到创造它的作者活动时，接受者的意识才会与作者相遇。这时出现在接受者意识中的究竟是一个什么样的形象呢？与作者相遇而获得的印象是怎么形成的，是怎么被意识到的，又是怎么完成的呢？这是一个极为特别的形象；它的特性不同于作品主人公形象的特性。首先，它不具备外形上的完整性和性格上的完成性。从艺术作品中我们不仅不能获取关于其作者外貌的任何信息，而且也无法就他的客观存在的性格得出任何可靠的结论。然而，在其作品中得以揭示出的作者形象恐怕比他的肖像或性格更加符合作者的个性。个性最大限度地存在于自身的创作行为中；所以作者的本质本身就在艺术作品中，作品的内涵，比方说就是它的垂直线，与作者个性的深度是一致的。对作者在作品中做如此的刻画不是由他决定的；尽管作者绝不会有意识地设定目标来谈论自己，然而却道出了最为重要的东西。因此，作者形象是作品创造者的“内在个性”的形象。

我们也是用一种特别的方式来接受这一形象的。在阅读过程中，出场人物的形象是通过视觉、听觉和触觉等内在相似物而进入我们意识的。这些感觉根本不参与作者形象的塑造活动。作者不是作为客体——哪怕是有生命的客体——呈现在读者面前的。在阅读过程中，我们在某种程度上是把作者形象当作自己交谈者的形象加以接受的。因为面向接受者的意识也是作者的意向之一；这是作品的对话成分，因此接受者的意识中就逐渐形成了作者形象①。然而，与作者的对话有别于日常生活中的对话。生活中的交谈者我们是看得见、听得见的；他在我们意识中所形成的形象也包括他的外表，他说话的声调。但还有一种更为深刻的对话层面：我们不仅用眼睛和耳朵，而且还用直觉和心灵来接受我们的交谈者。与交谈者的这一深层次的交流对相互理解而言，比在外部语言领域的相会更为重要。与作品作者的交往恰恰是失去所有外在层次的对话：我们既看不见，也听不见作者，我们所观察的艺术形象是疏离于他的，但我们凭直觉能够感觉到他的存在，能够感知到他内心的声音。作者形象是审美体验中一个必不可少的要素。在阅读过程中它不断得以建立和充实，在阅读完成后它就作为对话的不朽内核从中分离出来。可以说，整部作品所揭示的作者形象具有某种稳定性。我们对作家的爱戴归根结底是对表现在艺术作品中

---

① 作者的其他意向，如缔造意向，也参与了作者形象的塑造，因为全部艺术技巧向我们说明了作者个性方面的许多问题。在这里我们之所以特别强调一点，即作者面向接受者意识，是想在作品的接受者与两人的对话之间做一番类比。

的个性的爱戴。阅读结束后，读者可以渐渐淡忘作品的事件和主人公，但对作品总有一种深刻的记忆被保留了下来。驻留在我们心灵的这一痕迹正是作者的个性活动；可以说，这一痕迹就是“作者形象”。因此，该概念是与审美体验极为重要的一些方面紧密相连的。

我们一直在谈作者形象的独特性，以及它的特性与艺术作品中其他人物形象的区别。不过在我们看来，不必把“作者形象”看作一个完全游离于人们所熟知的美学概念之外，而应该把它归入更为宽泛的理论概念。我们说作品中的作者现象具有形象性；但这一形象的美学特性是什么呢？已有研究者提出了与此相类似的一些问题。在《普希金和别尔金》一文中，С.Г.博恰罗夫对《别尔金小说集》的虚构作者别尔金的形象的美学特性做了界定。依照С.Г.博恰罗夫的观点，别尔金的形象“在更大程度上是一种作为符号的形象，而不是作为映像的形象（它的“符号”特性显然也是这一形象难以确定的一个特点）”“小说中的别尔金也就是其统一体的符号，是整体性的符号……这些小说仿佛被别尔金做了标注”。С.Г.博恰罗夫还说到了作为关系的形象，以及普希金小说的立场在别尔金形象中的体现。[①] 这位研究者把假定作者的影像想象为一个形象，并就这一形象的特性提出了问题。如果他看出该影像具有符号性，那么在我们看来，真实作者的形象特性便具有象征性。所以，尽管作者形象不是普通的形象，但毕竟是为美学所知的，毕竟是与美学传统范畴有关联的。

当我们说作者形象是作为象征的形象时，其实是有所特指的。象征性的形象（譬如说，有别于现实方面的形象）要求表达和内容这两个层面原则上是不一致的、互相分离的。象征性形象所直接指称的语义与其真正的、深邃的含义是不一致的。象征性的含义不单单是深刻的，而且可能还会被赋予空间的无穷性；所以，当含

① С.Г.博恰罗夫：《普希金的诗学》，第145、147页。

义找不到在语义上与自身相等的表现形式时，它就通过远不如自身重要的语义现实来表现自己。这些现实由于能表达含义，这样也就无限地接近含义，因此也就与它紧密结合在一起，对它而言就是一种象征。在象征中得以体现的通常是极为深刻的、“普世的”含义：“……真正象征所包含的内容通过间接的含义连接总是与‘最重要的东西’——世界统一整体的观念，宇宙和人类的完整的‘概括观念’——相联系的。”①对象征性形象的理解绝不能简化为用一些概念对它进行阐释；象征的含义是难以彻底表达的，仅用理性是无法把握的——而要用全部身心。在象征的深处总是有生命力的，所以对象征的认知往往是一种交流活动：“……对象征的诠释，或称象征学，恰好在人文学科内部构成了原本意义上的人道方面的要素，即对人性，人的本性——这种本性尚未物质化，但象征性地体现在物质方面——的追问。”②

像这样作者与艺术世界现实本身的二分对立也是艺术作品的样式之一。当我们说作者形象时，如果使用黑格尔的术语，作品对我们而言就是作者的异在。作品是疏离作者个性的，同时在深层次上又与之十分贴近，因此它仍是这一个性的象征。如果将刚刚援引的C.C.阿韦林采夫的话用到这里，那么“物质方面”就会与疏离作者的艺术作品相一致，其中所表现的“人的本性”则与作者形象相一致，而对象征的诠释（或称象征学）则与研究该象征性形象的方法论相一致。作者形象是作为人的内容和存在于作品中的个性来接受的。作者形象在作品表面的某个地方，在作为营造者的作者组织材料的地方，就开始被感觉到了。然后，它便进入作品的含义层面，这就等于进入了作者个性的层面。但当读者看见作者在作品中的具体现象后，就感觉到其后有某个剩余物，虽然它不反映在作品中，但犹如某种先兆，拓展了作者形象。实际上，这一形

① C. C.阿韦林采夫：《象征》，载《简明文学百科辞典》第6卷，莫斯科，1971，第826栏。

② 同上书，第828栏。

象是没有边际的。的确，对作者形象的认知具有对话的特性。① 于是，“领会”作者形象，越来越深刻地洞察作品——就可以永无终结地延续下去，作者形象也就不断得到丰富，不断得到补充。可以感觉到在作者形象身后有一个有个性的神秘空间，在认识过程中它不断扩展。接受者的意识每一次接触作品都会更加详细而清楚地意识到它是有作者的——表现在它的制造性和营造性上。接受过程是以超出美学性质的一般性真理，即作品的全面创造性的事实(制作性＋营造性)，作为极限的。达到极限时，作者形象就会凌驾于艺术世界之上，使其他所有形象都服从于自身。作品就会在整体上变为“作者形象”。“作者形象”就会囊括所有艺术技法和全面而完整的作品含义；但最终值不会被看作终极的、业已完成的。由于艺术整体中的含义具有黏合性，在作品中发现的每个新含义都会引发一连串以某种方式与自身相关联的其他含义；在这种情况下，作者形象似乎就会得到拓展。同时，作者形象那神秘的，不显现在作品中的，但却能感觉到的范围在不断扩展，因为每个具体的含义同时指向与它相应的，没有表现出来的丰富的作者个性。把握作者形象的这一永不终结的过程是以全面认识完整的作者个性，即C.C.阿韦林采夫所说的微观世界和宇宙作为无法企及的极点。这是典型的“象征学的”过程。

从最简单的意义上来说，整部作品就是其创造者的象征。因为每个艺术成分——无论是含义上的，还是形象上的，抑或物质上的——都以作者个性作为自身的根基，因而在某种程度上就是对它的证明、证实和呈现。但在做如此简化时，并未充分考虑到作为艺术品的艺术家创作成果的生命现象。绝非一经接触到作者便马上进入审美接受：接受者的意识受制于艺术幻想——这起着相当大的作用。但如果接受是以作者个性为取向的，如果按照托尔斯

① 本来，“对象征的诠释在本质上就是认识的对话形式”(C.C.阿韦林采夫：《象征》)。

泰所奉行的原则来阅读，那么读者透过作品的诸种形象逐渐开始分辨出作者的形象。只要考虑到接受作品的进程，那就可以谈作者形象的问题了；将这一进程纳入审美活动的本质本身——是我们立场的一个重要方面。

以上我们已经谈到，必须用辩证的手段来调和作品中作者因素和非作者因素的矛盾。现在该来谈谈另一点，即这种矛盾在作品的接受过程中是可以被消除的。如果用严肃的态度来看待问题的话，那么将各种艺术成分视为静态的、自给自足的，并把它们像黑白两道那样机械地划分为"作者的"和"非作者的"，这是不尽合理的。无论是作品的整个艺术体系，还是每一个单独的艺术成分都实际存在于审美接受的进程中，而其中一个重要的，让我们在此刻感兴趣的趋势是，对一开始似乎是无个性的事物进行人格化，理解"无意义事物"的意义，掌握他人的东西。"他人的""非作者的"成分在接受过程中成为作者的成分，这些成分以作者的创作个性为目的和意义，以及社会存在的基础。一旦把作品放在接受过程中加以审视，"作者因素"与"非作者因素"的辩证关系就会失去自身的令人生厌的神秘性而成为现实。

作者形象也是处于动态的一种现实。在最初的天真素朴的接受阶段，读者是不考虑作者的：对他们来说，审美的"仿真"方面，幻想的事件，虚构的世界都是合乎现实的。但在深入阅读的过程中，作者的面目透过各种形象开始越来越清晰。这一形象的清晰度取决于接受活动的许多方面：阅读的深度，读者关注的方向，阅读的完成性。读者与作者的交流，对他的直觉认识始于作者个性的初次流露，而对作者形象的全面观察则可以无限制地延续下去。单部作品中的作者形象通过反复阅读可以越发清晰地呈现出来；如果考虑到该作家所有艺术创作这一大背景，它随后会变得更为明确；如果我们对作者遗留的书信和日记有所了解，如果我们把他同时代人的证明材料等纳入研究视野，那么我们所见到的作者就会鲜活得多。因此，如果考虑到接受过程，作品的作者和非作者因素的紧张对立就会失去空洞抽象的虚枉性质，而在阅读过程中，在作品的鲜活生命中获得了现实性，然后在真正审美的感受中销声匿迹。

我们对作者形象的象征特性做了描述，现在回到一开始对它的论述。我们列举了C.Г.博恰罗夫将别尔金形象——《别尔金小说集》的虚构作者界定为具有符号性质的看法，并给自己提出了一项任务：把现实作者的形象作为符号的形象加以领会。现在我们要揭示这两种观念的人本主义的相似点。换言之，我们认为，如果将真正的作者形象视为一种象征，那么将假定性作者的形象理解为一种符号，则是完全自然的，反之亦然。

象征和符号究竟有什么区别呢？如果象征可以分解为意义的无穷级数，[①]而且恐怕是无法求和的，不过它却是一个更像积分，更像和的连续类似物的范畴——那么符号以鲜明的原则性表示的是唯一的含义。在我们多次引用的那篇文献中是这样界定符号和象征之间的区别的："如果针对纯粹实用的符号系统而言，多义现象只是一种有碍符号发挥合理功能的没有内涵的累赘而已，那么象征越是多义，就越有内涵。"就人的丰富而深刻的个性对象征范畴而言，看上去是最佳的直观模型。因为任何一种个性现象在外部都是象征性的：言语、动作、整体面目等都有一个特点，即既能表现又能掩盖人的深邃内核。也可以这样说，由人类创作的，源自个性最深处的作品。但如果我们把人的个性，把人身上最为深刻的东西同象征性联系起来，那么符号就与性格，与反映在日常生活层面的个性相对应。别尔金形象的特性，按照C.Г.博恰罗夫所揭示的那样，正是这一意义上的符号特性。这位研究者就别尔金——《小说集》的虚构作者是这么说的："别尔金本人的面目是不清晰的，在'生平资料'方面似乎是模糊的。传记作者所提到的品质——和善、温厚、柔弱（既指性格不坚强，也指体弱无力）、羞怯、节制——

① A.Ф.洛谢夫的《象征问题和现实主义艺术》（莫斯科，1976年）一书的思想。

是一种在现实个性中体现得不够清晰的抽象‘性格’。这些品质本身多半具有缺乏相对品质的、消极的、负面的意义”“……别尔金的确定性与他的非确定性相当，他脸上的轮廓分明写着无个性”“别尔金的不确定性还表现在他对《别尔金小说集》的结构意义方面。”（着重号为 C.Г.博恰罗夫所加。——作者注）正是这样的别尔金——不是个性，而是“抽象性格”——才是虚构出来的作者。也正因为如此，基本呈平面结构的别尔金形象实际上也就不是象征，而是符号——小说集统一体的符号，在小说上所作的标记。[①]别尔金的假定性在于他不是人，不是个性，而“好像是人格化的小说本身”，是普希金自我贬低到“敦厚小说”的作者的符号。

针对别尔金类型的假定性作者而言，采用这样的象征学方法来揭示真正的作者形象的研究是不可能的。因为作品含义的创造者并不是他们，艺术世界的营造者不是他们。在带有假定性作者的作品中，可以找到现实作者的形象，正像在普通结构的作品中那样。而失去了个性特征的那些假定性作者——类似某些稀奇古怪的、极为凶险的活物——是作为制定艺术性叙事原则的性格来加以研究的。在通常情况下，这是某一个，虽说有时也是十分重要的原则（敦厚的别尔金——敦厚的小说），它归根结底也肇始于作者，所以就属于他的形象，后者包含了假定性作者的形象。因此，如果作家不把创造假定性作者的个性形象设定为自己的目标，那么就可以谈论这一形象的符号特性。

由于我们讨论的是“作者形象”范畴，如果考虑到接受层面，那就要触及作者问题与作品分析的关系。作品分析的情势在目前极为紧张。无论是文学理论家，还是文学理论的实践者，在我们看来，都面临着一个困难的抉择：应当遵循的依据要么是——艺术作品在原则上具有多义性和多重含义性，要么就是——作品只有一个含义，即作者以创作行为本身所赋予作品的那个含义。在第一种情况下，研究者认为自己有权直接获取作品的真正含义，哪怕是

① 见 C.Г.博恰罗夫：《普希金的诗学》，第 142—147 页。

众多含义中的一个。因为以接受为对象的作品的含义似乎被作者和诠释者所分享，所以任何一个诠释者在作品中所发现的那个含义，就是作品所固有的一个含义。这种方法论的取向就可以使研究者的意识不受拘束，允许诠释者自由发挥。而持有第二种立场的研究者则感觉自己拘束得多。在对作品进行深入思考时，他得常常做紧张的自我斗争，让自己忍住不要发表最初对作品所形成的看法，经过一番精挑细选，毫不怜惜地丢掉自己的一部分见解，即用来说明他的——研究者的，“我”的含义，而不是作品含义的那部分见解。对自己采取克制行为的同时，研究者还要尽可能深刻、准确地了解与作者及其时代相关的所有情况；他将在那个语境中去寻找作品的含义，而不是在他个人和自身生活的语境中去寻找。尽管所有表面上的东西看起来都是显而易见的，领会起来也很容易，但他要把这一切看成是自己的(所以就不真实)，并抱以十足的怀疑态度。

对解决阐释问题的第一种观点我们并不习惯，但在巴赫金的著述中可以找到深刻的依据。在巴赫金的一系列观念中，该问题进入了更加广泛的，与话语及其理解相关的问题范围；而后者包含在整体性的巴赫金对话理论当中。巴赫金发展了有关对话性认识的观念，这种认识有别于独白型的、物质化的认识。如果用对话的方式来认识现实，则是有生命的，但如果用独白的方式来认识，则是僵死的东西。通过对话所认识的含义不是认识客体或认识主体单方面所拥有的财富；在对话中，客体和主体的概念完全消失了，而未知的含义似乎存在于对话的参与者之间；两位“交谈者”都会对含义做出自己的贡献。[①] 透过巴赫金著述中对话的哲学范畴，浮现出一个生动的人际交谈的形象——相会在一起的是两个彼此间不必过于客套的交谈者。此类对话的积极性被巴赫金确定为“提

① 关于这一点，巴赫金说道：“对话性的认识便是一种相会。”“‘含义’是人格化了的：其中总会有问题，有态度和对回应的预测，其中总会有两种成分(作为对话的最低限度)。这不是心理上的，而是含义上的人格化特性。”(M.M.巴赫金：《文学学方法论》，见《语境·1974》，莫斯科，1975，第206页。)

问、激发、应答、赞同、反对等的积极性”。[①]理解交谈者,在巴赫金看来,也是一种自我实现的积极活动:“理解别人的表述就意味着要确定对它的态度,找到在相应的语境中它应有的位置。就所理解的表述的每一个话语,我们都仿佛要分别找出一系列自己相对应的话语。它们越多,越涉及本质,理解就越透彻,越触及本质。”而对特别简短、直接的对话性理解,巴赫金是这样界定的:“理解寻找着说话者词语的对立语。”[②]正是像这样具有打断、顶撞性质的对话的思想转入作品的诠释领域。因为对作品的认识是对话性的,每一个时代和任何一个人都可以对作品的含义做出自己的贡献。在巴赫金看来,这些不计其数的含义是作品本身所固有的,而不是诠释者从外部赋予它的,这一点十分重要。这些含义不是出自作者的创作意图,而是隐含在语言、艺术体裁、情节和思维形式中。艺术家是“用已饱含多重含义的形式”[③]来建构作品的;形式的这些含义就包含在作品的整体含义之中。它们可以“用隐蔽的方式潜藏着”,长期存在于作品中而不被诠释者所发现,“只在随后时代的有利的文化内涵语境中”[④]才得以被揭示。作品中根本“没有任何绝对死亡的东西:每个含义——在长远时间里——都有自己复活的大喜日子。”[⑤]作品“在长远时间里”的生命就是将这种丰富多彩的含义体现出来。伟大的作品“似乎总会超过其创作时代的自我”。所以任何一位诠释者,无论从作品中看出了什么含义,都要把作品中确实含有的一项真正含义公布于众。巴赫金在任何情况下都从未指出过诠释不当的危险性。

依照巴赫金的见解,诠释过程大致如下。基于对作品的了解,接受者的意识中就会出现一些问题,而进一步的研究则在这些问

---

① M. M.巴赫金:《关于陀思妥耶夫斯基一书的修订》,载《话语创作美学》,第310页。

② 参见B.H.沃洛希诺夫:《马克思主义与语言哲学》,列宁格勒,1930,第104页。

③ M.巴赫金:《答〈新世界〉编辑部问》,见《话语创作美学》,第332页。

④ 同上。

⑤ M. M.巴赫金:《文学学方法论》,第212页。

题的视角下进行:"我们可以给别人的文化提出它自己无法提出的新问题,我们可以在其中寻求我们这些问题的答案,于是别人的文化就给我们提供答案,在我们面前展现出自己的新层面,新的深厚内涵。"[①]不过,我们来思考一下,为何要提出问题。它们的目的在于:从作品中找出藏匿其中的含义,不过提出问题同时也是提问者的自我实现方式。因为问题是指向一定答案的;问题几乎就是这一答案本身。实际上,提问者往往在期待回答者能确认他已经自行给出的那个答案。而对别人文化的"不会作答的"作品提出问题,通常就是一种修辞手段:答案是现成的,而且源于提问者。问题不是客观的、"无主的"话语,而是针对作品"话语"的具有对话性质的"反话语"。"各种文化的对话",以及对艺术作品的任何一种对话性理解在巴赫金那里都符合他的对话思想——一如与"反话语"的对话,表示异议和反驳的对话。因而关于艺术作品无数含义的结论乃是如此理解对话的结果。

我们以为,巴赫金的这些论点完全正确地描述了事物的实际状况,但却不能看作阐释作品的方法。作品的多义性,在长远时间里与作品自身不相等的现象确实是它生存的事实,但多半是悲惨的事实。它所证明的与其说揭示新含义,倒不如说完全忘记了旧有的真正含义。一去不复返的不仅是某些作品的含义,而且是整个时代的含义。巴赫金写道:"古希腊-罗马文化本身无从知晓我们现在所了解的那个古希腊-罗马文化。(……)将希腊人变成了古希腊人的那个时间差具有巨大的革新意义:这个时间差使人们不断发现古希腊-罗马文化具有越来越新的含义价值,而这些价值虽然是希腊人自己创造的,但他们对此实在是无从知晓。"[②]在我们看来,这种状况自然是以悲观的态度来体验的,这说的不是在古希腊-罗马文化中"揭示"新含义,而是对其真正的、完整的含义(尽管

① 《答〈新世界〉编辑部问》,载《话语创作美学》,第 335 页。

② 同上书,第 333 页。

它有多层面性)的遗忘。古希腊-罗马文化对于现代人来说是个谜——即便他也了解在长远时间里所发现的“各种含义”,如温克尔曼[1]的含义,浪漫主义者的含义,尼采的含义。这些相互批驳的“含义”不可能都是真实含义,其中是有某些谬误的。一个时代的真实而完整的处世观被失却后,“长远时间”就无力恢复了;它能做到的只是复原一些零散的“含义”。在我们看来,解释者完全不必以这种多义性为目标。对他而言,作品的含义只有一个——就是作者的创作活动赋予其中的那个含义。感受作者的主观性,聆听作者的声音,用内心情感来感受作者个性的形象——作品研究的这一方面正是理解作品的关键要素。显然,阐释的问题正是在这里与作者形象的问题连在了一起。

艺术作品的研究无疑属于对话性的认识过程。不过在我们看来,当无论哪一方交谈者的哪句话语被另一方用自身的“反话语”加以接受,研究者与作者的对话不必以相当随意的、无拘无束的谈话为自身的生活原型。理解的艺术(无论是理解交谈者,还是理解作品)在很大程度上取决于会不会保持沉寂——不仅是外在的(如果是指生动的交谈),而且是内在的。一旦设定了理解的目的,那么聆听(总之是接受)就应该是忘我的。倘若我们不放下一己之“我”,那么我们在聆听双方交谈的时候,如果理解对我们而言同时也是答复,那么我们就会沉湎于自己的主观性当中,却听不见别人的声音。即便在最随意的日常对话中,我们也只有在毕竟能抑制“自我”的状态下才能理解交谈者。要知道,任何一个口头表达的话语都是多层面的;其含义不仅在于说出词语的纯语义上的外在意义;外在话语包含着内在话语,归根结底,包含着从说话人个性的本质中散发出来的活力。听者只有在静默中,弃绝自己的看法和异议(哪怕交谈者所说的话与他的观点完全相反),才能接受这

[1] 温克尔曼(1717—1768):德国艺术史家。从启蒙立场出发分析古希腊-罗马艺术史。——译者注

一内在的内容。

对研究者而言，与艺术作品作者的“对话”就应该是这种忘我的对话。不仅如此，与活生生的，能做出应答的交谈者的情形相比，这时需要更加充分地放弃自我。因为在那种情况下，如果理解时出现了差错，可以用应答来加以校正；而作品的作者却对解释者的看法一无所知，解释者也得不到任何的回应——对他的看法是赞成还是反对。解释者对作者声音的“倾听”应该是特别敏锐的；解释者的意识所再现的那些含义应该让位于作品的“作者”本人的含义。如果巴赫金将无视作者意图而进入作品的含义与作者注入作品中的含义相对立的话，那么我们倒想激化两种含义之间的矛盾：一种是作品的作者含义，另一种是在解释过程中强加给作品的，与其说的是作品，倒不如说是解释者的意识。解释者面前理应出现作品的作者形象，创作个性的形象——这一个性想用自己的作品向世人说些什么，说些只有他一个人知道的东西。只有在这一条件下，阐释才能多多少少接近作品。当然，研究者永远也不能完全克服自己的主观性；彻底把握作者的含义——这是无法实现的理想。但在我们看来，以此为目标却是研究者义不容辞的责任。

因此，根据上述内容所确定的“作者形象”的范畴并不是一个独立存在的概念，而是显示出艺术理论的一个极为重要的问题，即艺术作品的阐释问题具有紧密的联系。

（王加兴　译）

二　M. M.巴赫金和 B. B.维诺格拉多夫的作者理论[①]

——以俄罗斯“乡村小说”为分析材料

A.Ю.博利沙科娃

M. M.巴赫金和 B. B.维诺格拉多夫诸多观念的对立（而且到了不可调和的二律背反的程度）已成为现代文学学的一条公理。其基础和根源在于对话和独白的抵牾，人们已习惯于将两位伟大学者的众多观念，首先是他们的作者理论归结于此。不过，恰恰需要对这一点做一些说明。

“作者的危机”已不可避免——国外的文学研究界还是在 20 世纪 20 年代就将这一事实摆到了众人的面前。20 世纪 60 年代末，类似于“作者的死亡”、作者的“疏离”“间离”（P.巴特语）等抢眼标题的学术文章屡见不鲜。作者被宣称为“代码、非个人、匿名”“零度、被否定、被取消的状态”“他什么也不是，谁也不是，……他逐渐成为不可知的、虚无的、空白的化身。”[②]

“作者”[③]，特别是巴赫金所理解的“作者”，似乎还没有被研究清楚，却已成为一个极端程式化的影像——“虚假”到老套的，甚至装腔作势的程度：他似乎“个头变小了，犹如文学‘场景’纵深处的一个模糊身影”。[④] 然而，“对文本‘解码’的所有追求”，[⑤]文本对含义的不断的自我再现的能力，以及探索不尽的内在“奥秘”都随着这一凄凉的模糊身影一同消失了。20 世纪 90 年代时，俄罗斯的巴赫金研究似乎中断了（其实对 B.B.维诺格拉多夫的研究也同样如

---

① 本文译自《对话・狂欢・时空体》，1999 年第 2 期。

② J.克里斯特娃：《巴赫金，词语，对话和小说》，《评论》1967 年第 239 期。

③ 这里以及下文的“作者”一词具有特定的意义，故加引号。

④ P.巴特：《论文选集：符号学・诗学》，莫斯科，1989，第 387 页。

⑤ 同上书，第 389 页。

此)，学界正颜厉色地谈论“让作者死去”的话题，从而使巴赫金有关作者“外位性”的本体论思想达到了有悖逻辑的“反巴赫金学”的限度。[①]在(同时)对待巴赫金和维诺格拉多夫的诸多理论时，便会产生一些出乎意料的，甚至是匪夷所思的结果：在初看起来有天壤之别的作者之间(从俄罗斯的革命民主主义者到法国的结构主义者)可以勾勒出一条连接线；还会提出类似于这样的问题：H.Г.车尔尼雪夫斯基的作品构思[指未完成的《小说中的小说》(1863)——本文作者]是否预示着“作者隐退”的现象？而这种现象只是到20世纪20年代，外国评论界才开始说起：“作者死亡”，用“书写者”(P.巴特语)来替代他。[②] 尽管在20世纪90年代“反作者”的怪论与“反巴赫金”的怪论遥相呼应，似乎在90年代就已经对巴赫金学的发展前景提出了质疑，然而却更加尖锐地提出了所谓的“作者问题”。许多有声望的俄罗斯文艺学家(C.博恰罗夫、H.格伊、H.德拉戈米列茨卡娅、B.科日诺夫等人)还是在20世纪70年代就对(与危机思想)相反趋势的发展表现出强烈的关注：他们以俄罗斯古典文学[③]和现代文学[④]为分析材料来解决“作者问题”时，开始把它作为文学学的核心问题提了出来。

对“作者”的否定或接受这两种相反趋势的冲突与另一种同样尖锐的冲突——两种观念、两个学派，乃至两种“教义”(即巴赫金和维诺格拉多夫)的冲突(在追随者和阐释者的著述中)是“吻合一

---

① 亦可参见И.巴拉巴诺娃：《巴赫金和假面》，载《第七届巴赫金思想国际研讨会论文集》第1卷，莫斯科，1995，第66—67页。作为“负数巴赫金”立场的例子，报告人援引了B.利涅茨基的《〈反巴赫金〉——关于弗拉基米尔·纳博科夫的一本好书》一书。

② 参见H.德拉戈米列茨卡娅：《作者和主人公：相互过渡的范畴》，载《纪念B. B.维诺格拉多夫诞辰100周年国际会议资料汇编》，莫斯科，1995，第256页。

③ C.博恰罗夫：《普希金和别尔金》，载C.Г.博恰罗夫：《普希金的诗学》，莫斯科，1974。关于这一研究方向在20世纪90年代的进一步发展，请见H.德拉戈米列茨卡娅的专著《俄罗斯19—20世纪文学中的作者和主人公》(莫斯科，1991)，该书对果戈理、契诃夫和肖洛霍夫的创作进行了研究。另可参见H.K.格伊：《普希金风格中的艺术综合手法》，载《文学风格理论》，莫斯科，1976。

④ B.科日诺夫：《作者问题和作家之路(以尤利·特里丰诺夫的两部中篇小说为例)》，见《语境(1977年)：文学理论研究》，莫斯科，1978，第23—47页。

致”的。

对“巴赫金与维诺格拉多夫”的对立定式提出质疑的个别声音是相当微弱的，而且通常停留在详尽研究中所做的简短学术性说明的水平上。例如，A.丘达科夫指出了以下几个相似点：两位学者都承认“作者”在艺术世界的层面上是积极活动的，他在这一完整世界的构建中起着主导作用，此外他们都认为“作者”是审美-艺术性质的现象，而不是对作家个人的真实生平的直接反映[①]（尽管巴赫金对维诺格拉多夫的“作者形象”这一术语的接受在很大程度上是持保留态度的）。H.波涅茨卡娅所作的有关“作者”理论的比较研究[②]关注的更多的还是差异性，而不是相似性，不过，这篇文章在分析 C.博恰罗夫、Б.科尔曼、Б.乌斯宾斯基、A.丘达科夫等追随者的观念上很能说明问题，在他们的著作中——或许是在直觉的层面上——“作者”的两种理论都得到了进一步发展。20 世纪 70 年代的回顾分析使得研究者们近年来有可能对巴赫金和维诺格拉多夫就有关“视角”问题的理论的相通性做一番探讨，“视角”问题曾在 Б.乌斯宾斯基和 Ю.洛特曼的论著中得到了阐述。[③]

美国研究者 H.佩尔林娜写过一篇文章专门探讨“巴赫金与维诺格拉多夫”这一问题。结果显示，这两位伟大的敌手具有许多共同点，并走向了同一个目标，尽管学术对话的途径不尽相同，但在许多方面却又是相通的。“似乎是生活本身安排了他们之间的论战。”[④]占据主导地位的是他们的共同问题——无论是个性方面的，还是观念上的，而主要分界线是在“langue”（语言）和 “parole”（个

---

① 参见 A.丘达科夫：《B.B.维诺格拉多夫与 20 世纪初叶的艺术言语理论》，载 B.B.维诺格拉多夫：《论艺术散文的语言》，莫斯科，1980，第 314—315 页。

② H.波涅茨卡娅：《作者形象的分析方法论问题》，载《文学作品的分析方法论》，莫斯科，1988，第 60—85 页。

③ 可参阅 H.奥尼片科：《维诺格拉多夫“作者形象”观在 20 世纪末俄罗斯学中的发展》，载《纪念 B. B.维诺格拉多夫诞辰 100 周年国际会议资料汇编》，第 5 页。

④ H.佩尔林娜：《关于对话的对话：巴赫金与维诺格拉多夫（1924—1965）》，载《巴赫金学：研究，翻译，通告》，圣彼得堡，1995，第 155 页。

人言语行为)之间。因此,如果说对维诺格拉多夫而言,风格、人物话语特点的塑造是"作者"结构中的主导范畴,那么巴赫金则是在"效能"的语境中,即向无限的语言能量开放的语境中来理解他("作者")的。[①]

罗伯特·布什对巴赫金和维诺格拉多夫之间具有对话性的相互联系单独进行了研究,肯定了这样一个事实,即他们相互发出"挑战",要求经常进行学术性"决斗"——不过论战时始终保持尊重对方的口气。但是,这位研究者在赞同佩尔林娜和丘达科夫的意见的同时,也承认他们有许多共同点:从出生年份,到人生遭遇,以及个人生平的大致轮廓,直到学术探索的种种经历:"维诺格拉多夫与巴赫金之间所存在的相互联系是不容置疑的。"[②]布什之所以援引佩尔林娜的观点(不过,这位一丝不苟的学者在研究巴赫金文本的过程中自己也可以"轻易地"看出这一点),是为了证明维诺格拉多夫与巴赫金经常保持对话,他特别强调,维诺格拉多夫多次(直接)引述巴赫金提出的诸如"作者乃是艺术作品中的主人公"之类的复杂概念,及其在复调和诗学对话理论中的反映。[③]

不管怎样,依照通行的对立原则对巴赫金和维诺格拉多夫的理论进行"分离性"研究,这业已发生,"得以实现",也取得了成果,并且似乎已走到了尽头。研究者是否有权忽视这样一个事实,即这是同一对象的两种学术观念的矛盾共存体?而这两种观念的差异显然多半是由主观原因,而非客观原因造成的。如果实际存在同一种现象,而且在两位严肃认真的学者那里得到了不同方式的研究,那么我们是否可以认为其中的一位是对的,另一位则是错的(是巴赫金,还是维诺格拉多夫,此时已无关紧要)?或者是否可以

---

① H.佩尔林娜:《关于对话的对话:巴赫金与维诺格拉多夫(1924—1965)》,《巴赫金学:研究,翻译,通告》,圣彼得堡,1995,第157页。

② R.布什:《巴赫金的〈陀思妥耶夫斯基创作问题〉和V.V.维诺格拉多夫的〈论艺术散文〉:对话关系》,载《社会话语》,第111卷,第1—2期,1990,第311页。

③ 同上书,第322页。另见H.佩尔林娜:《关于对话的对话:巴赫金-维诺格拉多夫(1924—1965)》,第156页。

更加确切地认为，这两位学者有可能研究的是同一现象——这一现象就像这世界上的许多事物一样，具有复杂的、矛盾的特性——的不同方面（只是研究角度不同，学科层面不同而已）？此外，研究者在考察客观存在的文学现象时，在方法论的层面上是否有权根据自己的爱好在两种具有同等价值的观念中只选择一种？抑或方法论的目标和任务要求我们（即便我们并不喜欢这样），必须把两种理论方法兼顾起来？而它们反映的是文学作品中文学形象不同方面的特性。

布什认为，可以突出巴赫金与维诺格拉多夫对话中的某些“契合点的领域”（学术观点和研究方法）。对此类文本（即佩尔林娜、布什等人的文本）的分析使我们产生一个想法：任何学术论辩，无论是“总体特征”，还是个别情况，都有其极端的假定性。（确实如此，即便是科研专家也常常会站在一个受到学术权威感召的“朴实读者”的立场上。）与之相反的是，H.佩尔林娜在揭示这两位学者的创作起源时，发现了他们的同根基础，即他们都对 A.波捷布尼亚[①]（《思维与语言》）、Г.施佩特[②]（《词语的内部形式》）、浮士勒[③]、斯皮策尔[④]和索绪尔等人具有重大学术价值的观念进行了加工和利用。[⑤] 诚然，关于两位学者对这些观念的诠释所存在的差异，从表面上就可以找到相反的意见，但想要避免个人的差异，显然，那只有是在一个人，而不是两个人的情形下才可能发生。不过，布什对学术对话、学术探索和各种论战的假定性向“朴实的读者”做了精

① 波捷布尼亚（1835—1891）：乌克兰及俄国斯拉夫语文学家，研究语文学理论、民间文学、普通语言学等问题。——译者注

② 施佩特（1879—1940）：俄国哲学家，胡塞尔的追随者。写有俄国哲学史、语言哲学、美学等方面的著作。——译者注

③ 浮士勒（1872—1949）：德国语文学家。写有意大利、法国、西班牙文学与语言方面的著作，认为语言学和文学理论同哲学和文化史有关。——译者注

④ 斯皮策尔（1887—1960）：奥地利语文学家。写有罗曼语文学修辞和罗曼语言学方面的著作。——译者注

⑤ H.佩尔林娜：《关于对话的对话：巴赫金-维诺格拉多夫（1924—1965）》，载《巴赫金学》，第 156—167 页。

细而巧妙的描述，对产生学术观念而"外行人"通常都不太了解的隐秘"机制"一一做了展示。依照布什的观点，其中的一种"论战"模式是，借用对方的基本方法（技巧），同时表面上却在否定他的观点。不论是维诺格拉多夫，还是巴赫金都成功而熟练地运用了这一模式，而且不仅仅是针对相同的辩论对象。"对话关系所要求的不只是学术辩论。应该扼要勾勒出巴赫金与维诺格拉多夫对话中的相似性和共同点的领域。第一，两人对形式学派都有所攻击，但同时对所研究的材料都依然采用形式的方法，而且用得很成功。第二，两人对作者的结构，包括他与接受者的相互关系都极感兴趣。"[①]因此，同佩尔林娜一样，布什认为"作者"理论的领域，及其对"读者"（接受者）感受领域所含的开放性，是巴赫金和维诺格拉多夫相似观念的基点之一。不仅如此，研究极具独白色彩（尽管也有对话特性）的"我"之领域（"作者之我"的艺术建构）正在成为现代西方巴赫金学最重要的发展方向。

正如 K.艾默森指出的那样，无论是"狂欢式的巴赫金"，还是对话性的、"双声部的巴赫金"，都已是过去的时尚。[②] 现阶段已将"艺术结构的内在'之我'"的问题提到了首位，这在许多方面得益于不久前出版的两种英译本：巴赫金的《审美活动中的作者与主人公》和《论行为哲学》。

从以上的简要概述中至少可以强调两个要点：其一，总体看来，现阶段各自的拥护者们只是跟随这两位大学者的辩论——所谓辩论，完全是相对意义上的——而没有进一步走下去，同时也没有特别期待，（如果从历史角度来看）这种辩论会实现某种若即若离的错杂统一；其二，许多研究者还有点儿停留在初级阶段——按照正负原则而获得的粗劣的极端化的二分法结构形态。

---

① R.布什：《巴赫金的〈陀思妥耶夫斯基创作问题〉和 V.V.维诺格拉多夫的〈论艺术散文〉：对话关系》，载《社会话语》，第 321 页。

② K.艾默森：《你们俄罗斯和我们美国新发现的巴赫金》，载《第七届巴赫金思想国际研讨会论文集》第 2 卷，莫斯科，1995，第 326 页。

对立的主要方面(这一点已得到充分研究),大致可以归纳为“我与他人”“作者与主人公”“预设与客观存在”“开放性与封闭性”“未完成性与完成性”“独白性与对话性”等二分法小型结构。或许,正是学术流派的这一“完成性”和终极性促使人们一次又一次提出“巴赫金问题”。正如俄罗斯巴赫金学主要研究者之一的B.马赫林在20世纪80年代就已经强调的那样,“一方面是人们对现有的语文学模式感到某种‘绝望’(我们可以加一句:也包括对接受模式的绝望。——作者注),另一方面是巴赫金问题存在于世界学术思想界。”[①]

确实如此,20世纪90年代的巴赫金学以20世纪80年代的探索为依托,开始感觉到有一种“反常的或莫名其妙的现象”——隐匿在似乎是再也简单不过,再也清楚不过的二律背反的深处。譬如,Д.洛奇在援引Ц.托多罗夫的论战性专著时,提出这样一个问题:“如果语言从一开始就具有对话性质,那么独白性言语又是怎么得以存在的呢”?或者说,诸如“完全独白型的文学文本”这样不可思议的东西又是怎么得以存在的呢?[②] 换句话说,假如纯然的独白是不存在的,我们怎么能提出独白与对话的对立?

托多罗夫在对是否存在“绝对的独白”本身提出质疑时,转而向巴赫金本人和巴赫金的思维方式,即他那“显然可以打破对话型与独白型言语界限的精彩的过渡手法”之一[③]——寻求支持。

无论如何,对有可能成为当代巴赫金学“热点”的问题,如果不深入研究“作者”现象(“作者”和主人公的辩证关系),如果不用“互为渗透的对立”原则来克服接受模式的危险的一维性,那是无法解决的。针对独白与对话的对立是否可以采取这一通用的原则呢?

---

① B.马赫林:《现代外国文学学中的M.M.巴赫金遗产》,《苏联科学院通报(语言文学卷)》,第45卷,1986年第4期,第316—332页。关于这一点另可参见B.马赫林:《文本的背后:西方巴赫金研究点滴——以后苏联的相应研究为持续观照的对象(代综述)》,载《批评镜中的M.M.巴赫金》,莫斯科,1995,第32—54页。

② D.洛奇:《巴赫金之后:文学和批评短论》,伦敦-纽约,1990。

③ Tzv.托多罗夫:《米哈伊尔·巴赫金:对话原则》,曼彻斯特,1984,第98页。

为什么不呢？

美国学者K.克拉克和M.霍奎斯特在巴赫金研究专著中考察了上面提到的所有对立概念，他们把独白与对话问题政治化，将其转向“专制与民主思维”的二分法层面，并把另一种转换，即从世界和作者的独白性观念向对话性观念的转换，说成是由太阳中心说宇宙观向哥白尼的宇宙观的转换：“……于是作者们就远离文本世界的中心……”[①]然而独白型结构果真影响这一过程吗？H.佩尔林娜在考察巴赫金和布贝尔[②]的对话性思维问题时认为，可以说两种言语类型在自白体裁中进行了有效的结合，因为这类体裁“面向的是假定的接受者和假定的读者”，也就是说，保持分散的开放型结构，尽管“极权话语”占据优先地位。[③]

本文作者曾经在学术论著中使用过类似的原则，不仅提出了巴赫金和维诺格拉多夫的“作者”观中具有某些相似性的观点，而且还做了实际分析和论证（以俄罗斯“乡村”小说——如果采用Г.别洛伊和E.韦尔特利布的术语，亦可称为本体主义小说——为分析材料），这大概在我国文学学界尚属首次。[④] Г. C.莫森和K.艾默森在其著名的学术专著《米哈伊尔·巴赫金：一种平凡文体的创造》中单列一个章节专门论述“实在与预设/确定”的对立，实际上他们提出了这样一个问题：必须用创作行为的爆发力克服“客观实

① K.克拉克，霍奎斯特M.：《米哈伊尔·巴赫金》，剑桥-伦敦，1984，第242—244页。

② 布贝尔（1878—1965）：德国犹太人，宗教哲学家。他主张生存就是“对话”——神与人，人与世界之间的对话。——译者注

③ H.佩尔林娜：《米哈伊尔·巴赫金和马丁·布贝尔：对话想象的问题》，载《20世纪文学研究》，第9卷，第1期，1984，第13—28页。

④ 参见A.博利沙科娃：《B.阿斯塔菲耶夫创作中道德问题的艺术体现（有关“作者”一章）》，莫斯科，1989；A.博利沙科娃：《B.B.维诺格拉多夫论著中的作者形象与1960—1980年代“本体主义小说”的叙事话语》，载《纪念B. B.维诺格拉多夫诞辰100周年国际会议资料汇编》，第262—263页；A.博利沙科娃：《M.巴赫金和B.维诺格拉多夫的作者理论（以俄罗斯乡村小说为分析材料）》，载《第七届巴赫金思想国际研讨会论文集》第1卷，第151—157页。关于这一点，另见H.布罗伊特曼对俄罗斯国立人文大学举行的纪念巴赫金国际学术会议的综述，见《对话·狂欢·时空体》，1995，第4期。

在"的人为的终结性。[①] 然而，二元对立是被认可的，而且又是作为必然的客观现实而存在的。不过，对 B.阿斯塔菲耶夫、B.拉斯普京、E.诺索夫等人的作品文本的具体分析使得两种方法论角度的结合变为可能：对作为封闭体系的作品的文本分析法（在这一体系中叙述话语的客观存在成为能够体现出"作者"创作活动的主要手段）——这一论点所依据的基本上是 B.维诺格拉多夫的"作者"理论及其实际分析（作者形象）；同时采用的另一种方法是以巴赫金的理论为依据，将作品视为开放的交际体系，而这一点是研究"作者"与主人公对话关系的前提条件。

不过，在二分法"实在与预设（确定）""完成与未完成"中，互为渗透的辩证关系不可能仅仅在"作者"与主人公的层面上才得以揭示。必须跨出作者的范围，这或许也就向克服观念的对立状态迈进了一步。正如 B.比布列尔所强调的那样，只有读者的共同参与才能"使作品得以补充，并使之达到封闭的整体效果"。需要指出的是，读者的问题在两位学者的观念中只是被勾勒了出来，"有所预设"而已。而作为一名在 A.别列茨基、Д.利哈乔夫、Г.斯捷潘诺夫的"读者"理论（更不用说西方接受美学，特别是 Г. C.莫森提出的俄罗斯文学的"习惯性隐含读者"的独特理论）的语境下成长起来的现代文学研究者，难道可以只停留于"作者"与主人公的二分法而裹足不前吗（当然，如果我们试图对作为开放的交际体系的作品加以最为广泛的、最为完整的接受的话，而这一体系能够再现出"预设的"象征含义，以及与过去和现时的文化，与历史现实的联想关系）？因而，双子结构就变为三段式"主人公—作者—读者"，与此相适应的是运动的时间结构：过去（实在）—现在（实在/预设）和将来（预设）。

---

① G. S.莫森，C.艾默森：《米哈伊尔·巴赫金：一种平凡文体的创造》，斯坦福，1990，第 170—171 页。

时间各层面的相互关系

时间指向的问题成了美国和英国的学术期刊上所展开的对“乡村小说”激烈辩论的一个焦点(从思想意识的角度来看),这场辩论是由于K.帕尔特的那本学术名著《俄罗斯乡村小说:光辉的过去》的行世而引发的。书中提出了回溯过去的时间指向的观念,据此(包括这方面,该学者的观念不仅来源于K.克拉克的论著,而且还来源于Дж.霍斯金的著述)作者同时代的乡村现实的层面似乎加叠于更早的,其原型可以追溯到远古时代的农民生活层面之上。反映各种不同时间的这一手法折射出旧俄的理想形象,其中也最大限度地实现了作家的审美理想。(需要提醒的是,俄罗斯自古以来就是从事耕作的农业国。)

就“乡村小说”而言,尽管帕尔特和克拉克从意识形态上对巴赫金的时空体的阐释有明显的区别,但帕尔特认为,克拉克对这一文学流派所做的时空描述是可以加以引用的:从时空角度所展示的乡村形象是“具有反向时间透视的一个场所”[①]。

尽管如此,在辩论性的评论中帕尔特和克拉克的观念是相互对立的,不过,相反的是,“乡村小说”与社会主义现实主义文学在许多方面却是相通的,虽然有一点不得不承认的是,“乡村小说”无疑是对社会主义现实主义的一种偏离。[②] 在论敌们看来,帕尔特的主要目的在于,能够在“乡村小说”方面做到像克拉克在论述社会主义现实主义所具有的效果:在这种情况下,时间不同指向性的意义和含义实际上就被模糊、消解了,甚或不被承认了。在评论者们看来,虽然“乡村作家们”也将“宏大时间”(克拉克语)的宗教仪式成分限制在过去,而社会主义现实主义作家们则把这些成分限制

---

① 参见K.帕尔特:《俄罗斯乡村小说:光辉的过去》,普林斯顿,1992年,第22页;K.克拉克:《政治历史与文学时空体:苏联的一些个案研究》,载《文学与历史:理论问题与俄罗斯个案研究》,G.S.莫森编,斯坦福,1986,第243页。

② 参见娜佳·彼得松的评论,见《俄罗斯评论》,1994年第2期,第298页。

在将来，不过“这是同一枚硬币的两面”[①]。

于是，各种时间定位没有被认识清楚，反而被混淆，似乎故意被“弄模糊”了——观念接受中所发生的某种移位现象是显而易见的。为什么会出现这种情况？该如何消除这种现象？把“直指将来的普罗米修斯式的苏维埃倾向”与“乡村小说”所固有的对“光辉的过去”的怀旧意向（依照帕尔特的观点）等同起来是否有意义，是否有道理？在研究的坐标系统的非意识形态化中，只有将这一系统转向纯语文学的领域才可以找到其答案和出路，顺便指出，这样一来，时间回溯观念中的单向性就会像“反向时间透视”（克拉克语）一样受到质疑。准确地说，这一反向模式不是像通常所设想的那样呈直线型，而是具有更加复杂的结构——这一结构还要求穿越过去的某一个点，而向将来延伸，不过即便如此，设想中的用回溯的方式折射出的将来还是属于过去：一方面，否定它的完成性和自足性；另一方面，又使它不断具有新的可能和前景，不断获得也许在现实中只是初步形成的含义。

正如克拉克在研究巴赫金的著述中所指出的那样，在我们被引向“我与他人”“完成的与未完成的”二元对立的过程中，“我”的时间是开放式的、未完成的，但“他人”的时间则是作为“完成式”来加以接受的。此外，需要补充的是，“我”的时间不仅仅是“作者”的时间，而且还是与他产生相互作用的“读者”的时间——他以渴望得到未来回应的对话性话语为目标（依照巴赫金的观点）。另一方面，“作者”的开放之“我”的时间包含了主人公已完成的时间，使他可以达到一种新的完成性。

类似的辩证关系在“作者”（如 B.阿斯塔菲耶夫小说中的“作者”）的复杂化的对分结构中可以观察到。他是事件的直接参与者和观察者，体现在两个主体领域和形式之中（一方面是作为叙事人的作者，“作者之我”，另一方面是主人公的无形陪伴者——与他们

---

① 参见 H.穆拉夫的评论，见《斯拉夫评论》，1993，第 4 期，第 378 页。

融为一体,用他们的眼光看待世界)。但他也是生活-哲理类型的、本体论类型的"作者",是世界史的外位主人公:他从全人类价值的高处观察现实。阿斯塔菲耶夫笔下的"乡村小说"原始的作者形象(如在短篇小说集《最后的问候》〈1957—1992〉的叙述中)是以不同年龄段(孩童和少年,青年和成年,已过中年的人)的叠合方式加以展现的。通过"作者"年龄假面的替换,通过其不同面目的相互作用,作品中的时间在 20 世纪 30 年代至 20 世纪 80 年代之间摇摆不定,于是就出现了时间的不同指向性。

如果作为孩童的作者兼叙述人的时间域是向将来开放的,并且在与自然环境的强化的相互关系中体现出传统的民间口头创作的时间原则(依照巴赫金的观点,这是"在成长和繁殖的标志下"所流逝的,"最大限度地向往未来"的时间)[①]。那么叙述人——已过中年的,有着丰富阅历的人——的主体域则是向过去、回忆的领域延伸的,直至脱离个人对童年的回忆的主体域而进入更为宽阔的历史联想范围。

随着叙述的进一步展开,(在第 2 部中)出现了时间透视的更为复杂的情形。作为叙述人的作者遭到父亲和继母的遗弃,任凭命运的摆布——这一痛苦的突变将导致作者形象中的悲剧性主题更加凝重,作者形象似乎被一种无时间性、无路可走、不确定性、虚幻性的气氛所笼罩。这种氛围在该章的一开始就"被确定":反映在题记——俄谚"好运总在好光景,倒霉总在不幸时"[②]中,出现在该章标题《无家可归》中,以及散见于"作者"言语的一些语言成分中:带有前缀 без -(无,非,没有)的名词,否定代词和不定代词(某个时间,某个时候),无人称动词,等等。在开场白中,叙述人时间定位的不确定性("不记得是在哪一年……"——第 3 卷,第 330 页)

---

① M.M.巴赫金:《文学批评论集》,莫斯科,1986,第 543,241 页。

② B.阿斯塔菲耶夫:《作品选集(四卷本)》,莫斯科,1980,第 3 卷,第 330 页。以下凡出自 B.阿斯塔菲耶夫的《最后的问候》《鱼王》《牧童与牧女》的所有引文,本文均标以卷次和页码。

与时间各层面的移位结合在一起(从码头来的旧礼仪派教徒头戴阿列克谢沙皇时代的大檐帽;卖浆果的小姑娘眼中的旧礼仪派隐修女的冷淡表情),与目光的多种象征意义[试比较小姑娘那"熟了的水越橘果子"似的眼睛(第3卷,第330页)与撒落在地上的水越橘]结合在一起。发生碰撞的诸多世界,以及与之相应的各言语层的复调共存:书籍的富有浪漫色彩的崇高世界;官腔十足的、刻板公文的领域;流浪汉和盗贼阶层;彻底丢失的幸福乡村童年——凡此种种构成了此章"作者"的结构基础。所有这些世界基本上都属于过去。然而,过去是通过叙述人的感受,通过他人话语在"作者"言语中的变异使用(在书写上用引号加以突出)得以体现的,并剥离为现在和将来,用自身把它们遮盖起来。随之就会形成这样一种印象:现实是虚幻的,作为叙述人的孤儿的生活受到某些外部的宿命力量的干预。这其中也表现为,人的行为和意志力转用于无生命的事物:那些小书"把我带入另一个世界,帮我排忧解难"(第3卷,第338—339页)。不可思议地存在着一种能够控制人的神秘力量,这一点还通过被动式和不定代词的使用而得以表现("我被人用某种巧妙的方式"从一所学校"转到了"另一所"落后的"学校——第3卷,第334页;"看来,某个人用耙子把我们的命运给耙过了一遍……"——第3卷,第341页)。"作者"时而用举目无亲的少年遗孤——他正处于生命的紧要关头,对未来茫然不知的眼睛看待世界,时而又用一个知道并预言这一未来之人的目光看待世界。在知与不知的"交界处"渐渐形成了捉弄人的命运之象征形象(犹如狂热激情——正是这种狂热激情戕害了嗜赌成性的祖父帕维尔——所引起的一种反应):"我不顺,看来,将来也不顺;'顺心如意的事情如同纸牌的点数',喜欢赌牌的祖父帕维尔常常说,'难得碰上一回你想要的,往往不是少了就是多了,人这一辈子就是在玩三张牌:出生、活着和死亡。区别在于,在命运之神发牌的时候,就看你能等上多久……'"(第3卷,第391页)

《鱼王》(1972—1975)的叙述曾引起评论界广泛而热烈的争

论，其中引人注目的是时间上的反常现象，而这一点与“作者”的时间发展紧密相关。《鱼王》的所有章节是作为“作者”的记忆幻象串联在一起的。“作者”的回归——返回故乡，以及对故乡和亲人遭遇的回忆——构成了小说情节的结构框架。于是作品中便出现了时间上的反常现象。作品基本上描写的是现代生活，但含有其他主人公意识的“作者”意识却指向过去，那里留存着他最为珍贵而隐秘的幸福时光。不仅如此，还形成了这样一种印象，即“作者”极度沉迷过去，尤其是古代世界——充斥着迷信和传说的古代世界。关于萨满教女巫师和鱼王的传说，关于狗的迷信说法都得到了重现（是由“作者”和几位主人公来回忆的）。几位主人公喝了因施过咒语而有魔力的药水，在危险时刻发出可怕的“咒语”和古老的咒文（《鲍耶》《鱼王》《鲍加尼达村的鱼汤》《图鲁汉斯克百合花》等章节）。在“作者”言语中出现了雪松与恐龙，鱼王与史前鳞甲类动物的比拟。《鱼王》的艺术现实是作为一片被施过魔法的巨大陆地——“作者”的许多世纪的记忆陆地而加以接受的。所描绘的世界迷失在天灾人祸接连不断的无可逆转的过去，这一氛围的形成既得益于重复使用某些表示过去与现在相脱节的“作者”词语，也得益于作为最后一章的题记所引用的H.诺维科夫的诗句“任何时候，任何事情都不能恢复原样……”（第4卷，第379页）。然而，作品中并没有出现“作者”深陷于过去而不能自拔的状况。回忆的、过去的整个范围饱含着叙述人所实施的内在运动，其中他对时间做出准确的测量和确定（这一点在“作者”言语中是用一系列倒装句凸显出来的，包括句子开头的时间状语的倒装，时间从句的倒装，以及用作谓语的运动动词的倒装）。由此看来，作为题记的H.诺维科夫诗句“回得去的是那同一个地方，但要回到过去，则绝不可能……”（第4卷，第379页）——既含有把过去隔绝起来的思想，也含有生命不息的思想——也获得了新的含义。

独白，对话和作为主人公的“作者”

巴赫金和维诺格拉多夫关于“作者”能渗透一切（他不仅穿梭于各主人公的不同主体域之间，而且还吸纳“他人的”观点）的活动原则，在“乡村小说”中得到了体现，尽管其中占据主导地位的是独白性质。例如在B.阿斯塔菲耶夫的现代田园诗《牧童与牧女》（1967—1974—1989）中，对话及复调的因素得到了自然的体现。从不同时代和不同民族的文化中引入题记（并与正文文本相互作用），便会形成“各个时代的呼应关系”，各种历史观点的呼应关系。比如，引自戈蒂耶[①]泛神论牧歌的题记[②]，以及楔子中女主人公的话都被读者当作对话而加以接受：对某处神秘的“那一方”（“我的爱情留在了久远的世界”）的女性的召唤，以及她的回应。主人公的独白和对话常常被作家引入“作者”的叙述言语：对话与“作者”及主人公的叙述在功能上具有相同性，确定这一点不仅是对“作者”和主人公自我意识的平等权利的认同，而且还把主人公的功用传递给他，使“作者”成为叙述主人公之一，成为事件的直接参与者和观察者，这也就表明，引自戈蒂耶诗句的主要题记的论点是正确的，该论点可以简要地表述为“我曾是一切”。用巴赫金的话来说——也可以用他的话来表述维诺格拉多夫的“作者”观，存在意味着为别人而存在，通过别人也为自己而存在。

在阿斯塔菲耶夫的长篇名著《悲伤的侦探》（1982—1985）[③]中，列昂尼德·索什宁（过去是探员，现在是作家）的形象成了永恒的，也是唯一的“作者”面具。一方面，“作者”似乎在用这位主人公的眼光在看世界，附和并推进他的一些想法[例如，索什宁对恶之源

---

① T.戈蒂耶（1811—1872）：法国诗人，主张“为艺术而艺术”。1852年发表的诗集《珐琅与玉雕》是他的美学观点在诗歌方面的实践。——译者注

② 我的爱情留在了久远的世界，那里有深渊、帐篷和教堂的圆顶；我曾化作飞鸟、花朵、宝石和珍珠，一切都是你的象征！（Ⅰ，第301页）

③ 阿斯塔菲耶夫B.：《度过一生》，莫斯科，1986。下文亦仅标页码。

的思考(第33、34页),这段思考在文本中是以直接引语的形式出现的,后来进而发展为“作者”关于恶之本质的大段独白〈第40页〉]。常常出现“作者”对主人公阅读范围的引用情形。主人公的意识明显地影响着“作者”的意识。作为探员的主人公在维护公共秩序时发现,比如说,街面上积水在“肆意”横流(第9页)。而这一发现就把破坏秩序的一切——不健康的、污浊的、腐烂的东西都从现实中剥离出来。表现出索什宁鄙视罪犯的指小后缀既出现在“作者”言语中,也出现在“作者”独白中,如 детки(小孩子们)(第39页),мамуля(好妈妈)(第117页)。但索什宁意识域的作用却变得特别明显——他的意识域是与公家的、官方的、“办公的”(第45页)等凡此种种因素联系在一起的,主人公的作家生涯就是从这里开始的。与索什宁对官方公文语体套话的讽刺用法相并存的是对这些套话的严肃认真的用法[例如:“农村里又将失去一名优秀的工作人员,城市里又将拥有一名吵吵闹闹的蛮横女人。”(第52页)]。或者是用杂志上那种教训人的笔调:“医学断定,身体是最为珍贵的,因此我们要保护好孩子们的健康。”(第63页)类似的套话也渗透到了“作者”的独白当中:“它们(武器和军人——作者注)的存在已经失去了任何意义。然而,极为可怕的武器却达到了灾难性的数量……”(第36页)索什宁的果敢行为[比如,他采用“战术”(第64页)来协调家庭关系的这一手法]反映在“作者”话语中,而这一话语是从列昂尼德对家庭和婚姻的思考中提炼出来的:“把坏男人和坏女人缝进袋子,沉入海底。”(第122页)

然而,作品中出现了“作者”与主人公之间的持续争斗,这就促使我们不能把索什宁简单地理解为一个人物。这一争斗的条件还是在小说的第一段就做了交代:索什宁打算“仔细想一想,好好考虑一下,往后他该怎么生活,该怎么办”(第4页)——这听起来好像是主人公对自己所负的道义责任。可后来究竟发生什么了呢?索什宁与流氓无赖们做了斗争,料理家庭生活,回忆自己的一生,以及所有的亲人和好友,但并没有好好考虑往后的生活,更没有在这方面做出什么果断的决策。不断催促无所作为的主人公付诸行动——作者形象所包含的这一要素集中反映在常常打断叙述的那些问题中。初看起来它们是主人公给自己提出的问题,但定睛一看,就会发现"作者"本人的催问与索什宁的内心言语是彼此分离的:后者每次都是用括号从"作者"言语中单独分开的:"他们这一套是从哪儿来的?从哪儿?他们三个人好像都是我们这个居民区的。都出自劳动家庭。"(第33—34页)但当主人公战胜胡作非为的小流氓之后,他便同"作者"一起转而思考起陀思妥耶夫斯基和尼采,回忆起亲人们忘记埋葬死者的那桩日常生活事件。于是这时叙述就发出愤怒的,已纯然是"作者"(在书写上未作区分)的一串激问,以促使主人公不是从区域性的日常生活层面,而是从概括性的哲学和社会层面去领会问题的实质:"这是怎么啦?依旧还是那种使众人都为之深受感动的豪放的俄罗斯性格?要么这只是个误会,是天性的反常,是不健康的消极现象?那么为何要对此表示缄默?为什么不从他们的老师那里,而要从尼采和陀思妥耶夫斯基等早已去世的同志那里了解恶的本性呢,而且还几乎是偷偷地了解呢?"(第40页)"作者"言语中的命令式动词也成了催促主人公采取行动的一种手段。"作者"似乎与主人公展开了对话:同他进行争论,对他加以说服,提出坚决的要求,并回答他的问题,对他寄予同情:"在世上怎么活?就孤身一人?如果不做自己习惯了的事情,没有工作的话,那么生活在这个世界上是很难的……"(第10页)文本中常常透露出"作者"对无所作为的,总喜欢对复杂问题做出简单回答的主人公所持的嘲讽态度——是通过改装他可能做出的回答而透露出来的:"对了,我们说到哪儿了?说到了生活的矛盾冲突?人为什么要打来打去的呢?多么简单的问题。而答案再也简单不过了:'他们想打,所以就打了……'"(第52页)为问题所困却找不到答案的主人公的无所作为反映在身陷绝境、缺乏信心的感受中,这种情感是由一些词语手段造成的:"作者"言语中使用了一些否定代词("任何人""任何东西""任何时候""无论怎样的"

等)以作为对同类疑问代词的独特回应,此外还使用了带有前缀без—(没有、无)的词语[如"无限忧伤的感觉"(第 36 页),"没有希望"(第 73 页)]。在小说中,"作者"和主人公的相互关系最终反映出改革前阶段(小说创作时间为 1982—1985 年)的典型矛盾:一方面,人们渴望洗涤社会现实的一切污水,另一方面,在实践中却又不知道解决难题的具体途径。这一不确定的、过渡性的状态不仅体现在"作者"情节结构的展开过程中,还体现在不定代词在他的言语中的大量使用,此外还反映在这样一副图景中:熟悉的道路变得模糊不清,最终他四顾茫茫,无路可走:"铁轨到了尽头……往前没有任何方向,没有任何道路,往前就全部是一片土地,无路可循……"(第 10 页)

"作者"的文学假面舞会和艺术世界的狂欢化[①]

能够渗透一切的,具有广博内涵的"作者"因素构建着"乡村小说"那充满喜庆气息的光明世界,在不断变换面孔和假面的"作者"的统一进程中结合了人类精神和自然生物这两种因素。Д.吉莱斯皮在评论阿斯塔菲耶夫的《鱼王》时指出:"动物、鱼和鸟禽,甚至风景都获得人类的特性。"他认为小说作者继承了 T.哈迪[②]所开创的英国文学的古典传统。Д.霍斯金在有关 B.别洛夫《凡人琐事》的沉思录中指出,在"乡村小说"的世界中儿童、成年人和野兽的关系是统一而平等的,他们在这一世界中获得了一起沉缅于回忆,甚至发表抽象议论的机会。[③]德雷尔[④]作品中的情节(我们可以回忆一下自

---

① 在本文的这一部分,我试图将(M.M.巴赫金的)狂欢理论和(B.维诺格拉多夫的)"作者"的文学假面舞会理论统一起来,准确地说,我试图证明这样一种可能性:将这两者作为本质上相近的,甚或同源的理论统一起来。

② D.吉莱斯皮:《失落的天堂? 西伯利亚及其作家们(1960—1990)》,载《在天国与地狱之间:俄罗斯文化中的西伯利亚神话》,纽约,1993,第 264 页。

③ Д.霍斯金:《社会主义现实主义之外:自〈伊凡·杰尼索维奇的一天〉以来的苏联小说》,多伦多-悉尼-纽约,1980,第 60—61 页。

④ G.德雷尔(1925—1995):英国动物学家,作家。著有《大地沙沙响》(1961)、《动物园见闻》(1960)、《岛上方舟》(1976)。——译者注

传体中篇小说《我的家人和其他动物》)在俄罗斯的土地上被赋予了“作者”的狂欢化和假面舞会的特征,被赋予了所有可能出现的界限都会发生根本性变化和持续更新的思想,以及它们在经常性运动和变动中,在遭受蒙蔽和破坏中得以重建的思想。克拉克和霍奎斯特在评述世界文学中的狂欢世界(“作者”的狂欢)的相同模式时,这样援引巴赫金的观点:“植物,动物和人的体形奇妙地交织在一起,三者似乎是相生相长的。”①

在阿斯塔菲耶夫的短篇小说《世界末日》(系列小说《事件发生地》)中,自相矛盾的“作者”表现为具有讽刺表情的假面在狂欢节上的替换。在作品的开篇——“作者”对艺术作品的建构所发表的议论中——就出现了表示嘲讽的一些主要形式:人类世界和自然世界具有嘲讽意味的接近(“在我国文学作品的田野上啄食米粒的文学理论家们和方家里手们”——第 226 页),荒诞的对比,逻辑上的抵牾,等等。将文学界的假学者们(他们将情节比作爸爸和妈妈,将家庭比作艺术结构)的准直接引语讽刺性地插入“作者”的语境中——借此对艺术作品结构所展开的讨论,转变为对无须爸爸参与就可以生儿育女的问题的讽刺性模拟讨论。而人类传宗接代的问题便降至纯自然层面上的繁殖问题的范围。借助“作者”的讽刺性悖论而生发出另一个主题:精神突变和人性失落的危险性。在讽刺性悖论和假面替换这一氛围中出现了近乎文学骗局的“作者”的文学假面舞会(B.维诺格拉多夫语)。自然现象的分类专家和描写风土人情的作家的假面就成了“作者”的面孔之一,而这一假面的产生是以传统故事体中“久经世故之人”的面具为基础的。在《世界末日》中,描述风俗习惯的随笔(如渔民的社会道德特点是根据地理特征显示出来的)和渔夫特有的夸张讲述——这两类特点是以一种“被打乱的”形式结合在一起的。假面的“被打乱的”含义是由“作者”将渔夫和鱼视为同一研究对象而产生的。例如:“冰

---

① K.克拉克,M.霍奎斯特:《米哈伊尔·巴赫金》,剑桥-伦敦,1984,第 303 页。

雪融化时期，在被流水冲来的泥沙上黑压压一片全是鱼，所以就出现了一群群渔夫的身影，有的地方稀稀疏疏的，有的地方则很密集……”（第 227 页）类似的成对形象随处可见，它们是按照相对和相似的原则搭配在一起的，是狂欢式思维所特有的。渔夫与鱼的对比还反映在结构相似的句子序列的层面上：“眼睛鼓起的梅花鲈猛地一咬钩……花花绿绿的河鲈匪帮似的冲了上去……渔夫在冰上东跑西颠……”（第 236 页）于是通过内在的比较，鱼的一些特征就转到了人身上：“任何一座水塘，即使那里荒无人烟，都有莫斯科人的身影，就像随处可见的俄罗斯梅花鲈一样，它可能会吃掉其他鱼的鱼子，可此后却会做出一副样子，似乎水塘里除了梅花鲈，从未有过别的什么鱼，它也从未吃过任何鱼子。”（第 234 页）特别是人与鱼的对比是通过与 C.阿克萨科夫[①]的《钓鱼札记》的跨文本联想而显现出来的。巴赫金著名的有关“作者”外位性的理论与阿斯塔菲耶夫有关作者的“陌生化”的艺术理论是相通的，后者与阿克萨科夫提升这一主题在读者心目中的意义所不同的是，使得突变特征——从精神到生物的突变特征（“颠倒的世界”）——更加清晰。这种“陌生化”在“作者”假面中看得尤为清楚，而这一假面是某个地面之上的、现实中不存在的渔夫的面孔，对他而言，人也好，鱼也罢，在尘世属性方面都是平等的，但同样也都是异己的。被捕获的突变鱼的形象也使人们产生类似的联想，这一形象产生于狂欢骗局与讽刺性模仿的交界处——“有点像鱼……又有点像从将来正向我们渐渐走来的某个动物”的形象（第 239 页）。

整体和中心的问题

无论是在巴赫金和维诺格拉多夫理论观点的对话中，还是在当今的巴赫金研究中，这都是一个难题。Д.弗兰克援引巴赫金对

---

① C.阿克萨科夫（1791—1859）：俄国作家和社会活动家，写有一系列有关钓鱼和狩猎的作品。——译者注

“作者”活动对话特性的有关论述，提请人们关注统一性问题，同时对对话也表示质疑，强调探索新方法的必要性。弗兰克写道：“正如卡罗尔·艾默森在第二版《陀思妥耶夫斯基诗学问题》的前言中所指出的那样，巴赫金坦承，他的书中没有涉及诸如复调小说中整体性问题这样的复杂方面。”[①]不仅如此，依照弗兰克的观点，巴赫金无法解释清楚，文学主人公的绝对独立是如何与作品的完整性相统一的。[②] 显然，要解决这一问题，就必须重视俄罗斯思维方式中的特殊现象“不固定的主导部分”，即中心构成因素是移动的——“作者”意识的主导部分可以移位到思维世界（“我曾是一切”）的似乎无关紧要的各个小领域，这同样也有助于两者的统一，即巴赫金的“我与他人”的辩证法，及其作者的（对话）偏离中心原则和维诺格拉多夫的作为艺术世界中心的“作者”观的统一（即中心可以在任何地方，任何一个点上）。

例如，阿斯塔菲耶夫的现代田园诗《牧童与牧女》有一句从彼特拉克[③]诗歌中引用的题记——“生命无尽，苦海无涯”——仿佛就刻在逝去主人公的墓碑上，可以从完全静态的角度来理解它：生命就是痛苦。但这只是表层。深邃内涵的语义束一经与田园诗那“跃动”的结构相结合，便会从最为意想不到的文艺复兴方面使“作者”的思想变得更加清晰明了。“尽”（“涯”）——也还是边缘地带，属于遥远境域的一部分。从这样的阅读方式而生发出的含义就可以突破“静态作者”的刻板模式，并使人们想起了那著名的一跨——从日心宇宙观跨向哥白尼宇宙观：艺术世界的任何一个部

① J.弗兰克：《透过俄罗斯的棱镜：文学和文化评论集》，普林斯顿，1990，第 29 页。

② 同上。把亚历山大·丘达科夫、娜塔莉亚·波涅茨卡娅、尼娜·佩尔林娜、加里·索尔·莫森、卡罗尔·艾默森和罗伯特·布什等人著述中所探讨的巴赫金和维诺格拉多夫关于“作者理论”的不同观点并列对照，本文作者发现：当代学者又展开了巴赫金和维诺格拉多夫之间的争论——但是他们并不愿意相信这种争论“旨在实现某种复杂的统一”。基于乡村小说的例子，他们（指当代学者）还阐述了其他主题，诸如“不同时间层次间的关联”以及“整体和中心的问题”。

③ 彼特拉克（1304—1374）：意大利诗人，文艺复兴时期人文主义文化的先驱。——译者注

分，任何一个领域都可以成为中心，如同即便是在无边无际的浩瀚宇宙中没有唯一的中心一样——其任何一点都可能根据具体情况而被视为中心。

综上所述，可以肯定：巴赫金和维诺格拉多夫的“作者”观具有某些相通之处——本文只是指出了其中的一部分。无论如何，有证据显示，可以重新审视“对话与独白”这一传统的二律背反，找出含义与方法相互关系的各领域的共同交叉点，这些领域包括假面舞会特征/狂欢特征，不同时间层面的对比，中心形成过程中的“不固定的主导部分”，“作者”和读者的辩证关系等。总之，可以得出结论：俄罗斯“乡村小说”中的“作者”是一种积极活跃的力量，这种力量构成了多重维度、多种面貌的作品世界，形成了“艺术多样性在艺术上和谐一致的共存和协作关系”（M.巴赫金语）。

（王加兴　译）

中　篇

语言学诗学理论研究[①]

① 本篇为国家社会科学基金重大项目“现代斯拉夫文论经典汉译与大家名说研究”(项目批准号 17ZDA282)子课题“《罗曼·雅可布森论文学》编选、汉译与雅可布森语言学文论研究”阶段性成果。

诗学，从广义上讲涵盖了整个文艺理论，从狭义上讲，是文艺理论的一个组成部分——关于诗歌的理论。因此，从古到今，诗学一直被看作文学家的研究对象。语言学涉足诗学领域，只是在20世纪以后才出现的新发展。20世纪是一个学科融合的世纪，特别是语言学渗透到了其他学科，引起很大的反响。因此将20世纪称作语言学时代并非言过其实。正是在这个时代，罗曼·奥西波维奇·雅可布森（Роман Осипович Якобсон，1896—1982）的诗学理论诞生、发展和成熟，在学派林立中独树一帜。他以广博的语言学理论和文学知识，在两者之间架起一座桥梁，创立了语言学诗学这一新学科。他的特殊贡献足以使他与索绪尔相提并论。

雅可布森的诗学理论令人耳目一新，尽管表面上看起来他的分析有些艰涩，充满抽象的思辨。雅可布森的结构诗学所研究的，是“封闭体系”的文本整体，但又是一个开放的科学体系。它并不缺乏与其他学派和学科的普遍联系，因而也就具有广泛的意义和深刻的启发。因此我们希望这一理论能够对中国传统诗学的发展有所助益。我们在雅可布森的诗学分析中，如在一面镜子里，既可看到这个传统诗学体系的长处，也可看出它的某些不足，从而找到可以借鉴的东西。

第一章　雅可布森的学术活动及其诗学体系产生的理论背景

20世纪，在世界语言学领域最有名望、最具影响力的巨匠，首推瑞士学者费尔迪南·德·索绪尔(Ferdinand de Saussure)。他开创了结构主义语言学，为现代语言学奠定了第一块基石。继之而起的便是雅可布森，他先后在俄国、欧洲、北美开拓建树，成为国际公认的学术界领军人物。

雅可布森1896年出生于莫斯科。早年就读于拉扎列夫东方语言学院附中，1914年进入莫斯科大学历史语文系，专攻斯拉夫与俄罗斯语文学。从莫斯科大学毕业后，1920年担任莫斯科戏剧学院俄语教授，是年底离开俄罗斯前往捷克斯洛伐克，在布尔诺大学从事教学工作，同时开展诗歌韵律问题和斯拉夫语言的历史比较研究。1933年起在捷克马萨里克大学(今普基涅大学)教授俄罗斯语言文学和捷克中世纪文学。1939年德军占领捷克，雅可布森辗转流亡至斯堪的纳维亚半岛，起初在丹麦哥本哈根，后至挪威的奥斯陆和瑞典乌普萨拉从事教学，与当地众多语言学家结识。此时"哥本哈根学会"刚成立不久，雅可布森利用他们丰富的图书设备和实践经验做了许多有关儿童失语症及错语症的研究。1940年丹麦和挪威又相继被德军占领。雅可布森身为犹太人，被迫于1941年再由瑞典迁至美国。1942—1943年在纽约的一所由法国流亡学者创办的“高等研究自由学院”任教，与他们共同成立了“纽约语言学会”，并筹办了一份语言学杂志《词》(*Word*)。1943—1949 年任哥伦比亚大学教授，1949—1957 年任哈佛大学教授。1957 年后一直在麻省理工学院讲授普通语言学和斯拉夫语文学。1982 年卒于波士顿。

一 雅可布森的学术活动

雅可布森的学术生涯一般分为俄国时期、捷克时期和美国时期三个阶段。

从中学到大学，雅可布森有幸置身于一个良好的学术环境中，很早就表现出了科学探索的强烈兴趣。在中学时他看到了未来诗人布洛克研究民间诗歌的一篇论文，便开始搜集城乡民俗谣谚，还曾去莫斯科乡野采风。他进入大学后更是获得了系统严格的传统语文学教育，受到福尔图纳托夫、乌沙科夫等一批著名教授的指点和熏陶，逐渐形成了自己的学术风格。时值第一次世界大战前后，俄国社会进入动荡和革命的情势中，但世纪之交恰恰又是民族文化觉醒和学术繁荣的高峰，即后来所称的白银时代。文化创造和科学探索的激情，成就了雅可布森一代青年的人生抱负。可以说，20 世纪的前 20 年，为雅可布森的一生治学奠定了基础，确立了方向。

1915 年初莫斯科大学历史语文系成立了一个学术研究组织——莫斯科语言学小组，其核心人物就是雅可布森。小组宣布的宗旨是研究语言学、诗学、格律、民间文学等。由于涉猎广泛，除青年学者外还有一批优秀诗人参加，如马雅可夫斯基、帕斯捷尔纳克和曼德尔什塔姆等。小组经常聚会从事学术研讨。一年后的 1916 年春天，彼得格勒也出现了一个青年研究群体——“诗语研究会”，成员主要是彼得格勒的学术青年。雅可布森同样积极参加了这个研究会的工作，并与其中的迪尼亚诺夫、维谢洛夫斯基、艾亨鲍姆等切磋学问，建立起深厚的友谊。

从雅可布森的上述学术活动中不难看出，他初出茅庐便投入了那个时代文化思想激荡冲撞的漩涡之中。欧洲先锋主义的文学艺术、俄国未来派诗歌、形式方法的文论、语音语法的功能——这些方面都被他纳入自己的学术视野。

例如雅可布森提出，文学科学要成为一门独立的系统科学，应该把“文学性”(литературность)作为自己的研究对象。科学的特殊性和具体化的原则就是形式方法的组成原则，文学科学的对象应是研究区别于其他一切材料的文学作品的特殊性。用维谢洛夫斯基的话说，那时文学一直是“无主之物”。雅可布森形象地指出：“……文学科学的对象不是文学，而是文学性，即能使一部作品成为文学作品的东西。然而，到目前为止，文学史家大都像警察一样，为了拘捕某个人，就会不问青红皂白，会把房间里的所有人，甚至把附近大街上偶然路过的人统统都抓起来。文学史家就是这样无所不用，诸如生活习俗、心理学、政治学、哲学。这样便凑成了一大堆毫无用处的东西，而不是文学科学。仿佛他们已经忘记，这些门类分属不同的学科，如哲学史、文化史、心理学等，而这些学科自然也可以使用文学作品，但它们只不过是不完善的二流材料而已。”①“文学性”观念的提出为他从事诗学本体论研究打下了基础。

1920年雅可布森到布拉格定居，在布尔诺大学任教期间结识了当时居住在维也纳的另一位俄国语言学家特鲁别茨科伊(Н. Трубецкой)，两人共同研究音位学问题。其后，他们的学说发展成了结构主义音位学。雅可布森于1921年发表《俄国近代诗歌研究》，1923年发表《捷克斯洛伐克诗歌和俄国诗歌的比较》，把音位学原理应用于诗歌语言的研究，为“布拉格语言学会”的成立铺平了道路。

1926年10月，捷克语言学家兼文论学家马泰修斯(Mathesius)、

---

① Якобсэн Р. О. Работы по поэтике. Москва, 1987, С. 89.

特尔纳卡(Trnka)和穆卡洛夫斯基(Mukarovsky)等人发起建立“布拉格语言学会”,特邀雅可布森和特鲁别茨科依参加,由此形成了布拉格学派。1928年,第一届语言学家国际会议在荷兰海牙召开。“布拉格语言学会”的成员们在会上提出了数篇主要由雅可布森和特鲁别茨科伊撰写的关于音位学的重要论文,引起了各国语言学家的广泛关注,他们由此被称为“布拉格音位学派”。

此时雅可布森已完全融入布拉格的学术圈,同俄国和捷克学者一道思考着语言学的发展问题。他完成的论文《论捷克诗》和《文学和语言学研究的课题》(与迪尼亚诺夫合著),实际上为布拉格学派奠定了理论基础,所以后来与穆卡洛夫斯基被人们称为布拉格学派之父。

1929年,在布拉格召开的首届国际斯拉夫学大会上,雅可布森等人提出了布拉格学派的论纲。同年,布拉格学派开始出版《布拉格语言学会会报》。第一期上刊登的《纲目》就是他们的工作纲领。其中的许多项目如“语言及其结构新方法”“语言的功能及其与文学语言和诗歌语言的关系”等,都是由雅可布森提出,经学会讨论决定的。整个20世纪30年代,他主要研究的都是与音位学有关的问题,如“语音和音位的区分原则”“音位的区别性特征及其对立关系”,以及“语言功能的观念”等。在这些问题的处理上,他不仅把“系统”的观念和“结构”的观念应用于共时语言学,而且应用于历时语言学。1931年《布拉格语言学会会报》第4期刊载了他的重要著作《历史音位学原理》,1949年译成法文在巴黎出版。

在雅可布森之前,博杜恩·德·库尔特内(Baudouin de Courtenay)已为音位学奠定了理论基础,并得到他的学生克鲁谢夫斯基(Н. Крущевский)的进一步阐发。雅可布森和特鲁别茨科依的语音研究,采取了新的视角。他们关注的已不仅是语音本身,语音的物理生理特征,而是语音的功能,语音在语言体系中的地位和作用,语音的表义辨义能力,进一步自然就涉及语音的诗功能。这样,他们从确定音位观念到描写语言的音位体系,再到揭示音位的二元对称规律，至 1939 年可说已经完成了现代语音学的理论架构。

语言功能观是雅可布森这一时期的重要学术思想，由此引发语言学与诗学的跨学科结合。但这并不意味着忽视索绪尔语言学所强调的语言结构观和语言系统的思想。不仅如此，对语言和诗歌作品进行共时研究（考察某一时期的静态状况），固然须有语言、诗歌的系统观和结构观，即便对它们进行历时的研究（考察它们的历史演变），是否也须采用系统观和结构观（视为一个完整的结构系统）呢？

雅可布森对这个问题的看法是很精辟的。1929 年他在一篇论文中说："作为功能系统的语言观念，无论是为了重建，还是证明它的演变，在对过去语言状态的研究中同样是要考虑的。我们不能像日内瓦学派那样在共时方法和历时方法之间架上不可逾越的障碍。我们在共时语言学中用功能的观点考察语言系统的要素，也不能把受过变化影响的系统置之不顾而去判定语言所经受的变化。认为语言变化只是一种偶然的破坏性伤害，与系统的观点毫不相干的想法是不合逻辑的。语言变化往往以系统、系统的稳定和系统的重建等为目标。所以历时的研究不仅不排斥系统和功能的观念，而是恰好相反，不考虑到这些观念就是不完备的。"①

在雅可布森和布拉格学派看来，语言的发展不是个别孤立变化的，而是一个完整系统的演变，是由语言整体结构的历史嬗变引起的。从这里可以看出布拉格语言学会的研究对结构主义发展的推动作用。

1941 年雅可布森到达美国后，主要还是继续研究音位学理论并使它形式化。他在关于儿童语言和失语症的干扰等领域的研究也得以进一步深入。在斯拉夫学领域内，则偏重于研究俄罗斯史

① Georges Moutin, Roman Jakobson, v. "La Linguistique du XXe Siecle", Paris, 1975, p. 145.

诗及口头和书面传统文献的注释和重建，借以确定斯拉夫语诗歌形式中印欧母语的词根。但很快就扩展到语言学的一般理论，语言与其他符号系统的关系，语言学与人类学、神经学等学科的关系，以及印欧语和比较神话学的关系等。

雅可布森抵达纽约后举办学术讲座，引起了旅居美国的各国专家学者的注意。他结识了众多学科的代表人物，对科学新知表现出极大的兴趣，开展了跨学科的多种合作研究。他不仅在大学执教，从事科研，还积极参与美国语言学会的组织领导工作，得以为推动学术的发展做出许多贡献。

在美国时期，雅可布森的诗学思想日趋成熟，形成了自己独特的诗学体系。他对隐喻与借代两种概念所作的新解，拓宽了语言理论的生存空间，为学科互动推波助澜，对此后兴起的结构主义产生了巨大的影响。

雅可布森对于语言学和诗学的精辟研究是与他渊博的知识，不懈的追求密不可分的。雅可布森毕生从事教学和研究工作，著述之丰，涉猎之广，在语言学界独占鳌头，称其为现代语言学大师、结构主义鼻祖，是不为过的。

1963 年，雅可布森把他到美国后所写的有关普通语言学的论文共计 11 篇汇编成《普通语言学论文集》，在巴黎子夜书店出版。

1966 年，雅可布森的友人和学生为庆祝他的 70 岁生日，编印了纪念文集《祝贺罗曼・雅可布森》，根据论文集统计，雅可布森发表过的著述不下 475 种，其中专著及论文 374 种，报刊杂志的评论、序言和诗歌等共计 101 种。从内容看，到 1939 年为止，其中四分之三以上是关于文学和诗歌的，语言学著作不及四分之一。1941 年雅可布森移居美国之后，情况略有改变，语言学著作逐步增加，但仍限于短小的文论，如 1941 年在瑞典乌普萨拉出版的《儿童语言失语症和一般语音规律》只有 83 页；1952 年与范特（Fant）和哈勒（Halle）合写的《言语分析初探》只有 64 页；1956 年与哈勒合写的《语言基础》也只有 64 页，但这并不能降低这些著述的重要性。

除此之外，他在各种刊物上发表了一系列有关音位学和形态学等方面的文章。前者如《关于辅音音位分类的观察》《关于音位的结构》等，后者如《格的一般理论》《动词的范畴》等。

1973年雅可布森又把他于1962年写的另4篇论文加以补充修改，编成《普通语言学论文集》第二册，副题为“语言的内部关系和外部关系”，仍在巴黎出版。

从此以后，他又写了众多的论文、传记和杂记。1971年编成选集四卷。并另编有一本《罗曼·雅可布森著述总目》，由荷兰语言学家万·顺威尔德(Schooneveld)作序，在海牙出版。

由于这些论文绝大多数都是很短小的，因此有人认为雅可布森在学术上惯于做一些零敲碎打的工作，缺乏像他的前辈惠特尼(Whitney)、布龙菲尔德(Bloomfield)、萨丕尔(Sapir)，甚至叶斯泊森(Jespersen)以及特鲁别茨科伊那样，把自己的学说或主张汇合起来熔炼成一部皇皇大作的魄力。

从上面的例著也可以看出，雅可布森的另一特点是喜欢与别人合作著述。除上面已举出的以外，1949年《词》杂志第5期发表了他与罗兹(Lotz)合写的《法语音位模式》；1953年美国《语言》杂志第29期刊登的《从音位方面对语言作逻辑描写》，其合作者是车里(Cherry)和哈勒(Halle)；甚至那篇人尽皆知的反映他风格理论的论文《查理·波德莱尔的〈猫〉》也是与列维-斯特劳斯共同署名。有人对他的30篇文章做过统计，其中与他人合写的就大约有20篇。

雅可布森学识渊博，涉猎广泛，是他对诗学进行深入研究的坚实基础。以学科而言，除语言学，特别是音位学和诗歌语言的研究是他毕生始终不渝的工作之外，其他如人类学、民俗学、风格学、语言病理学以至信息论、量子论等，雅可布森都潜心钻研。就人物而言，除博杜恩·德·库尔特内、索绪尔、梅耶(Meillet)和特鲁别茨科伊曾对他产生很大影响以外，其他如胡塞尔(Husserl)、门捷列夫(Д. Менделеев)和爱因斯坦(Einstein)等人，他都极为仰慕并奉为师表。雅可布森本人除俄语和英语外，还精通数十种外语，经常用英语、德语、法语等语言写作。

雅可布森晚年曾表示，要像门捷列夫处理化学元素那样，发现一种普遍适用的音素表；要像爱因斯坦那建成一种"语音相对性"的理论。他梦寐以求的不是建立"普通语言学"，而是要创建一种"普及语言学"。经过半个多世纪孜孜不倦的努力，雅可布森对语言学的发展做出了多方面的贡献，特别是对结构主义运动的发展兴盛有着极为突出的作用。

二　雅可布森诗学体系产生的理论背景

当代文论的一个重要特征和一个重要方面，表现为一种全新的对文学语言、语言学与文学相互关系的极端重视。说它是一种全新的关注，当然是与古典文论和传统语文学相比较而言的。其实，从语言的角度审视和批评文艺，在西方文论史上和文学史上是由来已久的。

柏拉图借苏格拉底之口，要求人物语言符合当事人的身份；亚里士多德在《修辞学》里强调了语言的性格化；贺拉斯要求语言创新；但丁研究俗语；布瓦罗要求强调语言纯洁；泰纳谈到语言的风格；福楼拜更强调语言的精粹；高尔基把语言作为文学的第一要素。更不用说法国的古典主义鼻祖马雷伯了。据说在临终前一小时，他还怒斥他的看护，骂她用错字眼，不说纯正的法语。教士替他忏悔，为他做最后祝福时，他挣扎着说："别再和我说话了，您的恶劣语体，我听见就要吐……"把语言强调到如此地步，可谓用心良苦。

但一般说来，作家笔下多是写作的经验之谈。语文学家的研究，则主要是从语言的角度或方法出发，为别的学科提供依据（如对古籍做一番训释），或是建构某一语言学领域（如修辞学）。用当代的观点来看，自 19 世纪末以来，从语言学着手研究文艺，既是近乎“旧话重提”的新趋势，又是一个极其复杂的充满矛盾斗争的过程。并且，语言学和文学语言各自的多元性必然导致研究方法的多样性。美国在1978年出版的一本英语系科教材《文学批评法手册》，把当今的语言批评分为四个模式：一、文学批评的语言学模式；二、文体学模式；三、结构主义模式；四、修辞学模式。从根本上说，这些都是文学理论和语言学联姻的产物。

如果将语言学的方法运用于文学研究，最简单的办法就是用语言学的范畴和模式来描述分析文学文本。这时的文学像法国人瓦莱里（Valery）所说，简直就是“某些语言特征的延伸和应用”。[①]这看似荒唐的观点，其实并不荒唐，所以才成了结构主义诗学的根本出发点。把语言学引入文学研究，用以揭示文学规律，是俄国形式主义批评、布拉格美学批评，以及后来结构主义批评的共同主张。雅可布森把这几个流派连接起来，自始至终比其他任何人都更坚持这个主张，他的理论著述和学术实践成为这一学术潮流的基本文本。雅可布森在这方面的研究成果，一般概括为“语言学诗学”，即从语言学角度研究文学规律的理论。这里的关键，在于他据以出发的是一种怎样的语言学，或者说是一种怎样的语言理论，怎样的语言哲学。囿于传统的古典语文学，囿于旧时的语言观，是开拓不出这种新诗学的。因此，廓清语言学诗学的理论背景或理论渊源，是十分重要的。雅可布森的诗学，在整个发展过程中，一直立足于一种新的语言观。这种语言观大致可归纳为以下几点：

第一，语言是一个完整的结构，是多层次多要素有规律地组织成的一个体系。研究语言必须认识它的结构规律。

第二，语言的整体结构及其内部的构成要素，因为具有特定的功能才有存在的价值。研究语言结构必须认识它的功能规律。

第三，语言结构体现着多种符号体系的基本特征，通过语言的结构规律可以进而了解其他符号体系的结构规律。因此在文学研

---

① P. Valery, Sélection, Paris, 1957, p. 440.

究中也可以引入结构和功能的范畴，进行文本的内在研究。

这些基本的理论出发点，集中体现在雅可布森于1928年同迪尼亚诺夫合写的《文学和语言学研究问题》[①]一文中，当然上述的认识并不是一蹴而就的，是随着研究工作的进行而逐渐明确和深化的。但抓住这个基本点，我们就不难在“形式主义派”和“现代语言学”理论中看出雅可布森诗学的理论来源。

（一）形式主义学派与雅可布森

“形式主义”这一名称指的是20世纪10年代中期到20年代末俄国的一个文学批评流派。虽然作为一个学术派别，形式主义运动存在的时间并不长，历时约15年，却产生了深远的影响，成为结构主义思潮的真正发源地。

形式主义起源和发展于一种庞杂的精神氛围之中。日内瓦语言学派（特别是索绪尔，以及波兰语言学家库尔德内的音位学），胡塞尔现象学（特别是他1901年出版的《逻辑研究》第二卷），还有象征主义未来派和主体主义，都对它的诞生起过作用。但根本的原因，还在于一种历史的必然和需要。

19世纪末20世纪初，西方文学批评理论处于一种混乱的状态，有些研究者标榜维持世道人心，标榜追求客观、精确、科学的方法，实际上却把文艺肢解了。文学成了形而上学的东西：它可以是哲学的、宗教的、美学的、伦理的、道德的附庸或者代用品；可以是文化史、风俗史、情感史、心理学史；可以是政治的、阶级的对等物，生活的教科书等。同时它又是形而下的东西：可以是地理、环境的资料；可以是生物化石考察、尸体解剖实验、遗传病例报告；可以是对生活的苍白无力的泛泛复制；甚至也可以是市场订货。总之，文艺可以像任何东西，是任何东西，却恰恰不是自己，甚至也不像自

① 见茨维坦·托多罗夫：《俄苏形式主义文论选》，蔡鸿滨等译，中国社会科学出版社，1989，第116—118页。

己，文学研究几乎成为哲学、历史、心理学、美学、人种学、社会学等松散的结合体。俄国形式主义有感于此，试图通过一种理论实践，为文艺找到它自身的生存依据，要在独立的根基之上建立科学的文学学科。

1914 年，俄国哲学家、文学史家什克洛夫斯基在评价未来派诗歌的论文《语词的复活》中，就透露了形式主义理论观点。第二年，以雅可布森为首的“莫斯科语言小组”成立。1916 年，彼得堡成立了“诗歌语言研究会”。莫斯科语言学派除雅可布森外，还有维诺库尔（Г. Винокур）、布里克（О. Брик）、托马舍夫斯基（Б. Томашевский）等人。俄国形式主义理论就诞生于这两个团体的研究、讨论等学术活动及其论文中。

早期形式主义学派以象征主义为基础，他们和象征主义者一样，把形式视为有效的交流工具，形式是自主的，自我表达的，能够借助词外的韵律、联想和含蓄等手段“伸展”语言，使其超出规范的“日常的”意义范围。这些问题导致文学批评首先关心的是文学语言得以发生作用的技巧，并且还要注意把这些技巧同“普通”语言的模式加以分离和区别。但是，正如艾亨鲍姆（Б. Эйхенбаум）所指出的那样，形式主义学派向象征主义者开战，“……要从他们手中夺回诗学，使诗学摆脱他们的美学和哲学主观主义理论，使诗学重新回到科学地研究事实的道路上来”①。形式主义理论的发展，把目标集中在建立独立存在的文学科学。为此首先要确定文学研究的对象，亦即文学同其他事物的本质差别；文学研究唯有专注于这种差异因素，才能保持它独特的研究对象。由此提出了“文学性”“陌生化”（остранение）一类概念。应该说，“形式主义者专注于形式，是由于他们专注于文学性的特异性，而形式本身却绝不是他们

① 茨维坦·托多罗夫：《俄苏形式主义文论选》，蔡鸿滨等译，中国社会科学出版社，1989，第 23 页。

所求的目的。”[1]由反对者加给他们的贬义称号“形式主义者”，其实是不恰当的，是不符合事实的。

形式主义出现不久就遭到来自政治方面的攻击。1923 年，托洛茨基（Л. Троцкий）在《文学与革命》中专章批判形式主义，认为他们是在“走向词语的迷信”，托洛茨基在《诗歌的形式主义学派与马克思主义》一章中写道：“如果不算革命前各种思想体系的微弱回声，那么，形式主义的艺术理论大概是这些年来在苏维埃的土壤上与马克思主义相对立的唯一理论。尤其出奇的是，俄国形式主义把自己与俄国未来主义紧密联系在一起，而当未来主义在政治上或多或少地投降了共产主义时，形式主义却竭尽全力地在理论上把自己与马克思主义对立起来。”[2]在这里，托洛茨基把一种艺术上的派别立即毫不客气地同政治联系在一起，他指责形式主义学派说：“像它现在由什克洛夫斯基、日尔蒙斯基、雅可布森等代表的那种样子，它首先是一个极端傲慢的早产儿。”[3]在这一章的最后，托洛茨基总结说：“形式主义流派是应用于艺术问题的唯心主义的早产儿，它被学究式地制成了标本。在形式主义者身上，有早熟的牧师的痕迹。他们是约翰的门徒：对于他们来说‘太初为词’。（这是《圣经》中的一句话，见《约翰福音》，原文中译为“太初有道”。——译者注）。而对于我们来说，太初为事。语词出现在事件之后，有如它的有声的影子。”[4]

卢那察尔斯基也参与了这场论争，他写道：“十月革命后，形式主义只不过是时鲜蔬菜，而现在这是不易根除的旧事物的残余……不可想象，立宪主义能同共产主义公开进行斗争，但是形式主义同马克思主义进行斗争则是完全可以设想的。这很好：马克

---

① 杰弗森等：《西方现代文学理论概述与比较》，陈昭全等译，湖南文艺出版社，1986，第 9 页。

② 托洛茨基：《文学与革命》，刘文飞等译，外国文学出版社，1992，第 150 页。

③ 同上书，第 151 页。

④ 同上书，第 170 页。

思主义在这个领域中还很年轻，只会在这场斗争中成长壮大起来。但是，它，马克思主义喜欢确切知道各种意识形态的阶级底蕴，因此它在参加实际斗争以前就明确断言：无论是艺术中的还是艺术学中的形式主义，都是已被传入俄国这个血缘环境中的资产阶级晚熟或过分早熟的产物。"①

不过托洛茨基也承认："形式主义的艺术理论尽管肤浅和反动，但形式主义者的相当一部分探索工作是完全有益的……这项工作能作为一个非常重要的成分进入诗的技艺，进入诗艺实际的处方。"②

形式主义者自我辩解说，他们虽然偏重形式研究，但目的是寻求文学与非文学的差异。所以艾亨鲍姆声称：我们不是"形式主义者"，如果可以这么说的话，我们是特异论者。雅可布森在《诗学科学的探索》中说了这样的话："'形式主义'这种说法造成一种固定的、完美的、教条的错觉，这个含糊不清和令人不解的标签，是那些对分析语言的诗歌功能进行诋毁的人提出来的。"③针对形式主义理论中缺乏社会因素的责难，他强调："逐步探索诗学的内部规律，并没有把诗学与文化和社会实践其他领域的关系等复杂问题排除在调查研究计划之外。"④

如果我们具体考察一下这一派别的理论观点，就不难发现，他们所关注的问题同结构主义语言学家乃至未来的"结构主义"人类学家所关注的问题有相当一致的基础。

形式主义学派成员的研究触角伸向许多文学问题，但关注的中心是文学的结构，对文学特有本质的辨析、分离和客观描述，而不是作品的社会学、传记学、心理学方面。他们认为，艺术是自主

① 《马克思主义文艺理论研究》编辑部编选：《美学文艺学方法论》（续集），文化艺术出版社，1987，第612—613页。

② 托洛茨基：《文学与革命》，刘文飞等译，外国文学出版社，1992，第151页。

③ 茨维坦·托多罗夫：《俄苏形式主义文论选》，蔡鸿滨等译，中国社会科学出版社，1989，第2页。

④ 同上。

的，是一项永恒的、自我决定的、持续不断的人类活动，它只是在自身范围内，根据自身标准检验自身。既然文学具有这种本质，那么就应该把文学研究和文学批评看作一项独特统一的精神活动，它的活动范围是十分明确的。根据什克洛夫斯基提出的一般原则："艺术形式可以由艺术的规律解释清楚。"①研究文学主要应回答文学是"怎样"的问题，而不是文学是"什么"的问题，亦即整个文学艺术的独特本质，如果我们接受什克洛夫斯基的名言："……有艺术性的作品，就其狭义而言，乃是指那些用特殊手法创造出来的作品，而这些手法的目的就是要使作品尽可能被感受为艺术作品。"②那么，我们就得接受雅可布森的结论："文学科学的对象不是文学，而是文学性，即使一部作品成为文学作品的东西。"③

因此，那些显著的结构特征当然只能在作品本身找到，而不是在它的作者身上寻找。就诗歌而论，就是说只能在诗歌中，而不是在诗人身上找到。既然任何东西都可以入诗，那么诗的真谛或特征最终必定在于诗歌语言的独特运用上，而不在于作品中任何特定主题或所关注的事物。形式主义学派认为，诗歌是用词语塑造的，而不是由诗的题材构成的。他们认为，艺术的特征，只能在同非艺术的比较之中存在。文学之所以为文学，只是因为它与其他东西的"差异"，即前面讲到的作品的"文学性"。所以也可以说，文学科学的研究对象，正是一系列的差异。在揭示差异的过程中，形式主义学派找到了一个举足轻重的理论概念——"陌生化"原理。什克洛夫斯基认为："那种被称为艺术的东西之所以存在，正是为了唤回人对生活的感受，使人感受到事物，使石头更成其为石头。艺术的目的是，使你对事物的感觉如同你所见的那样，而不是如同

---

① Шкловский В. Б. Замечания о искусстве. Раздумья и анализ. Москва, 1961, С. 6.

② 什克洛夫斯基等：《俄国形式主义文论选》，方珊等译，生活·读书·新知三联书店，1989，第 3 页。

③ Якобсон Р. О. Работы по поэтике. Москва, 1987, С. 275.

你所认知的那样；艺术的手法是事物的'陌生化'手法，是复杂化形式的手法，它增加了感受的难度和时延。既然艺术中的领悟过程是以自身为目的的，它就理应延长；艺术是一种体验事物艺术构造的方式，而被创造物在艺术中已无足轻重。"[①]好比人在走路，这本是司空见惯的事情，但是如果我们改走路为跳舞，情况就不一样了：舞步的移动，使人们对走路的自发行为给予重新地理解和审视：舞步也是走路，但却是一种陌生化了的走路，一种比自发走路在形式上困难得多，在感觉上也醒目得多的走路。用什克洛夫斯基的话讲，就是所谓"感觉的走路，更确切地说，是为了感觉而创造出来的走路"。[②]又比如发声，人类一向生活在充满声音的环境里，从机车、汽笛的轰鸣，到林籁结响、泉石激韵；小至莺啼蝉唱，大到山呼海啸、风吼雷鸣……人处其间，习以为常，并无特别感受。大概只有小孩子才会在日常生活中感受到这类声响的新鲜。可一旦声响组织成音乐，纤夫的呻吟成为《伏尔加船夫曲》或《川江号子》，森林的声响变成《空山鸟语》或《莽林交响诗》，在艺术形式化的同时，也使得熟悉的声响"陌生化"起来，使人耳目一新，似曾相识又好像闻所未闻。用形式主义的话说，这就是感觉声响，或者说是为了感觉而创造出来的声响。

至于诗歌，在形式主义者的心目中，当然是第一号的研究课题。1965 年雅可布森回顾当时的学术活动时指出："所有这些活动都毫不犹豫地强调诗歌的语言问题。在当时，人们正在语言研究方面着手开辟新的途径，而诗歌语言最适合这种方式，因为这个领域一向为传统的语言学所忽视，容易摆脱新语法学家的常规。""因为在诗歌话语里……语言结构的规律和语言的创造性，比在日常

① История советской эстетической мысли 1917—1932. Сборник материалов. Москва, 1980, С. 136.

② 同上。

语言里更容易引起人们的注意。”[①]由此我们可以看出，这批青年学者，首先是雅可布森本人，为什么对诗歌领域如此青睐。他们认为，诗歌乃是“实用语言”经过形式化实现了陌生化了的东西。实用语言的吐字发音是顺其自然、不加考究的，但诗歌却故意使语言变得“曲折”“艰难”和“不坦率”。吐字发音皆须入律，变得循规蹈矩，表达形式相对难度增大。这样，实用语言顿时显得新奇，但我们平时不会留意。从这个意义上说，“诗的语言是形式化了的语言”。而实用语言入诗，正是在陌生化的同时，才显示其独特的文学性。

英国学者特伦斯·霍克斯(Hawkes)在《结构主义和符号学》一书中这样说明诗语的特性：“诗歌语言的自我意识是非常强烈的。它强调自身是‘媒介’，这媒介的价值不亚于它所含有的‘信息’：它特别关注自身，而且系统地强化自身的语言素质。所以，语词在诗歌中的地位已不只是表达思想的工具。用索绪尔的话来说，它们不再是‘能指’，而成为‘所指’。正是诗歌的‘陌生化’的技法，诸如节奏、韵脚、格律等，才使这种结构性变化得以实现。”[②]这就是雅可布森所说的：“诗歌的显著特征在于语词是作为语词被感知的，而不是作为所指对象的代表或感情的发泄。词和词的排列，词的意义，词的外部和内部形式具有自身的分量和价值。”[③]

把诗中的语词作为语词来接受，作为所指来感知，意味着语言形式(语词、诗律)本身具有了价值，变成了“感觉的语言”。这与什克洛夫斯基“陌生化”的提法，本质上是一致的。当然，在研究者热衷于揭示“陌生化”规律的时候，语言的意义——诗意就不言而喻地被搁置到了一边，由此也招来了反对者的诟病。

---

① 茨维坦·托多罗夫：《俄苏形式主义文论选》，蔡鸿滨等译，中国社会科学出版社，1989，第1页。

② 特伦斯·霍克斯：《结构主义和符号学》，瞿铁鹏译，上海译文出版社，1987，第63页。

③ Структурализм：«за» и«против». Москва，1975，С. 202.

形式主义流派到后来也强调，词语所负载的“意义”并不会脱离词语本身。“因为任何词语都不会只具有一种‘简单的’、一成不变的意义。A 的‘意义’不仅仅是本身的重复，即 A1 或 A2 或 A3，因为 A 具有产生意义的潜能，这能力来自它特定的上下文或用法。进一步来说，没有一个词会真正是一个所指对象的唯一代表。事实上，在分析‘意义’时会遇到各种错综复杂的场面，而语言的‘诗歌的’用法则使问题进一步复杂化了。简单地说，诗歌与其说不能使词和它的‘意义’‘相分离’，不如说诗歌扩充了词的意义范围，常常由于无法把握而令人困惑不解。它再一次强化了实用语言的活动能力。一个词从它习惯的所指‘分离出来’，恰恰意味着它可能自由地与大量的所指对象结合在一起。简而言之，‘诗的’用词使含义的模棱两可性成为诗歌的主要特征之一，正是这个特征，把诗歌的结构作用从能指转到所指。”①

1930 年 1 月，什克洛夫斯基被迫发表文章，宣布放弃自己的理论观点。学派瓦解了，代表人物各奔前程。这一理论体系的延续和发展，则要归功于莫斯科语言学小组的领袖人物雅可布森的创新和努力。

1920 年，雅可布森移居捷克。六年之后，他又创建了“布拉格语言学派”，进一步发展俄国形式主义派开创的研究。又过了 12 年，二战爆发，这一学派无法维持，终于在 1939 年解散。

从 20 世纪初到二战前，雅可布森一直是俄国、捷克两学派的核心人物。他自己对学派理论富有建树，又是在学派的理论氛围中达到了学术的成熟。这一理论体系，对后来的结构主义思潮的发展产生了深远的影响。

首先，俄国形式主义理论，从文艺观和方法论都是雅可布森语言诗学观的基础，也直接影响着以茨维坦·托多罗夫（Todorov）和

① 特伦斯·霍克斯：《结构主义和符号学》，瞿铁鹏译，上海译文出版社，1987，第 63 页。

吉哈德·热奈特(Genette)为代表的巴黎结构主义,标志着这一派文论的三个重要发展阶段。而雅可布森是承上启下的有力人物。

其次,布拉格语言学派成员特鲁别茨科依与人合著的《语言学原理》一书,使列维-斯特劳斯的结构主义人类学大受启发,而布拉格学派的主要代表人物穆卡洛夫斯基(Mukarovsky)则是早期结构主义批评的重要代表。

第三,雅可布森与布拉格学派另一代表人物雷内·韦勒克(Wellek)同在美国著述讲学近 30 年,极大地影响了那里的文学研究。韦勒克的《文学理论》[与奥斯汀·沃伦(Warren)合作,1949 年出版]多年来一直是西方英语文学专业学生广泛使用的唯一详尽论述文学研究的理论著作。

20 世纪中期,结构主义者渴望独创一种诗学理论。他们的科学理想,更具体地说,他们关于叙述理论的著作,都在相当程度上得益于雅可布森及俄国形式主义。

20 世纪 60 年代,形式主义理论在苏联得到重新评价。什克洛夫斯基、艾亨鲍姆、迪尼亚诺夫、勃里克及雅可布森等人在 20 世纪 20 年代的著作又重新出版。1961 年,当什克洛夫斯基能够在文集中重新发挥当年的理论见解时,不禁感慨万千。他想起 20 年代他曾经说过的一句话:"艺术永远不受生活束缚,它的色彩绝不反映飘扬在城堡上空的旗帜的颜色。"①针对这句话,他意味深长地说:"光阴荏苒,太阳升起过成千上万次,40 个春秋过去了,现在西方有人想借我的话来争辩飘扬在城堡上空我的那面旗帜的意义。"②

(二) 从索绪尔到雅可布森

语言学与文学研究的关系,是当代文学理论中广为讨论的问题之一。实际上,在为当代文学理论做出贡献的许多学科中,语言

① Шкловский В. Б. Замечания о искусстве. Раздумья и анализ. Москва, 1961, С. 6.

② Шкловский В. Б. О теории прозы. Москва, 1983, С. 8.

学无疑是名列前茅的。这里首先当推瑞士语言学家索绪尔教授的理论。这种理论的重大意义在于，它对文学研究的影响没有局限于文学语言的范畴，而是提出了文学整体结构的新观念。在著名的《普通语言学教程》里，索绪尔阐述了一系列影响后世结构主义思潮的观点。这在现代语言学史上，可以说是一场深刻的革命。作为现代结构主义语言学的奠基者，索绪尔在理论方面的卓越贡献，可概括为四组关系性差异：一是历时语言学和共时语言学的关系和差异；二是"语言"和"言语"之间的关系和差异；三是语言系统中"纵聚合"和"横组合"之间的关系和差异；四是语言符号中"能指"和"所指"的关系和差异。

索绪尔并不否认历时语言学的价值，但他对语言的共时性研究更为关注。他认为：语言从严格意义上讲，是一个符号系统，它由"任意的"和"差异的"符号组成。而任何语言符号又由"能指"（音像或书写形式）和"所指"（概念）组成。"差异"性是索绪尔十分强调的概念。它以一种核心的地位贯穿语言结构中的各个领域。首先，符号的组成是一组差异关系；其次，符号组成语言，又构成一组差异关系——"组合关系"和"关联关系"的差异。前者是某一符号系统中，符号的先后序列和结合形式；后者是某一符号系统中，符号同尚未出现的但又与其相关的其他成分之间的关系。既然符号自成系统、自具功能，索绪尔据此又论证了符号与指代现实的差异关系。也就是说，符号系统与所指现实之间没有必然的、本质上的联系，语言世界与现实世界是相对独立的。

与此相关，索绪尔又着重指出：旨在交流和传递信息（或指代事物）的言语，和作为符号系统的语言不同。这里索绪尔虽然并没有采用"结构"或"结构主义"之类的概念，但实质上却奠定了结构主义思潮的基本思想——后来的结构主义更进一步证明："人类活动的每个领域，都是由完全独立于物质世界的封闭系统构成的。"①

① D.Robert, Modern linguistics and literature language, Oxford, 1973, p. 48.

对索绪尔来说，语言学研究的中心对象必须是语言系统。因为语言系统是社会的产物，所以它们是约定俗成的。在讲一种语言时，我们能够使用无限的潜在言语，但这些言语却是建立在有限的一些语词和语法关系的基础之上的。

正如罗伯特·休斯（Scholess）在《文学结构主义》一书中分析的那样："必须强调，语言系统没有可感知的存在。……为了使语言成为我们的研究对象，我们必须在具体言语的基础上建构该语言及其模式。对于其他结构研究来说，这个原则的意义是不可估量的。要成为一门科学，任何人文学科都必须从研究它所认识的现象转到研究制约这些现象的系统上，即从言语到语言。假如一个讲话人没有掌握制约言语意义的语言系统，他当然就不能听懂任何话。这一点对文学研究有着明显的启迪作用。任何文学语言，任何文学'作品'都不可能有任何意义，假如我们不知道它所使用的文学系统。这就是罗曼·雅各布森坚持把'文学性'看成文学研究的对象的原因；这也是为什么诺思罗普·弗赖伊强调必须把文学当作'文学系统'，而不是凑集在一起的独立'作品'来教授的原因；这同时也是为什么着意肯定索绪尔对其影响的克劳迪欧·居莱恩坚持讲下面这番话的原因，'我们应该在实质上把每个具体历史时期的诗学理论看成思维代码——作家（一个有血有肉的作家）必须在写作中与之达成一致。这个理论的结构与他创作的诗歌并不对立，就像语言系统与实际话语并不对立一样'。"①

从上面简要的叙述中，可以看到索绪尔的语言观和符号学理论，为诗学研究开辟了广阔的前景。索绪尔结构语言学与俄国形式主义之间，并不存在直接的关系。但两者之间惊人的相似之处，又不能不引起理论上的重视。

索绪尔与俄国形式主义理论都以"系统和差异的概念为中心"；都对"语言反映现实的方法不太感兴趣，而对语言体现我们对

---

① 休斯：《文学结构主义》，刘豫译，生活·读书·新知三联书店，1988，第22页。

事物的认识方式感兴趣”；都一反过去的思维方式，把认识从“考虑来源和起因转变到考虑功能和效果”。以雅可布森为精神领袖的布拉格学派更进一步，用一种与索绪尔语言学极其相近的理论，对俄国形式主义观点做出了新的选择。

布拉格学派同俄国形式主义相比较，在文学领域的贡献主要不是提出标新立异的理论，而是用结构主义语言学的体系武装了俄国形式主义论，使后者得以在当代文艺论坛独树一帜。他们先把索绪尔语言学提出的差异关系这一概念用“结构”的概念取而代之；然后又在文学研究中，以“结构”取代了形式主义派的“形式”与“手段”的概念。这个结构概念的内涵和外延有其特定的理解。可以说，它囊括了一部作品的所有方面，从语言到题材。它还包括了那些新奇与不新奇(习见)的东西。总之，一部作品就是一个结构，就是索绪尔所谓的一组符号或者雅可布森所谓的一个符号。既然作品被定义为一种特殊的符号，其能指(音像或书写形式)和所指(概念或者意义)就必须被纳入整个系统之中，必须给予整体性的考虑。在这个系统中，结构就不适宜做“形式—手段(或材料)—内容”之类的分割，它已成为作品所包含的各种关系的总和。

“结构”这个概念本身未必能将文学作品与普通的交流行为区分开，因为后者显然也有一个结构。于是，布拉格学派便通过扩展“功能”概念来解释文学与非文学结构之间的差异，一首诗就可以看作是一个“功能结构”。实用语言和文学语言在这里和睦相处，所有语言医素都有自己的独立功能，在任何一组符号中，它们根据各自相对的优势形成了等级系统。如果诗的功能占优势，那么信息就可以描述为“诗的”“美的”“文学的”或“艺术的”。根据形式主义陌生化原则，当语言结构的某一层次遭到“破坏”时，它就会变得十分突出，因而显示诗的功能。占优势的层次就会引起人们对它与其他层次间关系的更加关注，从而在整体上将作品突出化、现实化，因此也就突出了诗歌语言的系统性特点，同时，起辅助作用的其他一切语言成分，在诗歌语言里获得了自己独立的价值。诗歌作品形成了一个功能结构，它的各种要素只能在此统一的框架之内才能被理解。形式主义提出的功能概念，是相对于作品的文学手法而言的，而布拉格学派的功能观则将它引申到语言的所有形式中，它为后来雅可布森论述的多功能开放系统做了理论上的铺垫。

功能观的意义在于，它回避了对不同作品的绝对性区分，所有功能可以并行不悖，仅以主辅排座次。它为文学理论或诗的意义提供了基础，这个基础既区别又维系着诗的含意与外部世界的联系。

雅可布森用结构的思想继承和发展了形式主义的理论体系，同时也补充和丰富了索绪尔的观点。雅可布森在研究儿童的语言学习和失语症的语言缺陷方面有很精辟的分析。他发现失语现象中的两种混乱：相似失序和毗邻失序。这构成了语言行为的"两极性"，语言混乱"在两种极端之间摆动"。这一认识来自索绪尔关于语言活动中句段和联想两个层次的论述。雅可布森不仅采用语言行为的两种关系（横向的组合和纵向的聚合）。他还进一步延伸了自己的理论，将其用到了诗学的研究中。例如在他看来，失语中的相似失序涉及的是语言符号的横向组合；相当于修辞中的隐喻（метафора），而毗邻失序涉及的是纵向聚合，相当于借代（метонимия，又译为"换喻"）。这里，隐喻和借代不再仅仅是两种基本修辞方法，而是扩充含义，成为话语中的两种基本关系。

拿文学作品来说，雅可布森强调：在任何文学作品中，话语都是根据相似或毗邻关系，也就是根据隐喻或借代思维过程来转换主题的。

我们知道，小说的话语是句连句，段连段，章连章，叙述呈线性的拓展。每一段，每一章都有自己的主题。如果分辨段与段、章与章是根据什么原则连缀起来的（用雅可布森的话来说，就是主题是根据什么原则转换的），那么可以概括出两大原则：第一种连缀或转换的原则是相似性，即两段、两章、两个主题之间有某种共同点，某种相通之处，可以比拟，可以类比，近乎修辞上的比喻、隐喻关系。第二种连缀或转换的原则是毗邻性，即两段、两章、两个主题相互间有相邻性，即在时间上、空间上、事理或意义上相互靠近依存。这就近乎修辞上的借代关系。

我们很自然会想到索绪尔的思想：语言结构内部词语间有两种基本的关系即，聚合（парадигма）和组合（синтагма）。的确，雅可布森说的相似性或隐喻，就相当于索绪尔说的聚合关系，而毗邻性或借代则相当于组合关系。或者可以说，雅可布森是受了索绪尔的启发，但又多有发挥。聚合与组合，只是指语言结构内部词与词的关系，不超过语法句的范围。隐喻与借代则是连贯言语，如各种话语文本，包括文学作品在内。

雅可布森又指出，不同的文学风格可根据它们对哪一种过程有偏好来加以区别。他写道："人们已经多次指出隐喻手法在浪漫主义和象征主义流派当中所占据的优势地位，然而却尚未充分认识到：正是换喻手法支配了并且实际上决定着所谓'现实主义'的文学潮流。后者属于介乎浪漫主义的衰落和象征主义的兴起之间的过渡时期并与两者迥然不同。现实主义作家循着毗连性关系的路线，从情节到气氛以及从人物到时空背景都采用换喻式的离题话。"①

这里的隐喻和借代（即换喻），显然不是指话语中段、章之间的关系，而是选择素材构建艺术世界的原则。浪漫主义、象征主义、现实主义代表文学作品的风格和流派的性质，而不同的风格流派决定着作品选材（艺术现实的要素）和作品建构（创造艺术世界）的原则和手法。现实主义以再现生活真实为目标，自然要尊重现实世界的本来面目，恪守生活中的真实关系。艺术建构重在维系时空的因果的情理的关联，就是所谓的毗邻性或借代。浪漫主义是

---

① 雅可布森：《隐喻和换喻的两极》，载伍蠡甫、胡经之主编《西方文艺理论名著选编》（下卷），北京大学出版社，1987，第432页。

写人的主观世界，表达生命追求和情感体验不靠纪实而靠直觉想象。至于当时俄国的象征主义文学，其表现手法接近浪漫主义，却有更为浓重的个人色彩。更为深奥的生动意蕴。它们当然该归为相似性和隐喻之列了。

这样雅可布森就明确提出，在隐喻和借代之间应确立一个基本的区别，并指出隐喻和借代两者的地位交替上升这一现象不仅出现在语言系统中，而且还出现在其他符号系统当中。如在绘画中，立体主义显然属于借代性，超现实主义画家的态度则“明显是隐喻性的”。“换喻和隐喻这两种手法之间的竞争无论在个人还是社会的所有象征过程当中都有所表现。”①

雅可布森自问道：这一区分倘若如此重要，那么在符号行为的研究中为什么一直被人们所忽视呢？雅可布森认为造成这种忽视的原因有两个：其一，与隐喻相比，借代“很容易造成解释上的困难”；其二，长期以来修辞学的研究对象主要是诗歌，而隐喻又是诗歌的基本特征。“由于诗歌的注意力集中在符号本身，而注重实际效用的散文则首先集中于所指物，人们以往主要把比喻手法和修辞格作为诗学手段来研究。在诗歌当中支配一切的原则是相似性原则……散文则相反，它主要在毗连性关系上面做文章。结果使隐喻之对于诗歌，换喻之对于散文分别构成阻力最小的路线。这便是对诗歌比喻手法的研究主要围绕着隐喻的缘由。”②雅可布森进一步指出，必须建立一种既适用于诗歌又适用于散文的诗学，它将把注意力集中在所有层次和所有种类的话语中的隐喻和借代功能。③

从索绪尔的结构语言学到形式主义，从布拉格学派到巴黎结

---

① 雅可布森：《隐喻和换喻的两极》，载伍蠡甫、胡经之主编，《西方文艺理论名著选编》（下卷），北京大学出版社，1987，第 434 页。

② 同上书，第 435—436 页。

③ 参见休斯著、刘豫译，《文学结构主义》，生活·读书·新知三联书店，1988，第 33 页。

构主义，雅可布森在其中的地位是否可以这样表示：

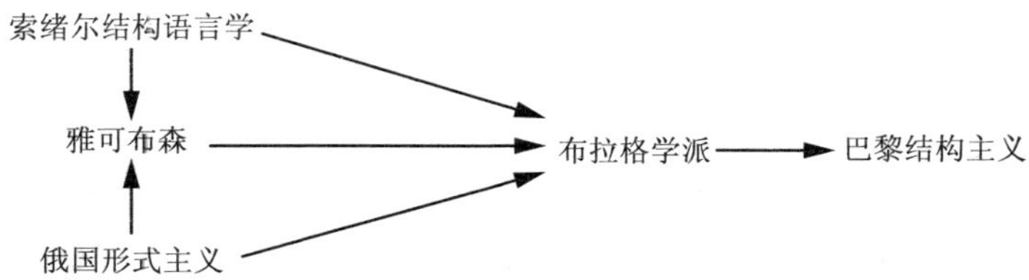

总体看来，索绪尔的语言观与雅可布森的诗学理论关系最大。索绪尔关注共时性研究，雅可布森则把文学作品视为结构系统，是一个不可分割的整体，形式与内容在其中被化解。既然文本是“自给自足”的系统，就应当建构起它的内部结构模式。于是隐喻和借代应是这一系统的经纬线，它能够编织出色彩斑斓的文学内涵，这与索绪尔的“聚合”“组合”概念十分相似。这样就使人们将更多的注意力投射到语言事实上来，从外部世界转向内部世界，从“所指”转向“能指”，最终发掘出文本的“文学性”。为文学作品提供了一个较为客观的审美标准。这就是雅可布森诗学理论的基本脉络和框架。

第二章　雅可布森的诗学理论

"诗学"(поэтика)一词最初在古希腊语中是指"创作的艺术"。它是文学理论的传统领地。后来在广义上,诗学囊括了文学理论的全部内容,成了文学理论的同义语;在狭义上,它指文学表现手段的总和或体系。这里当然是涵盖小说、诗歌等所有文学体裁,并非仅指诗歌一体。我们将 поэтика 作为研究对象,指的就是它的狭义:文学表达手段的体系和理论。众所周知,文学的表现手段是形象和语言。既然语言是文学的基本材料,于是对诗学又有一种引申的理解,即语言手段的艺术运用。①

作为一位杰出的语言学家,雅可布森正是从诗歌语言的研究进入诗学理论的。诗歌是他苦心耕耘的土地,诗歌是他的理论开拓的王国。诗歌是他纵横捭阖、自由驰骋的天地。从形式主义流派到布拉格学派直至结构主义批评家们,他们都对诗歌研究倾注了极大的热情,究其原因,大约有这样四个方面:一、诗歌语言高度精炼,可以容纳丰富复杂的艺术信息;二、由于诗歌语言内涵丰富,含义就容易游移不定而含蓄深邃,这就给各种信息的储存和寄托提供了更多的可能性;三、诗歌的韵律、节奏等表现了人类心灵无

---

① 参见 Литературный энциклопедический словарь. Москва, 1987, С. 295。

意识活动的节奏和内在逻辑；四、诗歌在更大程度上摆脱了现实生活框架制约。诗人可以在无意识王国的深层结构里自由驰骋。因此，诗歌是高度艺术化的文学样式，最能突出作品的自身价值。诗歌唤起我们浓厚的兴趣，诵读诗歌作品所产生的感受，在心理上近似于感受音乐、绘画、舞蹈、装饰等艺术而激起的情趣。这种情趣就是审美情趣或艺术情趣。

雅可布森在诗歌领域发现了新大陆。他对诗歌的研究基本上是从语言学角度入手的。经过呕心沥血的潜心研究，他的诗学理论逐渐自成体系，可以说，基本上创立了一门新的学科——语言学诗学（лингвистическая поэтика）。他要从文学理论家手里夺回语言学失去的领地。对他来说，诗歌是文学语言研究有所突破的最适宜的领域。他在 1965 年强调指出："……在诗歌话语里……语言结构的规律和语言的创造性，比在日常语言里更容易引起人们的注意。"[①]雅可布森所做的工作为我们提供了一个崭新的艺术视野。

这里我们不可能对雅可布森的诗学理论遗产做全面的总结，我们的目标是理解和剖析雅可布森的语言诗学观的几个主要方面。通过这样一种思考，审视和发掘多角度研究语言艺术的途径。

一　语言学与诗学的联姻：语言学诗学

重新认识语言与诗学的关系，把诗学纳入语言学的视角，是雅可布森整个语言诗学理论的基石。在这方面雅可布森的见解大体可归纳为三点。第一，诗学科学研究的对象，不是笼统的文学作品，而是作品体现的文学性，对诗歌来说，也可称是诗歌性。换言之，诗学研究的，是文学作品的艺术特质。第二，文学与非文学，诗

---

① 茨维坦·托多罗夫：《俄苏形式主义文论选》，蔡鸿滨等译，中国社会科学出版社，1989，第 1 页。

与非诗的区分，可以依据语言的标志加以识别。在文学尤其是诗中，语言本身不仅是能指，而且兼备了所指的性质，具有独立的价值。第三，由于诗学是语言学的一个门类，所以语言学有权利和义务囊括整个诗学科学。

雅可布森认为，诗学和语言学的紧密关系是由诗学的特性所决定的。他说："诗学的基本问题是：语言信息靠什么变成了艺术作品？"即语言艺术的特质表现在什么地方？他自己回答说："文学科学的对象不是文学，而是文学性，即使一部作品成为文学作品的东西。"不仅如此，他更加明确地指出："诗学的内容，是语言艺术的区别性特征，这既不同于其他类型的艺术，也不同于其他类型的言语行为。"①

我们认为，诗学以文学性为研究对象这一命题是正确的。因为文学性亦即区别性的艺术特征；研究区别性特征正是揭示文学文本特有的规律，理所当然能够构成一门学科的研究对象。但是，必须指出雅可布森的基本出发点，才不至于对这一命题求全责备。他强调这个文学性既有别于其他艺术，又有别于其他语言。艺术学家、美学家关注文学与其他艺术的区别，因此便抓住各种艺术的共同东西——艺术形象，着重研究文学形象的差异性，以区别于其他艺术的形象。由此观之，文学性当指文学形象的结构规律。与艺术学家、美学家不同，雅可布森是语言学家，他关注的实际上是文学与其他言语行为的区别，抓的是各种交际的共同东西——语言，着重分析文学语言的差异性，以区别于其他的艺术形象。由此观之，文学性当指文学形象的结构规律。与艺术家、美学家不同，雅可布森是语言学家，他关注的实际上是文学与其他言语行为的区别，抓的是各种交际的共同东西——语言，着重分析文学语言的差异性，以区别于其他的语言运用。因此这里的文学性，指的自然就是艺术语言的结构规律。正如他本人强调的，他从一开始就把

---

① Структурализм：«за» и «против». Москва，1975，С. 194.

研究的重心放在了文学的语言结构和语言创造性方面。

所谓文学性，在他的著作中具体化为文学文本（话语）的结构特点，或是文学语言的功能特点，或是文学中语言运用的创新特点。这里我们先分析一下最后一点。

诗歌、小说等一系列语言艺术都是语言作品，所以，诗的材料首先不是形象，也不是诗人的激情，首先是词语（слово），是语言。雅可布森甚至主张用 словесность（语言艺术的作品）一词来表现一切民间口头艺术和书面艺术的作品。

既然诗所用的（或者说是语言艺术的）材料是词（词实指语言整体，下同），那么研究诗学各种问题就不能不以词为基础，去研究词在语言艺术中是怎样表达艺术性的；或者说，词通过怎样的艺术手法而获得了艺术价值和审美功能。因此，诗学研究的应是文学文本中构成艺术价值，唤起人们审美情趣的东西。所以就得研究文学文本的构成方式、构成要素及结构原理。它还要对诗学各手法进行系统考察，加以比较、描写和分类。解决了这个问题，文学研究的其他一切问题才有一个可靠的基础，也为判断文学作品的艺术价值提供客观和科学的根据。因此，诗学在文学研究中应当占据举足轻重的地位。

这里十分重要的一点是，文学作为一种语言艺术，它的艺术材料——诗语，获得了一种特殊的性质。诗的语言不只是传递信息的手段，不只是思想交流的工具。诗语的运用不是“得意忘言”，不是“辞达而已矣”。雅可布森强调，诗语富于自我表现、自我扩张，力求创造出自身的价值和意义。“诗歌性表现在哪里呢？表现在词使人感觉到是词，而不只是所指对象的表示者或者情绪的发作。表现在词和词序、词义及其外部和内部形式不只是无区别的现实引据，都获得了自身的分量和意义。”①

① 雅可布森：《何谓诗》，载《美学文艺学方法论》（下册），文化艺术出版社，1985，第530—531页。

按照我们的理解，“使人感觉到是词（语言）”，使语言“具有了自身的分量和意义”，不是说诗的语言不再表现主题和情感，而是说，不仅仅表现主题和情感（因为其他语体的语言同样能表现主题和情感），它的特殊性质，恰恰在于通过表现自己（语言本身的艺术价值）来表现主题和情感。从这个意义上来说，它也是所指，它也是被描绘的对象，它也是文学创作追求的目标。正是这一点，把诗同非诗区别开来，所以雅可布森坚持认为，诗歌（以至整个文学）凭语言特征便可同其他艺术和其他话语划清界限。

因此，研究诗学，不论选什么角度，不论考察材料、结构、功能哪一个方面，都可感到它与语言学结下了不解之缘。在这个意义上，的确不妨将诗学看作语言学中的一个分支。这样，研究诗不仅可对语言本身的性质获得独特认识，更重要的是理解“诗的活动领域是语言。因此，诗的本质就必得通过语言的本质去理解”。[①]

雅可布森对诗学的这种见解，具有两方面的积极作用。一方面，这推动了语言学和文学的合作。过去语言学家涉足诗学，遭到文学家们的强烈反对。他们否认语言学家有研究诗学的权力，最多只承认语言学可为研究诗学提供某些辅助材料。雅可布森称这是一种“陈腐的偏见”。这种限制实际上剥夺了语言学理应研究的对象——语言的各种功能，包括艺术功能。而对语言的艺术功能的研究，恰恰使语言学同文艺学联起手来；另一方面，这也推动了语言学本身的发展。一些语言学家曾经对现代语言学的能力估计不足，他们把语言学分析仅限于狭窄的句际范围之内，因而对诗歌结构的整体研究无能为力。但实际上现代语言科学最重要的开拓之一，就是进行话语研究，并且对其中的语义问题，兴趣有增无减。如果从话语结构的角度探索一下“诗是如何做出来的”，那么诗的语义便自然成为整体研究的一部分。那种认为文学篇章的语义难

---

① 海德格尔：《荷尔德林与诗的本质》，载伍蠡甫、胡经之主编，《西方文艺理论名著选编》（下卷），北京大学出版社，1987，第 581 页。

以进入语言学视野之内的观点，也是不正确的。即便诗学提出的不少问题会超越语言表达的界限，我们还可以把语言学向一种更宽广的学科——符号学拓展。法国结构主义文学理论就是语言学诗学的进一步发展。

可以说，诗学是对语言艺术作品的诗功能进行整体的研究，诗歌的研究则是其中的一部分。从语言入手研究诗歌作品，研究诗语的主要功能，并以此作为阐释诗歌文本结构规律的出发点，是雅可布森诗学研究的中心。这当然不意味着排斥和取代艺术心理学或社会学的研究，但是，任何文学专家也不应当忘记：一部作品的所有功能均服从于其中的主要功能，而主要功能的产生和实现都有赖于诗歌文本的语言结构。用波德莱尔的话说，在这里我们看到了一个“复杂而不可分割的整体”，所有成分都“内涵深刻、相互联系、回转往复，充满了和谐”。在雅可布森看来，语言学分析方法提供了从物质基础上说明人类文学行为的可能性，同时也开辟了推广这种方法的道路。语言是诗学的本源，是诗学生存的土壤。诗学实质上就是一个语言问题，或者说是一个以语言形式出现的问题。由此，他主张诗学必须建立在语言学模式的基础之上，并在实践中力求在语言学的范畴和规律里发掘属于艺术的东西，发掘诗学手法。这样，在诗学与语言学的各部分之间建立一种对应的关系。另一方面，这样一种诗学可以把语言置于前景，使语言自身的本质的潜能显露，使人们专注看待语言本身。因此，研究语言学不仅不能置诗学于不顾，恰恰相反，只有通过诗学的探索才能促进和丰富语言学研究。

在诗学与语言学关系问题上，雅可布森并不是孤军奋战的。例如，研究诗歌的日尔蒙斯基（В. Жирмунский）就把狭义的诗学分为五个部分，分别对应着语言学的五个分支。具体说就是：

（1）音韵，或称诗的语音，包括诗歌韵律的三个方面：① 韵律；② 选音问题；③ 旋律。

（2）词的形态，包括诗语中词的形式结构、构词和词形变化等。

(3) 句法，研究诗语中的句子及其组成部分，句法形式的艺术运用，词在句中的排列和句子的组合等。

(4) 语义，研究词在诗语中的意义问题，包括揭示诗歌主题的关键词、词义、辞格、词义变化等。

(5) 语用，研究诗语与历史词汇学的联系，诗语多样化问题。①

从上述列举的内容看，日尔蒙斯基对诗学的界定很像后来出现的功能修辞学，是把普通语言学的事实放到专门的艺术视角下研究。雅可布森与日尔蒙斯基则有所不同，他从一开始就不仅仅关注个别语言事实的艺术运用。他的诗学分析对象，是作品结构上的艺术整体。他强调：个别现象具有的特殊性，只是随着整体而存在。例如小说中的主题展开，包括场景、人物外表和性格等的描写，或者事件发展诸因素相互联系的交代等，一方面要求选择相应的组成部件，另一方面要求组合建构，即按一定顺序组织和排列它们，于是形成主题和结构；同时还形成一定的体裁，因为每种体裁都代表一个独特的结构。根据雅可布森的这种结构观，艺术手法同样也会组成统一的整体，即风格。文学作品的诸多手法也是统一在一起的。因为一切手法都具有内在的相互制约性，都从属于共同的艺术任务，并在这个任务中找到自己的地位和根据。这种统一便可以叫作“风格”。在研究诗作的风格时，我们不仅能看到各种艺术程序在时间或空间中的共存，而且可以发现它们之间的内在相互制约和有机的或系统的联系。

不难看出，雅可布森的观点，打破了诗学纯属于文艺学的习惯见解。他反对把诗学的目的设定为探索文学中艺术现实的性质，即所写内容的真伪问题。持上述习惯见解的人一方面没有把握住文学作品具有艺术价值的这一关键要素，因而索问文学的精神观念价值就如同建造的空中楼阁；另一方面他们也没有意识到诗学

① 日尔蒙斯基：《诗学的任务》，载什克洛夫斯基等著、方珊等译，《俄国形式主义文论选》，生活・读书・新知三联书店，1989，第 226—229 页。

与语言学天生有着牢不可分的联系，却往往把二者割裂开来，甚至对立起来。作为语言学家，作为从小就喜爱民间文学语言的研究者，雅可布森这样从语言角度观察文学，从诗歌入手，是十分自然的。但像他那样把语言学与文学与诗歌贯通起来，提出系统理论，从根本上革新诗歌研究方法，却非一般人可以企及的。他努力让人们深信：任何专家，不论是文学家还是语言学家，绕开语言的诗学功能，是无法客观而科学地评价诗作得失的。

当然，把诗学整个划入语言学，让语言学囊括诗学的全部内容，如雅可布森宣称的那样，显然是不妥当的。我们认为，这里实质上是一个交叉学科。我们看到，诗学和语言学虽然有联系，甚至交融的领域，但是也有各自独立的部分。诗学的研究课题、任务和方法，同文学理论和现代语言学这两门不同的学科，都有密切关系。不妨说它是文学理论与语义学交界的边缘科学，体现着相邻学科交融互补的发展趋势。

当今这两门学科都相互敞开了门户，开始携手共进，成为真正科学的诗学坚实基础。历史肯定了雅可布森语言学诗学的开拓方向。

二　语言艺术的本质：诗功能

在雅可布森之前，俄国的一些语言学家早已开始思考和探索诗歌语言与人类其他语言行为之间有什么区别。至形式主义时期，这一研究达到了高潮。让我们看一看学者们对诗语特征的认识经过了怎样的发展历程。

在生活中，人们使用语言和言语是为了交际。在这里语言是交流思想的手段，使用者的注意力和兴趣全在于交流的内容，即“思想”。此时人们不甚计较言语材料的选择，只要能表达明白，采用任何一种语言形式都无不可。表述本身是暂时的，偶然是事实，交流思想才是中心。如果我们有时也注意言语的形式，那目的是力求将我们的思想和感觉准确地传达给对方,仅此而已。

一般来说,在言谈过程中,一旦双方达到交谈的目的,语句就被人忘得一干二净了。如庄子所谓“得鱼忘筌,得意忘言”。在这方面,实用语言有一个重要特点:具体的话语是不重复出现的,因为它只存在于此时此境的条件下,其面貌和形式是为特定交际时刻、特定语境所决定的,是由交际各方的独一无二的关系、相互理解的程度、交流过程中的意图、兴趣等因素所决定。既然引起交流的上述条件基本上不可能复现,那么完全相同的语言交流也不可能出现。

但语言艺术品则有所不同。这里的交际条件和环境往往发生典型化、模式化,只与这一模式联系在一起,不再受外在条件的影响。因此,具体的语言艺术往往可以重复使用而不失原意。比较简单的艺术语言,如格言、谚语、俗语等,皆可划入此列。但一般说来,文学作品是规模较大的结构,它的表达系统或称作品文本,同样可以固定下来,或书面或口头地重复出现,流传不衰。

这样,语言艺术作品就具备了两种属性:一是不依赖于日常生活中偶然的交际条件;二是语言(文本)具有稳定不变的性质。文学交际中独特的表达艺术,特别注重词的选择和配置。较之日常用语,文学的表达更加注重表现本身。语言表达是艺术信息交流的外壳,同时又成了交流内容不可分割的一部分。这种对表达形式的高度重视,被托马舍夫斯基称为“表达意向”。当我们接受这类话语时,会不由自主地感觉到表达,即注意力被吸引到表达所使用的话语身上。表达在一定程度上具有自身独立的价值。重视表达本身,并不会有损于思想,相反,注重“表达意向”,更能活跃我们的思想,促使我们去思考所接受的东西。而那些司空见惯、呆板不变的话语形式,如同麻醉剂,会损害我们的思想活力,唤不起我们的想象。

之后,区分诗语和实用语的标准,从表达意向、表达目的转向表达功能。如雅库宾斯基建议的“从说话人使用语言材料的目的角度”来对语言现象进行分类，据此分出了实用语系统和诗语系统。在前一系统中“语言概念(音素、形态等)没有独立的价值，只是交际的工具”。在后一系统中“实有目的的退居末位，语言组合获得自我价值”，按照雅可布森的定义就是“重在表达的话语”。①日尔蒙斯基则在此基础上排出了语言现象的如下序列：科学语→实用语→论说语→诗歌语。科学语准确地表达逻辑思想；实用语是社会交际工具；论说语是向听众施加情感和意志影响；诗语则具有艺术功能。语言的功能不同，它们组织语言的方法也就不同。

为了探索文学和诗语的本质特征，早期的俄国形式主义，布拉格学派都提出了“功能”的概念。不过，在形式主义者那里，功能只是针对文学的手段而言。所有纯粹文学的技法，诸如韵脚、节奏、格律等，以及为“表现”而运用的语言，在形式主义者看来，都服务于一种中心的用途，即“陌生化”。根据什克洛夫斯基的观点，诗歌艺术的基本功能是对在日常生活中形成的习惯化过程起反作用。诗歌的目的就是要颠倒习惯化的过程，使熟悉的东西变得“陌生”“创造性地破坏”习以为常的、程式化的东西，展现出一幅新的生气盎然的图景。

“陌生化”是形式主义学派最关心的问题。这一学派对文学的最有价值的分析，多是关于各种艺术手法以及“陌生化”的研究。各种手法或技巧（прием）的运用就是“文学性”能量的释放，因而构成文学艺术的基础。和“普通”语言相比，文学语言(包括诗歌语言)，不仅“制造”陌生感，而且它本身就是陌生化的产物。

布拉格学派扩展了形式主义的“功能”概念，用之解释文学与非文学之间结构的差异。他们把作品语言看成连贯统一的结构实体，文学语言自己构成一个功能结构。这就可以和语言在其他社会交际领域中的各种功能相互比较参照。例如，布拉格学派利用认知功能和表达功能之间的区别，确定了一条判断诗语的原则，即

① Якобсон Р. О. Работы по поэтике. Москва，1987，С. 275.

当语言的表达方面占据支配地位时，语言便是被人们当作“诗歌语”或“美学语言”加以使用的。这就是说，语言通过一些艺术手段表达行为凸显出来，背离了“正规”的用法。正如穆卡洛夫斯基指出的，这种“凸显”(актуализация，或译为“突出”)的活动是至关重要的：“诗的语言功能在于最大限度地把言辞‘突出’……它不是用来为交流服务的，而是用来突出表达行为、语言行为本身。[①]”

而在这方面贡献最突出的，便是布拉格学派的代表人物雅可布森。

人类语言行为的功能是多种多样的。文学和非文学的语言，在交际过程中无一例外的也都是多功能而非单功能的。这样从普遍的交际模式出发，就可以高屋建瓴，深入探求文学包括诗歌在功能上的差异性。1960 年，国际语言学大会在美国召开。闭幕式上，雅可布森做了著名的演讲《结束语：语言学与诗学》。他指出，语言在人类交际过程中有六个功能。“说话者发送一个信息给受话者。要使信息得以传递，就需要一个有关的，能被受话者把握的语境，这一语境或以语言表达，或可能以语言表达。还要有一个说话者与受话者之间完全共有，或至少部分共有的代码。最后，需要有一种接触，这是说话者与受话者之间一种实际沟通的渠道或心理联系，使双方进入并保持交流的状态。[②]”

罗伯特·休斯在《文学结构主义》一书中，这样解释六个交际要素：“雅可布森的这一交际理论，为我们提供了分析任何言语交际的六种成分的便利方法。不管我们是考察普通对话，还是一次公共演说、一封信，或一首诗，我们总会发现由一个送话人传递到一个受话人的信息。这三者便是最引人注目的交际因素。但成功的交际还取决于另外三个因素，信息必须通过身体的或心理的或两者共同的接触才能得以传递；它必须用一种代码讲出来；它还必

① 穆卡洛夫斯基：《标准语言与诗的语言》，载伍蠡甫、胡经之主编，《西方文艺理论名著选编》(下卷)，北京大学出版社，1987，第 419 页。

② Структурализм: «за» и «против». Москва, 1975, С. 198.

须涉及一个语境。只有在语境中，我们才能了解到信息的内容。但要知道信息的内容，我们还必须理解传递信息的代码。①”这样，一次言语交际中的这六个成分，可以用下列图式表现出来：

语境
信息
送话人　　　　　　　　　受话人
接触
代码

在雅可布森对交际活动的分析中，关键的一点是：表中的“信息”（俄文为 сообщение，一般指话语或文本，自然也包含其中所传达的内容）并不能涵盖“意义”。交际所得，在相当程度上依赖于语境、代码和接触手段（渠道）。简言之，“意义”靠整个交际行为来实现。含义的产生和变化，要取决于所有这些因素的相互关系和相互作用。意义并不是一个现成的东西，可从发送者手中稳定不变地传递到接收者手中。

雅可布森进一步指出，交际过程中的六个要素各有自己的作用，形成相应的六种功能，它们配合协调才能完成一个交际行为。参照上表，功能可以图示如下：

参照功能
诗功能
情感功能 ——— 意动功能
交际功能
元语言功能

但在每一个具体的交际行为中，六个功能总会有一两个功能占主导地位，也就是这一交际行为的重点所在。如果交际中焦点中于信息发出者，就实现了情态功能（如感叹句），它表达了发送者的态度或感情。焦点集中在信息接收者时构成意动功能，它影响收话者的情感或态度（如命令句）；当焦点指向语境时，产生参照指

① 罗伯特·休斯：《文学结构主义》，刘豫译，生活·读书·新知三联书店，1988，第36—37页。

代功能，即强调所反映的外部世界的真实情势；集中在代码时构成了符号语言或元语言功能，即说明、解释的功能，比如交流者试图阐明某一条语法规则或幼童的话语，他们就借助于元语言。有时还突出了人们相互的交流的功能，因为关注焦点仅在于人们的接触本身。[①]雅可布森引用过一段趣文，里面的对话几乎纯粹是交际性的，不表示任何实在的内容。请看：

> “好啦！”青年男子说道。
> “好啦！”她说道。
> “好啦，看来就这样了。”他说。
> “看来是这样，”她说道，“哪能不呢？”
> “我想是这样的，”他说，“就是这样！看来就这样了。”
> “好啦，”她说。
> “好啦，”他说道，“好啦。”

如果焦点集中到“信息传递”上，即集中在话语或文本身上，便出现诗功能（поэтическая функция，即艺术功能，不仅指诗歌一体）。雅可布森解释说：“诗功能并不是语言艺术作品的唯一功能，但却是它的主要的和有决定性意义的功能。在所有其他种类的语言活动中，诗功能只是一个辅助的和次要的成分。通过增进符号的可感性（осязаемомть），诗功能加深了符号与物体之间的根本区别。[②]”

在考察了雅可布森的六种因素和六种功能以后，我们想给出一个总体的连贯印象。下面的这段英国小说中的文字，基本上能够体现信息的各大要素，并各自显示不同的功能：

---

① 罗伯特·休斯：《文学结构主义》，刘豫译，生活·读书·新知三联书店，1988，第39页。

② Структурализм：«за» и «против». Москва，1975，С. 202－203.

“天啦，你怎么老是这样子说话，我真为你害羞。”

（信息发送者，情感功能）

斯朗夫人说得马丁脸唰地红了。他垂下眼睑，低着头，两手摆弄着衣扣，呆呆地、慢慢地退出了房间。

（收话者，意动功能）

屋外，天那么蓝，紫罗兰散发着幽香。磨坊的石碾子懒洋洋地滚动着，那对新搬来的燕子正忙着做窝。林敦先生又在修剪他的丁香树……

（语境，参照功能）

“先生林敦，丁香树，修剪，你还在吗？”

“不是先生——林敦，是林敦先生！也不是丁香树、修剪，你还在吗？你应该问：您还在修剪丁香树吗？”

（代码，元语言功能）

他笑望着小马丁说：“听懂没有，小伙子？”小马丁摇摇头，困惑地盯着林敦先生。“怎么不吭声？什么，你听不懂？要我再说一遍？你听不见？哦……原来是你耳朵不好使，我喊大声些，咱们以后讲话，看来只能高声喊叫，你说是不是？”

（接触，交际功能）

（爱米莉：《呼啸山庄》）

如果说，以上各段分别偏重于不同的功能，那么，作为整体，引文却透露了自身的价值。这种价值的内容，既不体现为斯朗夫人，小马丁和林敦先生的兴趣，也不是真要描述蓝天、磨坊或者那对燕子……作家只是要证实这段引文自身存在的艺术价值——这就是它的诗功能。

从上述的第六功能出发，一部文学作品就是一个强调信息自身的功能结构——诗的功能结构。非文学只有极弱的诗功能。这样区分文学与非文学，更具有客观性和灵活性。如诗功能可以在政论演讲中存在，而且仍具价值一样，情感的、指代的或其他的功能也可以存在于文学作品中并且仍具价值。这里再强调一次，“诗功能”在此不一定是指通常所说的诗歌一体，而是指具有美学和艺术特性的任何文学形式。

雅可布森建立的语言交际模式和相应的交际功能分析，向我们申明了一个重要观点：语言作品所具有的诗意或美学性质，首先也主要是语言作品的一种功能特征。这就是说，一切语言交际和语言作品，本身结构是相同的，只是功能上有所区别。考察文学作品，一方面要在统一的交际模式中去认识，另一方面又要辨析其功能上的特殊性。而功能上的特殊性，又不能不在交际关系和文本建构上有所反映，留下自己的痕迹。

显然，从人类语言交际（扩大来说是人类的符号交际）的普遍模式入手，从语言交际行为的结构与功能上立论，归结到诗歌的美学特性，这毫无疑问是融汇语言学与诗学的重大理论建树。雅可布森如此立论的20世纪50年代末，正是结构主义方兴未艾之时，又正值系统论、交际论、信息论等科学思潮暗中涌动，呼之欲出。因此，他的《语言学与诗学》一文在面世后迅速产生了广泛的影响。

一种新理论的生成和发展，往往会逐渐暴露许多不足之处。在我们看来，雅可布森的功能模式既卓有成效又难免存在缺陷。说它卓有成效，是因为它给人以结构分析的多种启示，同时在很大程度上阐明了诗歌语言的独特性质。这使诗学研究向纵深发展有了一个良好的开端。不足之处首先与术语的使用有关。Сообщение(此处译为"信息")这个词在雅可布森的用法中有两个不同的含义。有时这"信息"似乎与"意义"等同,有时它又与"语言形式"相仿。虽然这里我们力图保留"意义"这个词来表达整个交际的含义,而使用"信息"仅仅去指语言形式本身。但问题在于,任何一句话当中都有一整套指义系统在发挥作用,信息可被描述成一个符号,这里既包括它的能指语言形式,又包括它所指思想内容,术语的内涵不够明确,有时便引出一些歧解。

其次,在试图为交际行为提供一个单一的和具有普遍意义的描写方法或称结构模式时,雅可布森对笔头和口头交际之间的差别存而不论。在口头行为中,雅可布森意义上的所有交际成分都可能在场。当信息通过口头接触用代码表达时,语境、送话人和收话人都不缺席。但在一个笔头行为中,信息(话语、文本)本身经常是我们唯一拥有的东西。送话人尤其不可能在场。常常出现的情况是,交际行为中有空白的或者说失踪的成分。有时交际中可能没有语境或有一个虚构的遥远的语境,通过在读者与现实之间插进一个"想象"世界去指向"真实世界"的。这实际上是一个双重语境,或者多重语境(比如说在寓言中)。同样,在诗歌和小说中,应当看到送话人和收话人这两个因素也可具有双重性、多重性。比如一首诗,是诗人(一个和我们一样的人)发给读者(也许是你或我)的一个信息。这个收话人往往是指名道姓的,如普希金的《致恰阿达耶夫》《致茹科夫斯基》;有的则不点明收话者,如《致某某》。更有是由第三者对另一第三者发出的信息,不是诗人写给某人的,如:马维尔有一首诗叫作《给他的娇情妇》,不是诗人马维尔而是另外某个人,在对着你或我之外的人倾诉,这时,我们读者的参与仿佛在偷听别人的讲话。这种直接指出收话人的诗在中国古典诗歌中更是比比皆是,一唱一和十分典型。其实凭阅读经验我们也明白,表面上缺失某些交际要素,并不是真缺失,而是艺术交际的复杂化,问题在于如何做出理论上的说明。诗歌如此,小说亦然,如陀思妥耶夫斯基"复调小说"中多声的对话关系。巴赫金指出:"有着众多各自独立而不相融合的声音和意识,由具有充分价值的不同声音组成真正的复调——这确实是陀思妥耶夫斯基长篇小说的基本特点。在他的作品里,不是众多性格和命运构成一个统一的客观世界,在作者统一的意识支配下层层展开;这里恰是众多地位平等的意识连同它们各自的世界,结合在某个统一的事件之中,而相互间不发生融合。"①

巴赫金强调的是主人公意识的独立性,他十分重视主人公之间、主人公与作者之间平等的对话关系,并把引入文学作品的结构中考察。这是雅可布森的功能模式所没有涉及的。当然,功能观与此并不冲突。我们想指出的是,人们既可以在信息话语本身的语法和句法特征中,也可以在复杂的非语言交际成分中找到文学性符号,找到诗功能的体现。这种双重性经常以反讽、反论和其他方式在信息(话语) 中出现。而要分析这些表达方式,那便要深入细致地考察诗学话语的整个语义范围。这里,功能模式可以成为一个重要的参照系。据此去发掘那些空缺的或双重的、多重的功能成分,结果必将大大丰富诗功能的内涵,这将是十分有意义的事情。

三 语言的两极:隐喻和借代

俄国形式主义和布拉格学派都一致认为,文学研究应当重视作品本身,在作品内部探寻规律,吸引人们去注意、去感受语言。他们也都认为,文学语言能唤起这种关注,有赖于打破常规。于是有了什克洛夫斯基的"陌生化",有了穆卡洛夫斯基的"凸现"。但如何实现陌生和凸现呢? 雅可布森则提出了语言功能模式,在这一框架内特别论证了诗功能。那么诗功能又是如何发挥作用的

① 巴赫金:《陀思妥耶夫斯基诗学问题》,白春仁、顾亚玲译,生活・读书・新知三联书店,1988,第 29 页。

呢？为了进一步揭示文学语言的奥秘，他又有一个重要发现：语言运作机制中存在隐喻和借代相对的两极，而文学与非文学的区别，就体现在这两极之间关系的变化上。用雅可布森的学术语言来说，功能在艺术作品（首先是指诗，主要是指诗）中表现自己的基本方法是，把隐喻（即纵向聚合）方面的原则——相似性原则，投射到借代（即横向组合）方面的相邻性原则上。说得通俗些，就是在诗歌中，充满了语音、韵律、意象的相同和类似之处，以此加强语言的表现力，于是诗才成为诗。

雅可布森对隐喻和借代两极的发现是从何而来的呢？我们看到，有两个方面对他的诗学研究有重要的启发。

第一个方面是从他对失语症的观察所得。失语症是一种语言错乱现象，指失去或减弱理解和使用语言的能力。雅可布森致力于儿童失语症的研究时，发现了两种语言错乱：一种是不会根据事物的相似性实现以甲喻乙的隐喻；另一种是不会根据事物的毗邻性实现以甲代乙的借代。前一种错乱使元语言行为受到影响，后一种错乱使维持语言等级体系的能力出现退化。在“相似性”错乱的病人身上，只有语言的句段的或组合的机制还保留着，但患者在处理“联想”关系时，如称名、使用同义词、下定义等，亦即处理隐喻的素材时，却无能为力。另一方面，这种病人却大量使用借代，能够以“叉”代“刀”等。在“相邻性”错乱的病人身上，情况恰好相反。患者丧失了“把词语组织成更高级单位的句法规则”，其言语主要局限在于用“具有隐喻性质的……相似性”替换词语。因此，“隐喻似乎和相似性错乱不相容，而借代则与相邻性错乱不相容”。所有失语情况下的语言错乱，都是“在两个极端类别之间摆动”。雅可布森把这一重大发现同诗学联系了起来。传统诗学重视隐喻而忽视借代，可以说是“一个被肢解了的单极系统”。“令人惊异的是，这个单极系统与两种失语模式中的一种，即相邻失序恰相吻合。”①

---

① R. Jakobson and M. Halle, *Fundamentals of Language*, The Hague, 1956, pp. 85—90.

前面已经说到，隐喻与借代这两种基本的修辞方式，在这里扩大指代言语中语词之间的两种基本关系。隐喻是用比喻性的代用词替代主词，它以事物间的相似性或可类比性为基础（例如：用“窝”或“穴”来代替“小屋”），借代是用相邻性代用词替代主词，以事物间邻近关系为基础。这两种关系中的双方都是“等值”的，在为主词和它的替代词占有“同等的”地位。在隐喻性语句“汽车蚂蚁般地行驶”中，蚂蚁的运动与汽车的运动“等值”，而在借代性的语句“白宫正在考虑一项新的政策”中，特指的建筑物与美国政府或美国总统是“等值的”。当人们把这两种“等值”的修辞手段引申来表示语言运用的两种时，隐喻相当于选择词语，在相似的一系列手段中选一合适者；借代相当于组合词语，把相邻的一系列手段连缀成言语。这就是雅可布森提出的语言运作的两极模式。

第二个方面，是他从索绪尔的组合与聚合区分中找到了观察诗语的独特角度。如前所述，雅可布森把隐喻和借代视为二元对立的典型模式，当作语言符号的选择和组合的这双重动作过程的基础。“特定的话语（信息）是从所有的组成因素（代码）的库存中选择出来的各种组成因素（句子、词、音位等等）的组合。”[①]索绪尔曾经指出，这种信息是由“平面的”运动和“垂直的”运动结合而成。“平面的”运动把词语组合在一起，“垂直的”运动则从语言现有的库存或“内部贮藏室”中选择具体的词；组合的过程表现为邻近性（把一个词放在另一个词旁边），因而它的方式不是借代的；选择的（或联想的）过程表现为相似性（一个词或概念与另外的词或概念“相似”），因此它的方式是隐喻的。所以说，隐喻和借代的对立，实际代表了语言的共时性模式（语言中直接的、并存的、“垂直的”关系）和历时性模式（语言中序列的、相继的、线性发展的平面关系）的对立。雅可布森独特而出色地发挥了这一见解，提出用两根轴

① R.Jakobson and M.Halle, *Fundamentals of Language*, The Hague, 1956, p. 75.

线表示两种语言运作或称两种向度：

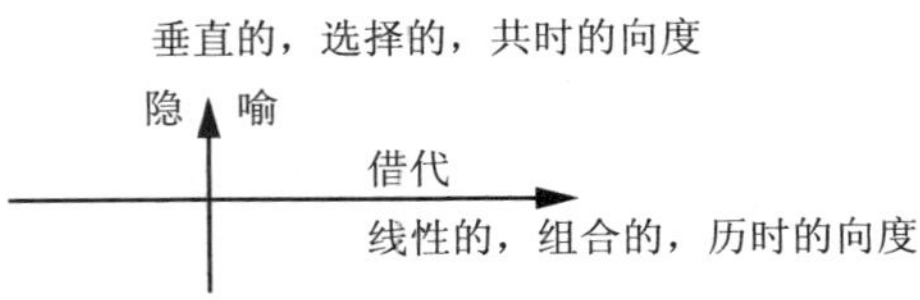

语言的这种二级结构，形成了“组合轴”与“选择轴”的交叠。它们之间的区别相当于索绪尔的聚合关系和组合关系的区别。雅可布森在重新阐发索绪尔的观点时指出，任何语言交流都是一种双重进程的结果：(1) 有的项目没有出现在交流中，但这是语言或语言系统选择的结果，而同时被选用的项目，则结合成序列；(2) 那些出现在序列（组合关系）中的项与项之间的关系，是一种接续关系，而那些没出现的项与项（聚合关系）之间的关系则是一种类似或对等关系。雅可布森就把接续关系与借代相联系，把对等关系与隐喻相联系，以此作为进一步揭示诗语规律的基础。

现在，我们来研究雅可布森关于语言两极结构的理论本身。他发挥隐喻和借代的含义，第一步也是关键的一步，是将这两个概念由语言两种运作机制（选择与组合），引申为言语的两种语义路线。他指出：“话语的发展可以沿两条不同的语义路线进行。这就是说，一个主题是通过相似性关系或者相邻性关系引导出下一个主题的，由于这两种关系分别在隐喻和换喻当中得到了最集中的体现，看来最好用‘隐喻过程’这一术语来称谓前一种情形，而用‘换喻过程’来说明后一种情形……在正常的言语行为当中，这两个过程是始终在发挥效用的；当然，若仔细观察便会发现，在不同的文化模式、个性和语言风格的影响下，往往是其中一方——不是隐喻过程，便是换喻过程——取得对另一方的优势。[①]”

这里对我们而言至关重要的有三点：一、所谓两极，是指言语

① 雅可布森：《隐喻和换喻的两极》，载伍蠡甫、胡经之主编，《西方文艺理论名著选编》（下卷），北京大学出版社，1987，第 430—431 页。

过程中信息的两种展开方法，一种靠相似性展开，另一种靠相邻性展开；二、在正常的语言运作中，两个过程并存；三、如果两个过程有倚轻倚重之分，原因在于讲话者身处的文化背景、个性特点和语言风格各不相同。

雅可布森阐发两极结构的第二步，是把隐喻和借代这两个展开话语的因素，引入文学文本中。他强调："上述两个因素之间的相互作用在语言艺术上表现得尤为显著。在诗歌格律的各种形式里可以找到可供研究这一关系的丰富的材料……人们已经多次指出隐喻手法在浪漫主义和象征主义流派当中所占据的优势地位，然而却尚未充分认识到：正是换喻手法支配了并且实际上决定着所谓'现实主义'的文学潮流。①"

想理解雅可布森的这一论点，关键在于阐明文学话语的相似性组织和相邻性组织，具体指的是什么？可惜恰恰是这个环节，在雅可布森的论著中没有得到集中、系统的说明。不过从他多处的具体分析中可以看到：他所指的相似性和相邻性因素，不仅包括语音、韵律、词形、词语，而且也包括语句乃至形象、细节等纯粹的文学要素。

这一理论阐发的第三步，就是本节开头引述的雅可布森关于诗功能的见解。用他的原话说，就是："诗功能把对等原则从选择轴投射到组合轴上。""相似性附着于相邻性，其结果使象征性、复杂性和多义性成为诗歌的性质。……在诗歌中，由于相似性被投射到相邻性上，一切借代都带有某些隐喻的特征，而一切隐喻也同样带有借代的色彩。"②

对于这个核心论点，我们是这样理解的：在语言运用中，选择轴体现着相似性，即在相似相关的系列中择宜而用。这个系列中选项的自然出现生活语中，落选项是不进入话语的。在艺术语言

---

① 雅可布森：《隐喻和换喻的两极》，载伍蠡甫、胡经之主编，《西方文艺理论名著选编》（下卷），北京大学出版社，1987，第 432 页。

② Структурализм：«за» и «против». Москва，1975，С. 215.

中，主要是在诗歌中，这种选择轴上的相似性，移用到了组合轴上。也就是说，属于同一系列的相似相关的多项，不是择一而用，而是同时进入话语。例如具有相似或联想关系的语音、音组、词语、语句等，同时组合到文学话语中。本来组合轴的原则是相邻组合，即空间上毗邻的项目结合到一起。如今组合轴也接受了相似性原则，把性质上相似相近且可以联想到一起的项目，结合起来组成文学的话语。所谓“对等原则投射到组合轴”，所谓“相似性附着于相邻性”，当指此。诗歌格律就是这一现象极为丰富多彩的表现形式。如圣经诗歌、俄国口头诗谣中，前后相继的诗句无不遵从对偶原则，即相似性对等基同时出现的原则。据分析，在俄国抒情诗中，占优势的是隐喻结构，即多用相似性的组合，而在英雄史诗里则以借代为主，即多用相邻性的组合。雅可布森用“两极结构”理论揭示诗歌区别于散文的根本所在，阐明了诗语的“文学性”是如何引人注目的。根据雅可布森的理论，对诗歌来说，“等值”作用变得极为重要；如音响、节律、韵律和语音技法等，全在增强一种同类反复的感觉，从而构成诗歌存在的基础。因此，诗歌不仅仅是对“普通”语言的美饰装潢。可以说，它在构造另一种全新的语言。诗意性不是以华丽的词句来充实话语的，而是对话词及构成话语的所有因素进行全盘的重新评价。

“两极结构”的含义，到此仍然没有穷尽。因为雅可布森是在多学科的观察中取得突破的。隐喻借代的两种基本模式同样存在于非语言的其他任何象征过程或符号系统中。如在绘画中，立体主义显然是借代性的，因为它把物体变形，以部分喻整体，或以整体喻部分。在“超现实主义”中，画家的态度则是隐喻性的。电影中不乏采用提喻式的特定镜头以及借代式的剪辑手法。有趣的是，雅可布森还举梦幻为例说明两极结构的普遍性。他认为，在梦幻中，梦幻的象征符号和时间序列是基于相邻性，还是基于相似性，是研究的关键问题，心理学家拉康（Lacan）以此模式得出，组合、移位和历时性可比作借代，替代、压缩和共时性可比作隐喻。

他把弗洛伊德对梦的解析归纳为两个轴心：组合—移位＝借代；替代—压缩＝隐喻。弗雷泽(Fries)则把巫术仪式的支配原则归纳为两大类：以相似性为基础的咒语和以相邻性联想为基础的咒语。这样一些有关两极结构的问题，对研究言语行为无疑有着借鉴作用，而且透露了人类象征思维的内在规律性。因此，我们认为雅可布森的隐喻借代两极理论，对于语言文学的研究，具有广泛的适应性和普遍的启发意义。

作为人类学家的列维-斯特劳斯，从雅可布森的理论中受益不浅。他把这种二元模式拿来分析原始思维和神话，把隐喻和借代的区分，当作理解神话和原始思维的一把钥匙。他研究发现，图腾制度总是表现为隐喻性，这与弗雷泽的巫术仪式分析可谓不谋而合。

根据雅可布森的见解，诗学研究应该运用隐喻和借代两极结构来建立诗学分析的普遍模式。这种分析不仅可以帮助我们认识诗歌和散文的内在差异，还可以引导我们把握艺术家个性、艺术风格和文学流派的特征。但是对上述的两极必须并重研究不可偏废，否则会产生人为的偏差，导致认识的片面性。

综上所述，隐喻和借代的二元模式，是雅可布森为我们提供的分析文学作品线性过程的有效手段。通过分析他的有关论著，我们可以得到以下几种结论：1. 两极结构的建立，是索绪尔符号理论的进一步延伸。雅可布森在实践中为索绪尔的逻辑和理论找到了依据。2. 两极模式是雅可布森的独特贡献，他把这一模式传统的修辞理论和诗学联系起来。3. 隐喻和借代的两极理论不是纯粹思辨产生的空中楼阁，是雅可布森潜心语言科学研究的成果，首先是研究语音学、音韵学的实践结晶。4. 二元模式对广义的符号系统具有普遍意义。从语言结构出发，隐喻和借代在文学、艺术学、心理学、医学乃至文化人类学领域都有广阔的研究前景。

但如果我们回到诗学领域里思考，仍然感到隐喻借代两极理论尚有不少有待填补的空白。

第一，诗歌的话语在线性发展中，在原来的相邻性原则上又附加有相似性原则。在阐释这一“投射”现象时，雅可布森肯定“语义路线”的问题，即涉及诗语的内容：意象和主题。而在具体分析“投射”理论时，基本上讲的是诗语的音律和其他形式因素。如何将这两方面在投射理论中统一起来，是个尚待研究的十分重要的问题。

第二，用隐喻表示相似性，用借代表示相邻性，这本身就是一种比喻说法。那么，文学话语线性发展中的相似性是何所指，相邻性又是何所指，须要逻辑语言的科学界定。这一点在雅可布森的论述中没有解决。因此，隐喻和借代两极，既有广泛引申的余地，又不免失之空泛和模糊，如同一切比喻的语言一样。

第三，我们觉得特别重要的是，必须观察小说和诗歌话语中隐喻和借代两极的相互关系和相互作用。仅仅指出何者为主何者为辅还不够。在任何符号系统中，最能反映结构内存规律的，正是组成成分之间的相互关系——相互制约、相互矛盾和相互补充。也只有这样，才能深入认识雅可布森提出的摇摆在两极之间的种种过渡状态，而在文学中处于中间过渡状态的作品结构，可以说占绝大多数。

当然，提出这些类似的问题，是要强调两极结构理论需要进一步开拓和发展，而不是以此向雅可布森求全责备。

四　等值的和谐：对称原理

在现代科学和艺术理论中，有不少学者早就试图用有序性、对称性、黄金分割律等数学概念的观点来论证美。数学家赫·魏尔发现，审美享受取决于被接受对象系统中协调相互关系，以数学化规律来表现就是节律性、平衡和对称。他提出了一个公式：$M=O/C$，其中 M 代表对象的审美尺度，O 代表有序性，C 代表复杂性。语言学家安·梅耶(A. Meillet)试图用信息论来解释审美享受的规律性。他经过科学实验得出的结论是：审美享受的基础，在于可以表现审美享受信息的严格形式、多种制约性和内部联系。如果对诗歌韵律及其他规律缺乏严格的把握，那么便不可能有美。爱森斯坦（С. Эйзенштейн）则在《可喜的自然》一书的第一章《关于物体的结构》中，把黄金分割规则用于研究某些艺术作品的构造规律。[①] 所有这些观察的共同结论，就是艺术崇尚结构内部的有序、和谐、匀称。雅可布森对诗语的研究亦如此：诗语结构规律的核心是对称律（параллелизм）。他反复强调的对等、等值、对称、对举、平行、对偶等，实际上都指一个现象：同类的项在诗句里有序地往复出现。当然，这是我们依据自己表述习惯上的转述。雅可布森的理论自有它独特的逻辑语言。

上文说过，隐喻与借代可作为符号系统两极结构的普遍模式。但在文学与非文学的语言系统中，组合轴与选择轴的各自表现及相互关系是不同的。在非文学系统中，体现相邻性的组合轴占支配地位，语言以明确的字面意思陈述一个事实，表示一种态度或传达一个信息。这时的组合轴上体现相似性的对等现象很少出现。

在文学系统中，情况则大不相同。我们引述过雅可布森的一句名言，不过在其后还有一句同样重要的话："诗功能把对等原则从选择轴投射到组合轴上。对等成为接续关系的建构手段。[②]"这句话的意思是说，选择轴所特有的"对等关系"跨越了纵向的聚合，变成为横向组合（即接续关系）的一个组织原则，从而体现了语言系统中的诗功能。雅可布森的这一段话可看作理解诗语结构的钥匙。在他看来，诗作简直是一面纵横交错的功能网络。它不再是简单的依相邻关系的横向接续，它在线性的延伸中纳入了等值的框架，即类似聚合的那种相似关系，构成一个和谐的功能体系。雅可布森对这个体系是这样描述的："对一首诗中的各种词形和语法结构的选择、配置和相互关系进行公平、谨慎、彻底、全面的描述，

① Эйзенштейн С. М. Избр. произв.: в 6 т. Москва, 1964 - 1971, Т. 3, С. 44 - 60.
② Структурализм: «за» и «против». Москва, 1975, С. 204.

都会使研究者对自己的意外发现感到惊奇：显著的对称和反对称、平等结构、对等形式和显著对比的巧妙积累，最后还包括对诗中的词法和句法成分的类别的严格限制。正是这种限制，使我们看到了各构成成分之间微妙的相互作用。[①]”

根据雅可布森的观点，无论是诗歌还是其他文学作品，实质上都是语言艺术，是一种选词用词的艺术，突出的是词本身的语音和语义效果。他把语言交际归结为两种基本排列方式，即选择组合。选择的基础是相似或相异、同义或反义，而组合以及句段构造是以毗连为基础，在语言行为中，各种语言成分（字、词、音节等）之所以能表现其传播功能，一方面是由于各成分之间的对立，另一方面也是由于语言各成分在组合之后产生的相互关系。当我们说：“今天上文学课”，就是用了“今天”“上”“文学课”几个词的组合，这是从许多词中挑选出来的，并按照一定的顺序构成“今天上文学课”这样一个句段。这时，各成分作为一个整体（句子）中的组成要素就会产生某种结合力，形成一定的张力场，它因组合方式的不同而呈现出或紧或松、或明或暗的不同状态，从而引起人不同程度的注意，产生各种意想不到的语言功能和效果。

这里罗列的对等成分，涉及词音、词形、句式、词类各方面。它们的共现、对等、平行、呼应等关系，可总括为对称。这种广义的对称不仅可理解为同义或相似结构，也包含相对和相反的结构。实际上，任何两个成分并置，二者既不可能相同，也不可能不同，总是相同和相异并存，所谓相反相成。

为了说明雅可布森提出的对称原理，我们不妨看看他对莎士比亚的《十四行诗》的第 192 首《精力的消耗》（The Expense of Spirit）是如何分析的：

---

① 转引自杰弗森等，《西方现代文学理论概述与比较》，陈昭全等译，湖南文艺出版社，1986，第 46 页。

Ⅰ Th[1] expense of Spirit in a waste of shame
Is lust in action, and till action, lust
Is perjured, murderous, bloody, full of blame,
Savage, extreme, rude, cruel, not to trust.
Ⅱ Enjoyed no sooner but despised straight,
Past reason hunted; and, no sooner had,
Past reason hated, as swallowed bait,
On purposed laid to make the taker mad,
Ⅲ Mad in pursuit, and in possession so,
Had, having, and in quest to have, extreme,
A bliss in proof, and proved, a(nd) very woe,
Before, a joy proposed; behind, a dream.
Ⅳ All this the world well knows; yet none knows well
To shun the heaven that leads men to this hell.

把精力消耗在耻辱的沙漠里
就是色欲在行动;而在行动前,
色欲赌假咒、嗜血、好杀、满身是
罪恶、凶残、粗野、不可靠、走极端;
欢乐尚未央,马上就感觉无味;
毫不讲理地追求,可是一到手,
又毫不讲理地厌恶,像是专为
引上钩者发狂而设下的钓钩。
在追求时疯狂,占有时也疯狂;
不管已有、现有、未有、全不放松;
感受时,幸福;感受完,无上灾殃;
事前巴望着欢乐;事后,一场梦。
这一切人所共知;但谁也不知怎样
逃避这引人下地狱的天堂。

(梁宗岱 译)

雅可布森对诗中出现的七种对称关系逐次进行了分析，这里只举例说明他分析的部分结果。

1. 头七行的每一诗行在非重读的第五音节之后都有一个停顿。

2. 全诗固定的对应关系：诗中第一小节的第二行或第四行的不定式句法结构，每一行都有重复的音响序列。

3. 奇数诗节中具有比偶数诗节更多的名词和形容词(17 个名词对 6 个名词，10 个形容词对 4 个形容词)；奇数词行中的名词都是抽象名词，而偶数诗行中的基本上是具体名词。

4. 第二、第三诗节含有 11 个分词，但没有动词活用形式，而第二、第四诗节则用交叉的形式重复出现动词活用形式(Is lust...lust is；well knows... knows well)；与第一、第四节的这种平行结构相对应，第二、第三诗节中也有一组相呼应的对应词(enjoyed-joy；had-Had ；mad-Mad；purpose-proposed)。

5. 头两个诗节有 3 个以爆破音结尾的韵脚，在双元音[ai]的重读位置上出现了九次，然而后两个诗节缺少这个特性，第一诗节和第二诗节分别有：1 个定冠词跟着 1 个不定冠词，1 个不定冠词跟着 1 个定冠词，这与第三诗节中的 3 个不定冠词和第四诗节中的 2 个定冠词正相反。

6. 最后两个诗句没有任何形容词、分词、不定冠词或系动词(如 is)；它的名词却是具体名词和本源名词；反之，诗中其他名词都是抽象名词或源于动词的名词(并且它只有一个复数名词)。

7. 诗的中间两句舍弃了语法或句法上的对应，而这正是其他句子的特征，中间两句包含着全诗中仅有的比较结构。[①]

如果用我们的习惯语言来说明，这里分别是：(1) 前七行和后七行内部各有整齐划一的节奏(停顿)，它们之间是整齐中略有变

---

① 参见杰弗森等，《西方现代文学理论概述与比较》，陈昭全等译，湖南文艺出版社，1986，第 48—49 页。

化。(2) 句式的对称,语音的迭现。(3) 名词、形容词在奇数诗节中重叠出现而构成对称。抽象名词与具体名词在奇数与偶数诗行间形成多次对举,相反相成。(4) 相近、相同的词和词形,在诗节间构成重叠和呼应的关系。(5) 韵脚和特定词形在诗节之间的整齐对应与变化。(6) 最后两个诗句在所用词类、名词性质上,与其他诗行形成相反的对照关系。(7) 诗的中间两句在语法对应和比较结构的使用上,与其他诗句相反,是通例中的破例,是和谐中的不和谐。

不难发现,这里雅可布森绘出了充满对等和对比的复杂关系网,集中反映了诗语的结构特点。这些在非诗歌语言中则很难看到。

从此处的实例分析中可以看出,诗中的对称关系大多是相等成分(包括相似和相对成分)有规则地复现,使人感受到和谐的节奏。对称不仅指音律,而且还是诗语中诗句构造的基石。这种广义的对称在语言的各个层次都有表现;从语音到语词,从词形、句法的对仗到语义上的对偶和呼应,都体现着对称原则。

我们认为,对称原则是雅可布森的一个重要发现,是他的一个基本的诗学观点。为了正确评价这一观点的意义与价值,不能不进一步阐明几个问题:一是对称原则与诗的音律是什么关系;二是对称原则与诗的用词造句是什么关系;三是对称原则与诗语含义是什么关系。

第一,对称原则是直接从诗歌音律引出的,但又是宽于音律、高于音律的诗语总特点。

诗歌语言被公认是一种声音有序化了的语言。然而语音是包含多种因素的,十分复杂的现象。在诗歌艺术发展的各个阶段,诗的某些方面和因素首先被感知,逐渐加以规范化。如古典音韵学把重音加以规范化,使之成为诗文有序化的基本因素。艺术家在创作实践中,表现出对规范化语音因素的有序化意识,自觉地运用于诗作过程,构成了诗的音乐美。

节律是诗的脉搏，是诗的韵律操。雅可布森把各种语言的诗歌节奏归纳为三种主要类型：一种是音节节律，表现音节峰和非音节峰之间的对立；第二种是重音节律，表现为音节峰之间各种等级的对立；第三种是音量节律，表现为音节峰之间或整个音节之间长短差别的对立。每一种节奏结构都包含着两个相互制约、彼此对应的成分，通过相互规律性的组合和交替，达到和谐统一。

按照雅可布森的说法，诗的节律就是“节奏形式加上普通的话语形式上”，亦即相似性加于相邻性之上。我们考察任何诗歌语言，首先看到的就是它同小说、散文的区别，这区别首先在于诗歌语言的有序，有鲜明的节奏。其他文体也都能找到节奏，如这样一段话：

> 但他更觉得/世上有些古怪，却是许多日/以后的事。其一，酒店不肯赊欠了；其二，管土谷祠的/老头子/说些废话，似乎叫他走；其三，他虽然记不清/多少日，但确乎有许多日，没有一个人/来叫他做短工。酒店不赊，熬着也罢了；老头子催他走，啰唆一通/也就算了；只是没有人/来叫他做短工，却使阿Q/肚子饿：这委实是一件/非常“妈妈的”事情。（鲁迅《阿Q正传》）[①]

读起来顺畅上口，从容不迫，产生非韵文的音乐美。但这里却没有附加在相似性上的那种诗的节律。

“只实现一次的规律，哪怕是实现最简单的规律，也不可能使人感受到它的规律性……要想从无组织、无规律的言辞中抽绎出有节奏的言辞，就要求声音现象形成的复合体能够得到相似的重复，并且在意识中正确地感受到它。节奏规律应当不断地重复，以便在规律性地重复的每一个瞬间在印象中创造出‘皱纹’，重复的

① 参见白春仁，《文学修辞学》，吉林教育出版社，1993，第43页。

期待和'知悉'。[①]"托马舍夫斯基的这段话是对相似性所以受到诗律重视的极好说明。

讲到诗的韵脚,雅可布森同样指出:诗韵虽是语音规律性复现的最集中表现,但它仍然只是诗语的普遍原则——对称原则的一个方面。

第二,雅可布森反复论证"语音方面的等值必不可避免地引起语义上的等值"。[②]于是就出现了词汇和语法方面的对称。其最鲜明的表现,可在民诗民谣中找到。他分析了如下一段歌谣:

> Не ясен сокол за горы залетывал.
> Не ретив конь ко двору прискакивал.
> Добрый молодец к сеничкам приворачивал.
> Василий к терему прихаживал.

除了语音之外,在词汇、词形和句构方面可以举出以下的对称关系:(1) 第 3 行、第 4 行在句构和词形上全面对称。两个谓语动词含有共同的前缀、后缀和词干中的元音交替;动词的体、时,人称的单数和阳性,都是一致的。(2) 同时,这两个动词又是同义词。它们的两个主语指同一人物,一个是另一个的同位语。两个地点状语均采用前置词词组形式,前者对后者是部分对整体的关系。(3) 第 1 行的句构和词形与第 3 行、第 4 行对称。(4) 第 2 行是第 1 行的另一种说法,它又同第 3 行、第 4 行在句构和词形上对称。(5) Ясен сокол 或 ретив конь 对 добрый молодец 来说是一种隐喻。所以 сокол 或 конь 与 молодец 也构成对称。

可见,诗歌语言区别于其他语言之处,的确在于语言各层次上的对称关系相伴而来,在诸多成分之间找出某种均衡、类似、重叠、

---

① Томашевский Б. В. О стихе. Ленинград, 1929, С. 258.

② Структурализм: «за» и «против». Москва, 1975, С. 218.

复现、多次性、非偶然性等，一言以蔽之，就是规律性的重复。诗中种种重复具有的功能，就是形成与词语或思想相对应的循环结构或平行结构。像明喻、暗喻、反衬、对比都可以看作不同的对称形式，均可视为对称原理的具体运用。

爱森斯坦在评价艺术家的技巧手段时说："技巧将会表现为下述情况，把每个方面的表现手段发挥到最大限度，同时善于使整体互相呼应和平衡；使其中的任何个别部分不脱离整个组合体，不脱离全面交响化的统一体。"①

在诗的交响曲中，可以说雅可布森充分展现了各种表现手段的作用。每一诗行的音符总是主题曲的一部分，不同的音响各有变奏，却始终与主旋律相呼应，从局部的对称达到整体的和谐。

第三，语音、语法、词汇多方面的对称，在诗语中是和语义对称紧密交织的。这一点对于正确理解雅可布森诗学理论是至关重要的。应该承认，雅可布森对诗歌的分析，从各方面来看都是从语言形式入手的：诗功能、选择、组合以及音韵、词法、句法等。这是基于语言学的一种独特的理论体系，是一种精于思辨并具有精密科学特色的体系。用他自己的话来讲，这种诗学体系处理的不是"意图"，而是"语言事实"。从语言形式入手并不意味着就是只求形式而不求内容。其实，雅可布森的分析从未脱离诗歌中的意义问题。他正确地指出："在诗歌领域，不仅在语音序列上，而且任何语义单位的序列上，各种成分都有趋同的倾向……在诗歌中，每当有任何语音上明显的相似，总要判定它意义的相似和(或)相异。②"

他认为仅仅从语音的角度来审视诗韵结构十分"危险的简单化"。韵脚的一致必会使诗韵单位出现语义上的接近。可以说，形式结构中对称表现得越是鲜明，词与义的对称也就越是明了。爱伦·坡(Alan Poe)有一句名言："声音应当让人感到是意义的回

① Эйзенштейн С. М. Избр. произв.: в 6 т. Москва, 1964－1971, Т. 3, С. 581.

② Структурализм: «за» и «против». Москва, 1975, С. 220－223.

响。"毫无疑问,语音产生的象征含义是一种以读者各种不同的"外部感受"为基础的客观态度,其中包括视觉与听觉。语音的象征不仅仅存在于诗歌中,但只有在诗歌领域,音与义的内在联系由后台走向前台,变得最为鲜明、最为显著。诗歌中各种语音手段的积累,如爱伦·坡所说,像一股"伴有意义的潜流"。甚至两个语义上相对立的词,它们的音位关系也可能与语义关系相对应。如俄语的 день 和 ночь 两个词,前者是一个高频元音和半频辅音词,而后者正相反。为了加强这种区别性特征的对比,可以在 день 这个词的周围安排高频元音和半频辅音词,而在 ночь 周围使用低频元音词,这样语音就完全可以成为语义的"回声",而法语中 jour(昼)和 nuit(夜)的高频元音和低频元音的安排次序相反的,即 jour 是低频元音,而 nuit 是高频元音。

这就是说,诗歌在语音、词形、句构上表现出的平行和对称,自然会去寻找意义上的平行和对称。相似项进入线性话语,相互间必定要产生两种相关联系中的一种,要么是比较相互间的共同点,要么是比较相互间的相异点。

音与义的对应也许在爱伦·坡的长诗《乌鸦》(*The Raven*)中的最后一节能够看得更清楚一些:

And theraven, never flitting, still is sitting, still is sitting

On the pallid bust of Pallas just above my chamber door;

And his eyes have all the seeming of a demon's that is dreaming,

And the lamp-light o'er his streaming throws his shadow on the floor;

And my soul from out that shadow that lies floating on the floor;

Shall be lifted-nevermore!

那只乌鸦并没飞走，它仍然栖息，仍然栖息，
栖息在房门上方苍白的帕拉斯半身胸像上面；
它的眼光与正在做梦的魔鬼的眼光一模一样，
照在它身上的灯光把它的阴影投射在地板；
而我的灵魂，会从那团在地板上漂浮的阴影中
解脱么——永不复焉！

（曹明伦 译）

根据雅可布森的观点，“声音相似的词使它们的意义也趋接近”，诗中明显的语音重复表明了它们在语义上的联系。

（1）首先来看 raven 一词。由于在语音上[r-v-n]与 never 接近，它似乎包含了 never 的意象，[n-v-r]-[r-v-n]从正到反，raven 如同 never 的一面反射镜。

（2）首句诗行 the raven，never flitting 与末句诗行 shadow that lies floating on the floor；Shall be lifted-nevermore，两句语音系统首尾相接，形成了 [’nɜvə ’flitiŋ]-[’floutiŋ]-[flɔ：]-[’liftid ’nɜvəmɔ：] 这样一种近音异义的语音链，使两个具有象征意义的主词 raven 和 never 联系起来，加强了“永远绝望”的意象效果。

（3）the pallid bust of Pallas 中 pallid 与 Pallas 有近似的发音[’pæləd]-[’pæləs]，因而构成了一个有机的整体。pallid 与 Pallas 两相对照，仿佛融合在可以修饰 bust 的另一词语 placid [’plæsid]的语义成分中，造成一种独特的诗美。

（4）栖息的乌鸦与它栖息的地点之间有一层内在的联系，这是通过隐显的近音词 bird（或 beast）upon the... bust 联结起来的。bird 和 beast 没有在组合轴上出现；但通过等值投射原理，我们要在聚合轴上找出它们并不困难。这种关系大大地丰富了我们的想象力。

（5）just above [dʒʌst ə’bʌv]两词在发音上可以组合成 bust [bʌst]的语音，使它紧密相连，从而加强了“那只乌鸦并没飞走，它

仍然栖息”这层语义。

6）still is sitting，still is sitting 同样构成了同音链；[sti...]-[sit...]-[sti...]-[sit...]，可以说是“不变之变”，不变是指同一句式的重复，变项是指语音上次序的错落，变与不变之间，使语音语义双双受益。

7）乌鸦的眼睛 eyes 和灯光 lamp-light 是两个产生光效应的词汇，两词使整个画面的阴暗色调更加浓重，鲜明的近音异义序列：['ɔlðə 'simiŋ]（all the seeming）... ['demənz]（demon's...）[iz 'dri：miŋ]（is dreaming）... 连同[hiz 'stri：miŋ]（his streaming）...[laiz]（lies）和[aiz]（eyes）给人留下回音效果的强烈印象。

这段分析并不复杂。当人们经过这一番分析再一次吟读的时候，一连串的语音同构的确能给人以深刻印象，把语音的对称推向更深的语义层，给诗歌增添了无穷的魅力。

雅可布森通过对诗歌的分析论证了对称关系的普遍存在。同时他也指出：一种比较简单明了的对称结构，也是读者对于诗作的本能期待，他希望在心理上通过诗中的对比、对立，产生轻松或紧张的效果。此外，雅可布森运用对称原理分析诗歌，展示诗歌语言的多功能、多元性，特别指出对等和对称的一个重要结果：诗义呈现复杂多变、朦胧不定的特性。他强调，多义性和模糊性是诗歌结构的必然产物。这样，雅可布森不仅揭示了对称原理，还为识别诗功能提供了一个客观标准，而且证明了形式上的对称必将导致语义上的接近和充实，从而使诗作产生意趣盎然的效果，令人回味无穷。

这种观点和方法确实独辟蹊径，发人之所未发。当然这未必是通向诗歌艺术迷宫的唯一幽径。而且他的理论也还有待后人进一步的阐发和验证。

五　诗与语法：“诗的语法”

前一节讲的对称理论，在雅可布森的诗学体系里本已是诗语的一个普遍特征。对称的发现，始于音位和音韵的研究，继而扩大到语法结构，延伸到词语意义。本来，言语是语音、语法和词汇三个层面综合运用的成果，语音音韵的诗性运作，必然牵动语法词汇。这是情理之中的事，研究家并不难想象。雅可布森却并非靠推论来想当然，而是从早年分析诗韵起就确认了语法因素与语音因素在诗中的互动互补。所以他对语法的诗功能一直潜心精研，在长期大量析诗的基础上逐渐形成了语法的诗性观。他在这方面的理论，集中体现在20世纪60年代的两篇文章中，即《语法对称及其在俄语中的表现》和《语法的诗和诗的语法》。

那么在雅可布森的眼里，诗的语法结构是一种怎样的面貌呢？他说诗功能是关注焦点落在话语本身，就诗的语法来说，应当怎样理解呢？如前所述穆卡洛夫斯基说："诗的语言功能在于最大限度地把言辞'突出'……"这"突出"的办法可以有多种，其中就包括偏离语法或不合语法。然而，对雅可布森而言，最主要的手段却是运用非常有序、非常齐整的语法。对等原则从选择轴向组合轴的"投射"，相似性附加于相邻性之上，就成为建立有序诗语法的基本手段。

正是因为雅可布森通过实际研究达到了这样的总体认识，才可能提出语法与诗的命题。他反复论证：诗歌里充满了种种语法成分的比照、呼应、对立、对称，这带有规律性。他指出："在诗歌中可以根据相似或相反关系而对称运用的语法范畴，包括所有可变化和无变化的词类、数、性、格、时、体、式、态、抽象词与具体词、否定词、限定动词与非人称动词、确定代词与不定代词、确定成分与不定成分，最后还有各种不同的句法单位和句式。①"即使粗通俄语语法的人们，也可从这段话里得出结论：为了实现诗功能，整个语法都被调动起来了，堪称无所不用其极。难怪雅可布森在文中不时提到，历来研究者目睹这类情景，无不惊愕万分。值得关注的还

① Степанов Ю. С. Семиотика. Москва, 2001, С. 532.

有一点，雅可布森在考察语法对称的历史发展时，特别重视古犹太诗歌、古印度诗歌和中国传统诗歌的对称结构。在上面提到的两篇文章中，作者多处详尽引述了西方汉学家对中国诗中相关现象的分析。

为了说明雅可布森的语言学分析方法，下面我们引述一下他对波德莱尔《恶之花》中的一首诗作《猫》的解析。[①]这里我们着重看一看语法建构对诗歌的作用，只选取分析语法对称和语义对等的部分。

Les chats

Ⅰ 1. Les amoureux fervents et les savants austères
2. Aiment également, dans leur mûre saison,
3. Les chats puissants et dour, orguiel de la maison,
4. Qui comme eux sont frileux et comme eux sédentaires.

Ⅱ 5. Amis de la science et de la volupté,
6. Ils cherchent le silence et l'horreur des ténèbres;
7. L'Erèbe les eût pris pour ses coursiers funèbres,
8. S'ils pouvaient au servage incliner leur fierté.

Ⅲ 9. Ils prennent en songeant les nobles attitudes
10. Des grands sphinx allongés au fond des solitudes,
11. Qui semblent s'endormir dans un rêve sans fin;

Ⅳ 12. Leurs reins féconds sont pleins d' étincelles magiques,
13. Et des parcelles d'or, ainsi qu'un sable fin,
14. Etoilent vaguement leurs prunelles mystiques.

---

① 参见 Структурализм: «за» и «против». Москва, 1975, С. 231－255；胡经之主编，《西方文艺理论名著教程》（下），北京大学出版社，1989，第159—161页。

下面分别给出此诗的俄译文和中译文，供读者参考。

Кошки

1. Пылкие любовники и суровые ученые

2. Равно любят в свою зрелую пору

3. Могучих и ласковых кошек, гордость дома,

4. Которые, как и они, зябки и, как они, домоседы.

5. Друзья наук и сладострастия,

6. Они ищут тишину и ужас мрака;

7. Эреб взял бы их себе в качестве траурных лошадей,

8. Если бы они могли склонить свою гордыню перед рабством.

9. Грезя, они принимают благородные позы

10. Огромных сфинксов, простертых в глубине одиночеств,

11. Которые кажутся засыпающими в сне без конца;

12. Их плодовитые чресла полны магических искр,

13. И крупицы золота, как и мельчайший песок,

14. Туманно усыпают звездами их мистические зрачки.

猫

1. 热恋的情人和谨严的学者们，

2. 到了成熟的年纪，都同样爱猫，

3. 家中的骄傲，强毅而温柔的猫，

4. 畏寒而又深居简出，一如他们。

5. 它们乃是学问和喜悦的朋友，

6. 它们探求沉默和黑暗之恐怖；

7. 如果它们肯屈尊为冥王服务，

8. 可以代替马匹拉出殡的柩车。

9. 它们在沉思时的高贵的风姿，

10. 像陷于孤独的巨大的人面狮，
11. 睡意沉沉地进入无边的梦乡；
12. 它们的丰腰发出魔术的火花，
13. 它们神秘的瞳孔充满像细沙
14. 一样的金粉，闪着朦胧的星光。

（钱春绮 译）

此诗由三个复合句构成，两节四行诗分别由两个复合句构成；两节三行诗则由一个复合句构成。若将此诗分成三部分，就意味着两韵的诗节同三韵的诗节存在着对立关系。若分为两部分，即两节四行诗为前半部分，两节三行诗为后半部分，这种双分法虽符合诗文本身的句法特点，但前半部分的四韵体和后半部分的三韵体会构成矛盾对立。雅可布森则认为，这首十四行诗可有多种分段形式，并且，无论从语义还是从语法方面看，这些分段方法的界限都是很鲜明的。现在分别以四种分段方式来加以考察。

（1）分三段，即 1 至 4 行、5 至 8 行、9 至 14 行三段。第一段通过客观、静态的画面表现事物；第二段则赋予猫以一种倾向，而猫拒不接受。这两段是从外部来考察猫的：第一段考察猫的被动方面，情人和学者对此很感兴趣；第二段则考察猫的主动方面，它是猫对冥王施威所作出的反应。第三段是从内部说明猫以主动的方式来实现其被动性，从而消解了前两段被动与主动的语义对立。

（2）分两段，即 1 至 8 行和 9 至 14 行两段。从整体上看，这两段的对立，突出表现了第一节与第三节之间，第二节与第四节之间在语义上的紧密联系。

① 两组四行诗节与两组三行诗节的整体对立。在第一节、第二节中猫被置于观察者情人、学者和冥王的掌握之中，猫因而是被动的。在第三节、第四节中，观察者的态度消失了，作者将猫置于一切空间和时间的界限之外，猫变成主动者。

② 第一诗节引入时空界限[maison（家），saison（年纪）]，第三

诗节则取消了它们[au fond des solitudes(陷于孤独),un rêve sans fin(无边的梦乡)]。

③ 第二诗节中猫被限定在黑暗处所里,第四诗节则因猫身上发出的光辉[Etoilent(星光);étincelles(火花)]而消除了这种限定。

(3) 分两段,这是第二种分段方式的变体。第一节与第四节为一段,第二节与第三节为一段。第一段中,独立的介词使猫具有补语功能;第二段则赋予猫以主语功能;两段以此构成的相反的关系。第二节与第三节的相似性是以对等关系为基础的:第二节中有猫与马的比拟关系,第三节中则有猫与人面狮的比拟关系。不过在前一种情况中,近似关系(猫与马)遭到否定;而在后一种状况下,猫与兽的比拟得到肯定,猫"陷于孤独"之中。第一段与第二段恰好相反,如第一节猫与情人或学者同室而居是一种借代-相邻关系,由此引出他们之间的比喻-相似关系。在末尾的三行诗中,同样是相邻关系变为近似关系。相邻关系表现为腰肢以部分代表猫的整体,近似关系则表现为比喻金粉、细沙、朦胧的星光等,描写由明确变得模糊。

(4) 分三段,即 1 至 6 行、7 至 8 行、9 至 14 行三段。这种分段方式别具一格,体现出诗义的发展过程,即由现实发展到超现实。中间两行在结构上与前后两段迥然相异,作用是完成上述的转变。它一方面承接了第一段客观描绘的特点,同时又预示出第三段的神话氛围(由希腊神话形象引起),其作用近似乐曲的转调部分。这中间两行造成的情调和主题的大幅变动,可用下图显示:

<table>
<tr><td>1 至 6</td><td>7 至 8</td><td>9 至 14</td></tr>
<tr><td colspan="2">外在的</td><td>内在的</td></tr>
<tr><td>经验的</td><td colspan="2">神话的</td></tr>
<tr><td>现实的</td><td>非现实的</td><td>超现实的</td></tr>
</table>

结合上述的语义和结构分析,雅可布森十分详尽地描述了诗中各种词法手段、句子成分、句型建构的表达功能,它们之间的种

种对应关系，包括同类对举和异类对比。例如，首节和末节有两个主语相呼应，它们具有共同的谓语和补语；所有主语和补语都伴有修饰语，相互对称；诗中只有两个谓语伴有副词，分别是第一个谓语和最后一个谓语，首尾相对，而这个副词又都由形容词构成，且相互谐韵；诗中正数第二个谓语和倒数第二个谓语，又是唯一用系动词加名词表示的，而且两个名词相互构成内部韵脚。这些都是同类对举的实例。又如第7—8行的“转调”部分，与承上启下的过渡性语义相呼应，语法结构也有别于上文和下文。这里同前后诗行没有同类对举的关系，却处处是异类对比的关系：出现独一无二的虚拟式，不用性质形容词，非生物主语用单数，不加定语却支配复数的生物补语，等等。由于论述的是语法现象，我们不便一一列举。在这篇堪称经典的解析文章中，雅可布森令人信服地把这首诗展示为一个由对等关系构筑的体系，整合了语音、语法、词汇、语义所有的层面。

雅可布森在《语法的诗和诗的语法》一文中强调：句法、词法、词汇的对应和对立的相互关系，各种语义相同、近似、同义和反义的结构，以及独行诗的类型和功能，所有这些现象都需进行系统的研究。

我们可以看到，雅可布森所说的对称关系实际上包括两种不同的情形：1）读者可以立刻听出和看出相似结构；2）需要熟悉语法范畴和类别才能辨别的相似结构。

现在，对第一种结构在诗歌中产生的审美效应，人们已经看得比较清楚了。但是对第二种结构的作用或多或少还存在一些异议。第二种结构与原文的诗歌性，仿佛并无直接的关系，因为一般读者还意识不到。于是，迈克尔·里法泰尔(Riffatere)提出，未能在读者身上刺激出反应的那些结构，不能认为具有诗学功能。他要以对读者反应采取观察的方法来取代雅可布森的内部分析法。

我们认为，对一首诗的解析深度，对诗功能的判定，不能以读者业已领悟的东西作为标准。首先，由于读者的接受水平不大相同，欣赏和辨析的能力相去甚远。其次，在原则上理论家和批评家应该能指出我们在文本中见不到的东西。第三，在文学欣赏中对艺术因素能够体会而无法说明的例子俯拾皆是，这并不能否认艺术因素的客观存在。

雅可布森本人就曾说过，类似结构不一定是自觉领会了的东西，它们完全可以在潜意识层面起作用。他写道："说话者使用着语言中一套复杂的语法关系系统，这一点并不会因为他们自己不能对语法系统做出界定和表达而受到影响。那是职业语言学家们的任务。波德莱尔《猫》一诗的读者，对这首商籁体诗歌的阅读。如同欣赏音乐一样，是从诗句中获取愉悦。即使他体验、感受到前两节四行诗与后两节三行诗之间存在着某种对应关系，但是不经特殊的训练，也无法确定隐藏在这种对应关系背后的究竟是什么。[①]"

在雅可布森的理论阐述中，凡涉及语法手段的效应时，他总是措辞明确、直言不讳。他强调对仗的句式必然导致或转化为平行的对应。他又指出，这一点也大致适用于音韵类同的情况。他把相互对立的语法类别的并置，比喻为电影蒙太奇中的"硬切"。这种硬切，按照斯泼蒂茨伍德(Spottiswoode)的定义，就是将截然不同的镜头或镜头组并置，在观众的脑海中形成这些镜头或镜头组自身所并未反映的概念。

这说明，语法分析(包括异类对比现象)是可以解释某些情况下意义是如何在读者的头脑中产生的。雅可布森的方法，就是把语言作为艺术手段加以分析，从中找出诗语的建构规律。这一方法已经产生了广泛的影响。例如，萨缪尔·莱文(Levin)关于"对偶句"的理论，直接派生于雅可布森的学说。

本章阐析了雅可布森的诗学理论。需要指出的是，任何一种理论都不是完美无缺的。雅可布森的诗学理论同样存在不足之

---

① Якобсон Р. О. Работы по поэтике. Москва, 1987, С. 92.

处，因而招致了一些批评和反对意见，我们已在相关章节有所说明。这样的批评大致有两类：一是从根本上否定把语言学分析方法运用于诗学研究中来。在我们看来，这种观点是不值一驳的；二是指出了他的不足，同时通过批评进一点拓展了这一新鲜的诗学理论。在这方面，俄罗斯学者洛特曼（Ю. Лотман）的研究最引人注目，他把雅可布森的诗学理论与历史文化相结合，拓展了信息交流的理论。因此他实际上扩大了诗歌信息的容量，把结构主义引向了社会文化学。另一位俄罗斯学者左梁（С. Золян），进一步研究了诗歌形式与意义的关系问题，使雅可布森的这一命题得到了深化。这些对进一步推动和发展雅可布森的诗学理论无疑有着重要的意义。

第三章　诗语的结构分析:语言学诗学理论对中国诗学的启示

文学是人类精神活动的一种独特形式,如美国人艾布拉姆斯(Abrams)在20世纪60年代所说的,它涉及四个要素:世界、作者、作品、读者。① 这些要素相互制约,形成多种关系,诸如作品与作者、作品与读者、作者与世界、作品与作品以及作品自身的内部关系等。艾布拉姆斯考察了古希腊以来欧洲文艺理论发展史,得出这样的结论:历史上各种文艺理论的区别,就在于如何对待这四种要素的相互关系。不同的文艺理论,或者突出这些要素,或者突出另一些要素,便形成了西方文艺观点的错综复杂和丰富多彩。这里既涉及研究的对象,也涉及研究的角度和方法。

出现在公元前4世纪的亚里士多德的《诗学》,讨论的是"关于诗的艺术本身,它的种类,各种类的功能,各种类有多少成分,这些成分是什么性质,诗要写得好,情节应如何安排,以及这项研究所有的其他问题"②。这是就诗的本体进行研究的诗学。《诗学》的方法论有两个特点:一是严谨的逻辑推理;二是自然科学方法和社会

---

① 艾布拉姆斯:《镜与灯:浪漫主义文论与批评传统》,郦稚牛等译,北京大学出版社,1989,第5页。

② 亚里士多德、贺拉斯:《诗学·诗艺》,罗念生、杨周翰译,人民文学出版社,1982,第3页。

科学方法的结合。亚里士多德是第一个用独立体系阐明诗学概念的人，他的理论竟雄霸了2000余年。

中国古代以《诗大序》为代表的最早的“诗学”，是一种社会功利的考察，而并非对诗的本体研究。其后的诗学理论，虽然也研究诗作本身，但无不着眼于诗歌价值的审美品评。而且品评的方法，主要是直观的经验的体会，而非对作品内在规律的解剖。或许是中国传统的美感审视一开始就超脱了分析阐释的缘故，或许因为它是一个抒情传统的而非史诗或叙事诗传统，我们最早的美学思想主张“知者不言，言者不知”（老子），主张未封前的“境界”（庄子）。后来的诗论家孜孜以求的，不是作品自身，而是“不着一字，尽得风流”的“韵外之致”（司空图）。实际上，中国的批评确实善于把握一首诗的“机心”，反对以好胜的、人为的“解析”来破坏诗带给我们的美感享受。因而在文学鉴赏时，只求“点到即止”。后世随着音韵学的发展和文学研究的深入，在诗歌方面建立起了相当完整的诗词格律理论和作诗技法的分析体系。然而，诗学研究和品评的基本原则一直延续了下来。

应该承认，在我们的诗学研究中，除了诗与世界、诗与作者（创作）、诗与诗者（品评）这几个方面以外，很需要发展诗章本体的研究，即探索诗章内在的规律性。在方法上，除了直接的体验和点悟之外，很需要补充一种严密的逻辑的思辨的综合分析方法。我们应该促成中西诗学的交汇，在交汇中借鉴他人的理论和方法来完善自己。从这个意义上说，雅可布森的诗学无疑能够给我们不少启发。

一　汉诗中的对称和二元对立原则

诗学的分析首先是一个方法论的问题。我们看到雅可布森所主张的是一种结构分析，他选取的研究对象是诗作本身的结构。但这不是一般的本体研究，而是从语言学出发的本体研究。语音、语法、语义在他那里都是诗作话语结构的不同层面,意义的生成来自整体结构。这种语言学的本体结构研究,对我们来说无疑是一个新鲜的角度和尝试。有趣的是,这种诗学在这一点上和我们的诗学传统找到了共同的语言:诗所以为诗的奥秘在哪里? 中西诗学都研究诗的技巧和手法。雅可布森则是从语言学的角度入手,揭示诗的功能性、文学性。在他看来,技巧和手法是对语言材料的组织和选择的结果,因此,要找出诗语的奥秘。如果他的理论确实揭示了诗成为诗的内部机制,对我们研究诗艺,当然极有价值。这价值首先在于给我们提供了一种新的研究视角和方法。当有人指责雅可布森的诗歌分析有失偏颇时,他回答说:“我详细分析了世界上用 15 种语言写成的 8—20 世纪的大量诗歌作品,它们分属不同的流派、不同的风格,作品主题五花八门……”①可见他对寻找诗歌结构的普遍规律用力之大。其中,对于东方文化体系里的中国诗学,雅可布森同样大有兴趣。1964 年,雅可布森在为《俄国形式主义文论选》所作的绪言《诗学科学的探索》中写道:“诗歌这个词最初在古希腊语中是‘创造’的意思,在中国过去的传统中,诗(词语的艺术)和志(目的、意图、目标)这两个字和概念是紧密联系在一起的。”②

他在总结世界诗歌的节奏规律时,特别研究了汉语诗节奏的性质。既然汉诗进入了雅可布森的研究视野,中国诗学同他的诗学理论对话,就是十分自然而且必要的事了。

在音和义的关系上,雅可布森提出:音的对等会引出义的对称(或相接近或相排斥),可能造成多义或歧义,增强诗语的表现力。这又是一个值得用汉诗材料深入研究的命题。无论如何,音义关系的确是实际存在的问题。

中国传统诗学认为,“音节组合、平仄、对仗和用韵是形成中国

---

① Якобсон Р. О. Работы по поэтике. Москва, 1987, С. 83.

② 茨维坦·托多罗夫:《俄苏形式主义文论选》,蔡鸿滨等译,中国社会科学出版社,1989,第 1—2 页。

古典诗歌音律美的四个要素。它们虽然各自具有相对独立的审美意义，但只有与诗意诗情内容的表达相结合时，才能成为实现了的艺术形式，从而充分发挥其音乐性的诗歌审美功能”“情感和韵律有某种对应的关系，所谓声情相应，心灵通过韵律获得感性的表征。”[①]这也许就是雅可布森所说的音与义的两种相似性互相作用的效应。黑格尔说：“正像在音乐的表现里节奏和旋律须取决于内容的性质，要和内容相符合，诗的音律也是一种音乐，它用一种不太显著的方式在使思想的时而朦胧时而明确的发展方向和性质在声音中获得反映。”[②]

中国传统诗中的声情相应，也早为研究家所关注。试看吴战垒在《中国诗学》一书中的一段分析：

“韩愈的《听颖师弹琴》是一首写乐曲的名篇，前十句摹写琴声的变化和聆听的感受，绘声绘情，深得其妙：

昵昵儿女语，
恩怨相尔汝。
划然变轩昂，
勇士赴敌场。
浮云柳絮无根蒂，
天地阔远随飞扬。
喧啾百鸟群，
忽见孤凤凰。
跻攀分寸不可上，
失势一落千丈强。

“开头两句多用舌前声母 n 和 I、U、ü 等开口度不大的韵母，字

---

① 吴战垒：《中国诗学》，人民出版社，1991，第 154 页。

② 黑格尔：《美学》（第三卷，下册），朱光潜译，商务印书馆，1984，第 71 页。

音轻柔相近，贴切地表现了小儿女耳鬓厮磨、窃窃私语的情态。三、四两句由细声韵一变而为开口度大 a 韵母和响亮的鼻韵母 an、ang，在声调上则多用急促的入声字和声值变化显著的去声字，顿觉发奋激昂，声情骤变。接着又写琴声由刚转柔、起伏回荡，音域十分宽广；然而很快繁音促节大作，由此烘托乐曲高昂的主旋律。这逐级上升的主调到了最高音区，突然又跌落下来，声情起伏，变化无穷。这几句通过五言和七言的交错运用和声韵的巧妙安排，使诗的节奏变化与琴声的疾徐继续、高低起伏相协调。如第六句‘随飞扬’用三平调结，形成一种飘浮不定的感觉；第十句‘失势一落千丈强’，七个字中用了五个仄声字，调值变化急促，都熨帖地表现了乐曲节奏情境的变化和听者主观感受的同步反应。”①

如果用雅可布森的解析办法，应该说第一、二句与第三、四句在音与调上的对立，加强了这两联在语义上（柔与刚）的对立。第六句末尾的三平调强化了“随飞扬”的语意。第十句的五个仄声加深了“失势一落千丈强”同勇士、天地浮云、喧啾百鸟等意象的强烈对比。全诗写琴声，却始终用比喻，即雅可布森所谓的隐喻原理——选择轴上的相似性投射到组合轴上，而且算得上是典型、彻底的体现。这些不能不引起我们研究和对比的兴趣。

像这类音义交互作用的实例在词中更是屡见不鲜。甚至对长短调词牌的选择，也可凭经验使词牌的音律符合所表达的感情。如李清照所作的以双声叠韵著称的《声声慢》，全词九十七字，而舌齿声占五十七字，尤其是末了两句：“梧桐更兼细雨，到黄昏点点滴滴。这次第，怎一个愁字了得！”二十多字里舌齿两声交相重叠，用啮齿叮咛的口吻，把自己忧郁惝恍的心情表现得淋漓尽致。②吟咏的直感告诉我们：这种特定语音的组合和交错，的确增强了词中的意境，可谓音义对称的典型之作。

---

① 吴战垒：《中国诗学》，人民出版社，1991，第 155—156 页。

② 同上书，第 167 页。

对等原则导致多义或歧义，丰富诗的意象和含义，在汉诗中同样不难得到印证。试看：

杨柳青青江水平，
闻郎江上踏歌声。
东边日出西边雨，
道是无晴却有晴。

（刘禹锡《竹枝词二首》之一）

用雅可布森的语言说，诗中“晴”字的诗功能高于指代功能，不过指代功能并未因此消失，只是语境中退居次要地位，服从了诗功能的总体需要。本来，同音异义的语音对等关系，如“无晴——无情”“有晴——有情”，存在于语言的聚合系列即选择轴上，入诗之后出现在组合轴上，致使“有情”“无情”变得含蓄蕴藉，产生委婉的诗意。而文天祥《过零丁洋》诗中：“惶恐滩头说惶恐，零丁洋里叹零丁”两句，最鲜明地体现了组合轴上的对等关系。“惶恐滩”与“零丁洋”本为地名，诗人触景生情，借地名喻心境，在词形和语音的两相对照中，仿佛把它们的语义也等同起来，借助重叠强化悲壮苍凉的审美感受。看来，由对等原则深入诗的意蕴中研究，是很值得一试的。

“对称原则”是雅可布森诗学中的一个核心概念，而中国古典诗歌中声调的二元对立堪称“对称原则”发挥的极致。对中国古典诗歌创造出节奏律的二元对立原则并奠定为诗章结构的基础，雅可布森惊叹不已。中国律诗讲求阴阳之合，结构里包括两个相互影响、彼此对立的成分，阴阳相互补充，相互转化，从而达到和谐的统一。最集中的表现，是古诗的音节对立。它以量的原则为基础，属于雅可布森总结的诗歌格律类型的第三种。这很像长音节峰与短音节峰的对立，而以“平仄”为区分标志。“平”声无起伏，“仄”声是起伏的声调；从音量上看，平声长，而仄声短。因此，诗的“仄仄平平”乃是一种“短长律”,“平平仄仄”则为“长短律”。[①]同属长短音节对立的,还有古希腊语和拉丁语,那里是长音节峰与短音节峰的对立。中国古诗可说是长声调与短声调调峰的对立。那么,汉语字调分四种,为何在诗节奏律中却只实现了平仄二元对立?在对称原理中,雅可布森论证了诗章结构中一个普遍现象:结构成分双双成对,对立统一(бинарная оппозиция)。这一点也许可以供我们的研究参考。

这种二元对立原则在汉诗中不仅表现在长短音(平仄)上,也表现在句法结构上。如杜甫的《春夜喜雨》:

好雨知时节,(仄仄平平仄)
当春乃发生。(平平仄仄平)
随风潜入夜,(平平平仄仄)
润物细无声。(仄仄仄平平)

这是一首常见的首句诗仄起仄收式。除了平仄在诗行内和诗行间的对立之外,词句上第一行和第二行相对,第三行和第四行相对。这就涉及古诗的对仗问题。汉语是单音语言,排比起来可以非常整齐,所以汉语的骈语就非常发达,不仅入诗,而且入文。诗中词语相对引起句式相对,形成一环套一环的多层次对称系统。我们觉得,雅可布森所说的对等原则(相似性投射到组合轴)、对称原理、二元对立规律,在汉诗中不只是得到印证而已。汉诗里不仅广泛多样地体现了这些原则,而且在整齐的对称中处处都伴有规律性的变化,即在整齐中求变化。因此,如果以汉诗为材料发掘对等和对称规律,定会对雅可布森的理论有所拓展,这是一方面。另一方面,雅可布森揭示对等和对称原则的根本目的在于说明诗何以为诗,亦即这些原则的美学功能何在。这一点却启发我们深入

① 参见王力,《汉语诗律学》,新知识出版社,1958,第7页。

思考两个问题：第一，汉诗的平仄、对仗、韵律等等是否应该综合为一个“对等律”来做整体考察，如雅可布森做的那样？第二，这种对等或对称系统，如何实现着诗功能，即赋予诗章以诗意或诗味？

二　汉诗中的语法

诗功能引出诗的语法，这是雅可布森诗学的一个重要命题。小说散文固然也强调诗功能，但本质上是以叙述性为基本特征，而诗歌语言本质上则是抒情的，而且凭直感可以知道，在诗的特殊结构中有可能较多地“偏离”日常语言。“语不惊人死不休”应该说是中国诗中“陌生化”的强烈追求了。在这个方面，汉语独特的语法体系，给诗歌语言的“偏离”和“超越”提供了极为特殊的方便。因此，雅可布森关于诗歌语法的观点在中国古典诗歌身上找得到精彩的体现。下面我们还是借用《中国诗学》中的几个例子及其分析来说明这一问题[①]。

宋人魏庆之在《诗人玉屑》卷六中讲了一则王安石改诗的故事。“王仲至召试馆中，试罢，作一绝题云：‘古木森森白玉堂，长年来此试文章。日斜奏罢长杨赋，闲拂尘埃看画墙。’荆公见之，甚叹爱，为改作：‘奏赋长杨罢’，且云：诗家语，如此乃健。”[②]

所谓“诗家语”，就是要打破常规，在意蕴的表达上也显得更有力度，耐人寻味。“日斜奏罢长杨赋”和“（日斜）奏赋长杨罢”两句在表达的事实内容上并没有什么不同，即交际功能不变；但在表达的重点、层次和意味上却有微妙的差异，对诗功能的实现至关重要。“日斜奏罢长杨赋”，重点在“奏罢”，强调奏赋过程的终结，表述分为三个层次：日斜—奏罢—长杨赋，即时间—动作—对象。“奏罢”，虽有动作感，却已近结束，对象也不突出。“（日斜）奏赋长

① 参见吴战垒，《中国诗学》，人民出版社，1991，第172—176页。
② 魏庆之编《诗人玉屑》（上），上海古籍出版社，1982，第143页。

杨罢”，将动补结构“奏罢”变为动宾结构“奏赋”，动作感强烈，且突出“奏”的对象为“赋”，进而又强调这不是一般的赋，而是“长杨赋”。《长杨赋》本为汉代扬雄名作，这里借指应试的好文章。这样在表述上不但多了一个层次，而且语义更有递进感：日斜—奏赋—长杨（赋）—罢。“长杨”置于“赋”之后，重点后现，造成语词的“悬念”效果，起到了画龙点睛的作用。

这就使我们想到杜甫《秋兴八首》第八首的那一联名句：

> 香稻啄余鹦鹉粒，
> 碧梧栖老凤凰枝。

从字面上看，这是一种“受阻”的语言，属于那种普希金说的，叶尔莫洛夫将军读了格利鲍耶陀夫的诗后下颌都僵硬了的诗文。如果改为“鹦鹉啄余香稻粒，凤凰栖老碧梧枝”，就会明白顺畅多了。但诗论家认为改了“便不是好句”。沈括则认为“此盖语反而意宽”。为什么会这样呢？周振甫先生说：“原来杜甫这诗写的是回忆长安景物，他要强调京里景物的美好，说那里的香稻不是一般的稻，是鹦鹉啄余的稻；那里的碧梧不是一般的梧桐，是凤凰栖老的梧桐，所以这样造句。就是‘香稻—鹦鹉啄余粒，碧梧—凤凰栖老枝’，采用描写句，把重点放在香稻和碧梧上，是侧重的写法。要是改为‘鹦鹉啄余香稻粒，凤凰栖老碧梧枝’，便成为叙述句，叙述鹦鹉凤凰的动作，重点完全不同了。再说，照原来的描写句，侧重点在香稻碧梧，那么所谓鹦鹉啄余，凤凰栖老都是虚的，只是说明香稻碧梧的不同寻常而已。要是改成叙述句，好像真的有鹦鹉凤凰的啄和栖，反而显得拘泥了。”[①]这一段分析已是很透彻的美学上的解释。但似乎还可以做些语言技术上的分析。依雅可布森的诗语法观点来看，“香稻啄余鹦鹉粒，碧梧栖老凤凰枝”，在句式上是

---

① 周振甫：《诗词例话》，中国青年出版社，1980，第 296 页。

主、谓、宾俱全，完全符合语法规则，然而它缺乏诗家所要求的“陌生化”感觉；诗人关注的焦点没有得到“凸显”。这两句在表达层次上是把强调的重点置于句首，然后逐层申说，渐次展开，即表现为一种演绎和归纳顺逆性的双向语义结构：

香稻—(鸟类)啄余的—鹦鹉(啄余的)—(颗)粒；

碧梧—(鸟类)栖老的—凤凰(栖老的)—枝(条)。

显然，这种重点前置、语法次序反逆的层递关系，产生了逐层深化渲染的作用，强化了读者的印象，增加了诗文的可感性，防止了“语言麻痹”。同时造句浓缩，避免了通常语序的累赘感，显得“语健”而“意宽”。还须进一步指出，这种表述在很大程度上是受诗章字数和音律的限制。正是在“强制性”的诗语法形式中，句子才表现出如此富有“弹性”的内涵。读者在体味其内涵时，也不得不赞叹诗人驾驭诗形式的技巧和魅力。

在从诗功能到诗语法的论述中，雅可布森以对称原则为中心，提出了基本的理论观点。正如他强调的，语言的诗功能表现，在极大程度上受制于具体民族语的结构特点。所以，汉诗的语法诗化问题，需要从汉语实际出发去发掘。然而，诗语法问题的提出，无疑给我们以重要的启发。

王力先生在《汉语诗律学》中详细论证了古诗句型与语法的问题，对后学者有丰富的启迪作用。论述的重点在于指出诗句的语法如何相当于散文的语法。倘如借鉴雅可布森的理论，增加一个角度：诗句的语法体现了怎样的诗功能，我们的认识会更上一层楼。例如该书举出：“高鸟长淮水，平芜故郢城”两句，后注有：“高鸟百寻，群渡长淮之水；平芜数里，环攒帮郢之城”(第262页)；“春浪掉声急，夕阳花影残”两句，后注为“春浪方生，掉声遂急；夕阳转淡，花影渐残”(第261页)。这种解读方式，说明了词语间的关系，传达了句意，但还没能点到诗句给人的视觉感受。特别是杜甫的两句名诗：“绿垂风折笋，红绽雨肥梅”，解读为“风折之笋垂绿，雨肥之梅绽红”(第256页)，给人意犹未尽之感。杜甫将“绿”色放在句首，是为了强调色彩感，突出第一印象：那绿色下垂的是被风折断的竹笋，那红色饱满的是经雨水滋润而长肥的梅子。这是一种主谓式的判断句，但省略了系词。前后项指称的是同一事物，然而互易其位就会导致语感和情味的变化。析为“风折之笋垂绿，雨肥之梅绽红”，是只说了一半，忽略了诗功能。无独有偶，上例“香稻啄馀鹦鹉粒，碧梧栖老凤凰枝”也被解读为正序“鹦鹉吸余香稻粒，凤凰栖老碧梧枝”的形式（第 256 页）。且不论这种解读正确与否，至少失之简单化，以一种叙述的语序消解了原诗多层次的美感。如果说要讲求语法，应首先是“审美语法”，而不是“理性语法”或非诗功能的语法。因此，这样的一些解读更是不足取的，如把“空外一鸷鸟，河间双白鸥”两句，只读作“空外有一鸷鸟，河间有双白鸥”（第 260 页）；把“大漠孤烟直”只读作“大漠的孤烟（是）直（的）”（第262 页）。

最后需要指出的是，雅可布森的诗学从语言学入手，已经发展成一种独特的诗章结构分析，超出了纯语言学的范围。他的分析给我们提供了一个析诗的综合模式。这种对诗篇的内在本体的分析，包含了对语音、语法、词汇、语义各层次及其相互之间关系的描写，包含了对交际功能与诗功能相互关系的探索。我们觉得，借鉴这种系统的结构的析诗模式，也应该成为中西诗学对话的一个内容，比起前述的具体问题来，恐怕更具有方法论的意义，因此也更为重要。

下　篇
言语体裁理论研究

米哈伊尔·米哈伊洛维奇·巴赫金（Михаил Михаилович Бахтин，1898—1975）是20世纪最重要的思想家之一，他的思想涉及哲学、文艺学、美学、语言学等人文科学众多领域，堪称人文领域的“理论百科全书”。巴赫金的“每一著作几乎都提出了人文科学中的新问题、新思想、新观点，他的每一部著作都把读者领入一个新的学科，走进一个新的境地”[①]。然而，他的思想并不为当时的苏联正统学术界所接受，他的学术著作长期不能公开发表，直到20世纪50年代末60年代初才第一次被发现；20世纪60年代末70年代初，才陆续被译介到西方。20世纪80年代初，英美掀起了对巴赫金的研究热潮，继而波及全世界，且历经几十年不衰，就其规模而言，可谓“已形成一门‘巴赫金学’（бахтинология）”。[②]

巴赫金最初是作为文艺学家、美学家、哲学家被认识和接受的，而作为语言学家则是20世纪80年代末90年代初才被发现的，然而，他的语言学思想一经发现，便焕发出夺目的光彩，得到了西方语言学家的大力点赞，他的《马克思主义与语言哲学》和《言语体裁问题》等著作已经成为语言科学的新“经典”。[③]巴赫金对语言学的重大贡献在于他的超语言学思想。超语言学（металингвистика）是一种独特的语言学研究方法，一种全新的研究视角。巴赫金指出，传统语言学所研究的对象“是把活生生具体语言的某些方面排除之后得出的结果；这种抽象是完全正当和必要的”“但语言学从活的语言中排除的这些方面，对于我们的研究目的来说，恰好具有

---

① 钱中文：《论巴赫金的交往美学及其人文科学方法论》，《文艺研究》1998年第1期。

② 张会森：《作为语言学家的巴赫金》，《外语学刊》1999年第1期。

③ 同上书，第51页。

头等意义。我们的分析，可以归为超语言学；这里的超语言学，研究的是活的语言中超出语言学范围的那些方面(说它超出了语言学范围，是完全恰当的)，而这种研究尚未形成特定的独立学科。”[①] 言语体裁理论正是在这种超语言学的基础上建立起来的，反过来又丰富、发展了超语言学。

① 巴赫金:《巴赫金全集》第五卷，白春仁等译，河北教育出版社，1998，第239—240页。

第一章　巴赫金言语体裁理论概说

体裁(жанр/genre)原本是指艺术作品的种类和样式,巴赫金创造性地将它引入语言学领域,赋予它新的含义,用来指称一切口头和书面的话语类型,并由此提出独特的言语体裁理论。言语体裁是贯穿巴赫金学术思想始终的论题之一。巴赫金的言语体裁理论,就其地位而言,可以与他的小说理论相提并论。

一　言语体裁理论产生的背景

言语体裁是巴赫金创造性思想活动中"贯穿始终的"一个主题。[①]早在20世纪20年代,巴赫金在《生活话语与艺术话语》和《马克思主义与语言哲学》中开始关注言语体裁问题,20世纪30年代撰写的几部重要作品里都有涉及。在萨兰斯克时期,巴赫金曾有意以专著的形式来总结自己在这一领域的所有探索,但遗憾的是,此项工作最终未能如愿,保存下来的仅为一些片段,1978年首次以《言语体裁问题》为题发表,此文成稿于1952—1953年。因此,我们要介绍的背景包括两个方面:一是巴赫金的超语言学背景,它与

① 孔金、孔金娜:《巴赫金传》,张杰、万海松译,东方出版中心,2000,第305页。

传统语言学构成的对话关系；二是《言语体裁问题》一文创作的具体背景。

（一）巴赫金的超语言学

20世纪前半段，欧洲大陆的语言学主要是沿着洪堡特与索绪尔的两大哲学-语言学研究传统发展的。[①] 巴赫金把洪堡特及其追随者的语言学称为个人主义的主观主义流派（индивидуалистический субъективизм），当时该流派主要以德国语文学家福斯勒（Karl Vossler）和意大利学者克罗奇（Benedetto Croce）为代表。其基本语言观点是：(1) 语言是一种活动，一个由个人的言语行为实现的不间断的创造构造（energeia）过程；(2) 语言创作的规律是个人心理的规律；(3) 语言创作是一种类似于艺术的能被理解的创作；(4) 语言作为一个现成的产物（ergon）和稳定的（词汇、语法、语音等）语言体系，是一个近乎"板滞僵硬"的沉淀物，也是一个抽象地建构而成的符号系统，以供人们在实践中把它作为现成的工具来掌握。[②]

巴赫金对个人主义的主观主义流派采取一分为二的态度：一方面，他吸取了个人主义的主观主义中的合理成分：将表述（высказывание，关于其译名我们将在下文做详细说明）视为真正而具体的语言现实，把语言形式和语言的意识形态内容看作一个不可分割的整体，任何一个话语，都具有意识形态色彩，并且任何语言的运用，都与意识形态的变化相联系；另一方面，巴赫金不接受个人主义的主观主义流派的"语言创作的规律是个人心理的规律"的观点，因为在巴赫金看来，如果从个人心理的环境中引出话语的意识形态内容，基本上都是以独白型表述为出发点，个人主义的主观主义"忽视，不理解表述的社会属性，并试图把它作为说话者内

---

① 凌建侯：《巴赫金哲学思想与文本分析法》，北京大学出版社，2007，第60页。

② 巴赫金：《巴赫金全集》第二卷，李辉凡等译，河北教育出版社，1998，第390—391页。

部世界的表现，从其内部世界排斥出去”[①]。巴赫金指出，19 世纪的唯心主义语言学，从洪堡特开始，虽然不否认语言的交际功能，但是极力把语言的交际功能当作一种辅助功能，置于次要地位，而把脱离交际产生思想的功能置于首要地位。以福斯勒为代表的新洪堡特学派强调语言所谓的表现功能，把表现功能的本质归结为表现说者的个人世界，认为语言是出于人类要表现自己，将自己客观化的需要，将语言的实质归结为个人的精神创造。

巴赫金针锋相对地提出了自己的立论：“真正的语言-言语现实不是语言形式的抽象系统，也不是孤立的独白型表述，更不是实现表述的心理生理行为，而是言语相互作用的社会事件，这种作用是通过一个或数个表述来实现的。[②]”巴赫金强调语言的交际功能，认为言语的相互作用是语言现实的基础。话语正是说者与听者相互关系的产物。任何话语都是在与“他人”的关系中才被赋予含义的。话语，是连接“我”和别人之间的桥梁。如果它一头系在“我”这里，那么另一头就系在对话者那里。话语是说话者与对话者之间共同的领地。话语属于说话者，但又不完全属于说话者：如果话语仅仅是一个纯粹的生理学行为，那么它与动物的叫声就没有什么区别了，所以它又不完全属于说话人。我们讨论的仅是话语的一种存在形态——现实的面对面的有声话语。假如我们不从声学角度来看待话语，而是关注作为符号的词语，那么话语的所有权问题就特别复杂了，因为说话者是从社会现有的符号中采撷需要的符号，说话者不过是符号的使用者，他所使用的符号不是纯粹的符号，而是具有社会性的符号，由社会关系决定；由符号构建的表述的结构和风格，则是由最直接的社会氛围和更广泛的社会环境决定的。所以不能将表述看成个体现象，也不能从说话者个人心理或生理环境角度去理解，而应该从社会学的角度来考察表述，表述

---

① 巴赫金：《巴赫金全集》第二卷，李辉凡等译，河北教育出版社，1998，第445 页。

② Бахтин М. М. Фрейдизм. Формальный метод в литературоведении. Марксизм и философия языка. Статьи. Москва，2000，С.429.

具有社会性。

在巴赫金看来，任何话语都不代表交际的全部，它只是连续的言语交际中的一个因素，与非语言的因素相互联系、相互作用。在与非语言因素的联系之外，言语的交际在任何时候都无法理解。“在这种与环境的具体联系中，言语交际总是伴随着非言语特征的社会行为（劳动行为、宗教仪式的象征行为、礼节等），常常只是它们的补充并且所起的仅仅是服务作用。语言是活生生的，并且正是在这里历史地形成的，在具体的言语交际中，而不是在抽象的语言学的语言形式体系和说话者的个人心理之中形成的。[①]”

另一传统是索绪尔的结构主义语言学，20 世纪前半段一直占据统治地位，而巴赫金的主要学术创作活动正是完成于这一时期。那时，正如巴赫金本人所说：“我们语言学思想的大多数代表人物受到了索绪尔及其弟子——巴利（Charle Bally）和薛施蔼（Albert Sechehaye）的影响。[②]”在《马克思主义与语言哲学》一书中，巴赫金对索绪尔及其结构主义语言学进行了详细的分析和批判，将其称为抽象客观主义。

抽象客观主义语言学流派认为：“语言是一个稳定的、不变的体系，它由规则一致的语言形式构成，先于个人意识，并独立于它而存在。[③]”而巴赫金则认为：“语言与其意识形态内容的分离，是抽象客观主义最大的错误之一。[④]”抽象客观主义流派把语言看作抽象的形式体系，不符合语言的实际。语言存在的实际是言语交际，是话语，不是抽象的语言结构，因此应该在言语交际中，即在语言的真实生命之中研究语言。巴赫金认为结构主义语言学源于欧洲古老语文学传统，这一传统研究的是“死”的语言，把语言学看作语

① 巴赫金：《巴赫金全集》第二卷，李辉凡等译，河北教育出版社，1998，第445 页。
② 同上书，第 404 页。
③ 同上书，第 401 页。
④ 同上书，第 417 页。

文学“地道的孩子”。语文学家们迷恋深奥的或“死去”的语言而不能自拔，他们无法将注意力转向熟悉的语言，转向活生生的本土语言。索绪尔高扬抽象的、超历史的语言，贬抑生动的、具体的言语。巴赫金指出：“语言作为规则一致的形式体系，是一种抽象化。它在理论和实践上仅仅适用于破译和教授外来的死语言，而在语言事实的生命与形成中，这一体系不可能成为理解和解释它们的基础，相反，它把我们从活生生的语言形成的现实性及其社会功能中引开……”[①]

抽象客观主义的语言学家们大都热衷于肯定这样的论断：语言作为一种规则一致的形式体系，具有直接的现实性，直接的客观性。对于说话者的主观意识来说，语言是否真的作为一个无可争辩的、规则一致的客观形式体系而存在呢？巴赫金给予了否定的回答，他认为：“说话者主观意识与语言一起工作，根本不是把语言作为一个规则一致的形式体系。[②]”“对于说话者，语言形式重要的不是作为固定的和永恒不变的标记，而是作为永远变化着的和灵活的符号。[③]”作为系统的语言虽然存在，但它是非历史的、抽象的存在，存在的全部意义仅仅在于把语言作为一种“死”的东西进行研究和语言教学之用；而语言系统中的语法、词汇和语音都是“死”物，它们只有置于实际的言语情境中才能用于理解活动，只有同个体主观意识结合相关才能存身；尽管语言系统的规范统辖着某一特定集体中的个体，但其本质却在于：它们只有同集体成员的主观意识相关才能存在，因为语言不是一套完整客观的法则。运用语言的能力不在于掌握句法规则、词汇和语法规范，语言的掌握在于能够在变化的情境下应用这些固定的东西。从说话人的角度（而不是从语法学家的角度）来看，语言的重心不在于形式的同一性，而在于它在特定情境下获得的新的具体意义；理解的任务主要不

① 巴赫金：《巴赫金全集》第二卷，李辉凡等译，河北教育出版社，1998，第 431 页。
② 同上书，第 413 页。
③ 同上书，第 414 页。

是判断所运用的形式是否正确，而是在一定的具体语境中，一定表述中理解它的意义，它的新意。巴赫金指出："语言集体的成员一般从来也不会感到，毋庸置疑的语言规则的约束。[①]"因此，也就不难理解，为什么以俄语为母语的人在说话时，从来不思考词形变化，也不会在意词形变化对他们的约束。巴赫金得出一个大胆的结论：说话者的言语意识，其实与语言形式本身，与语言本身，根本没有关系。巴赫金进而提出一个更令人深思的论断："实际上，我们任何时候都不是在说话和听话，而是在听真实或虚假，善良或丑恶，重要或不重要，接受或不接受等。话语永远都充满着意识形态或生活的内容和意义。[②]"

抽象客观主义语言学流派断言，"语言是一种由一代人传给另一代人的现成物体"[③]，并把共时性剖面的语言存在与语言的历史形成过程割裂开来，认为共时性现象与历时性现象没有任何共同之处：作为规则一致的形式体系，语言相对于说话者意识存在；而作为形成的过程，则只对于历史学家而存在。抽象客观主义流派主张静态地、共时地研究语言。巴赫金则认为，语言是和言语流一起运动的，并且无法与它分开。其实，语言不是被传送的，而是一直处于发展和流变之中的。个人并不是在一味地被动接受现成的语言，而是积极参与到言语交际的这一流动过程中来，更确切地说，个人意识只有在这一流动过程中才能首先得以实现。因此巴赫金主张动态地、历时地研究语言。

抽象客观主义语言学流派将影响语言的社会因素一概排除在外，这无异于在"真空"中研究语言。巴赫金却把语言之外的所有因素都纳入他对话语的描述中，包括交际目的、交际情景、交际领域、交际者等。传统语言学家们大多小心谨慎地将之拒之门外，因为这些因素似乎妨碍了将语言作为一个系统来描述。在巴赫金看

---

① 巴赫金：《巴赫金全集》第二卷，李辉凡等译，河北教育出版社，1998，第 416 页。

② 同上。

③ 同上书，第 425 页。

来，传统语言学家们将注意力集中于语境之外的词语，获得了典型的范例和词典中的定义，却牺牲了语言中最重要的东西，即词语具有获得某种意义的能力；词句能够具备意义的唯一办法是让人理解，而理解必须诉诸特定情境下的特定说者和听者。该流派的语言学家们本末倒置地看待语言，企图获得一种全景。相反，巴赫金则专注于个体说话人，而不是“词句本身”这一虚壳。

晚年的巴赫金将学术研究的内容大致划分为三种类型关系：(1) 客体之间的关系，包括物体之间、物理现象之间、化学现象之间的关系，因果关系、数学关系、逻辑关系、语言学关系等等；(2) 主体和客体之间的关系；(3) 主体(个人、个性)之间的关系，自然也包括话语之间的对话关系，伦理关系等等。属于此类的还有一切人格化了的含义。[①]按照巴赫金的这种划分方式，个人主义的主观主义流派对语言的研究属于第二种，即主客体关系研究；而抽象客观主义流派对语言的研究属于第一种，即客体之间的关系研究。而巴赫金提出的超语言学，研究话语与话语以及话语内部各种“声音”之间的关系，十分重视主体间的关系。巴赫金指出：“话语是言语交际的现实单位。[②]”他强调话语是个人的表述，话语中包含说者的个性及其对言语对象的评价态度，还包含与言语对象相关的他人话语及听者的评价态度，换言之，话语至少有两个声音、两个主体相互作用的产物，话语之间的关系就变成人与人、个性与个性，交谈者之间(说者与听者、作者与读者)的价值取向关系。

巴赫金“是一个自觉的对话主义者。他面对一切要研究的人文文本，面对一切他人的学术话语，都表现出对话的积极性。他喜欢提出边缘性问题，喜欢探索解决问题的新思路，却从不把自己的结论视为研究的终点”。[③]他毕生的学术创作正是践行他的对话主义，而在语

---

① 巴赫金：《巴赫金全集》第四卷，白春仁等译，河北教育出版社，1998，第 101 页。

② 同上书，第 149 页。

③ 白春仁：《边缘上的话语——巴赫金话语理论辨析》，《外语教学与研究》2000 年第 3 期。

言学领域，他从与传统哲学语言学流派的学术对话、争鸣中找到了超语言学的研究方法、研究对象，建立了独特的超语言学理论。

（二）《言语体裁问题》的创作背景

二战结束后，巴赫金回到了萨兰斯克，在教育学院重操旧业，以讲师的身份被任命为普通文学教研室主任。但随着东西方两大阵营"冷战"的到来，苏联对西方国家采取敌视的态度，无论在意识形态还是在学术界都掀起了所谓的反世界主义运动，这种偏激的反西方主义使得那些从事文学理论和文学批评研究的学者们对西方文论望而却步，他们在著书立说时甚至不敢援引西方的权威典籍。反世界主义运动使巴赫金身处险境，面临被解雇甚或被捕的危险，因为他是前政治犯，又是教育学院主讲西方文学的教员，因而巴赫金不得不格外小心谨慎。

此外，马尔主义伪科学统治着当时的苏联语言学界。尼·马尔（H. Mapp，1865—1934）是一位很有天赋的学者，在历史、考古以及具体的语言研究领域做出过重要贡献。他缺乏语言学理论素养，却有意把语言科学变成实现他个人思想的实践，甚至怀有统领整个世界语言科学的野心。由征服的欲望带来的自负和因征服的不可能而产生的自卑，使他立誓要与俄国革命前的语言学和国外语言学彻底决裂，而当时苏联的政治形势和政治需要给他带来了前所未有的契机。他把以前的语言学传统都定性为资产阶级的"遗毒"，将阻止资产阶级的语言学说入侵苏联科学视为自己的神圣使命——保证了苏联语言科学的纯洁性，也就等于保证了他的"语言新学说"的权威性。马尔的"语言新学说"认为，语言具有阶级性，是统治阶级手中阶级斗争的工具。虽然马尔的理论充满矛盾和臆想，完全经不起推敲和追问，但是得到了斯大林的赏识和支持，20 世纪 20 年代末到 50 年代初，马尔的"语言新学说"被奉为唯一正确的、马克思主义的辩证唯物主义的语言学。凡是反对马尔新学说的就是反对马克思主义，反对马尔新学说的学者，都会被扣上政治帽子，遭到批判、解职、流放甚至被迫害致死。这样的学术风气笼罩着苏联语言学界长达20年。直到1950年6月22日斯大林在《真理报》上亲自撰文，批判了他一手栽培起来的马尔主义，并掀起了一场语言学的大讨论，结束了马尔主义一统苏联语言学的历史。斯大林撰写的反马尔主义的文章被收集成册，取名为《马克思主义与语言学问题》。

作为教研室负责人的巴赫金总是“按照当时所要求的风格和语言裁制自己的讲话。他并不苛责那些对斯大林主义妥协的人们，他自己则设法灵活地应付日丹诺夫时代最激烈的言辞。作为最后的解释，他总是说：‘这挺有趣儿。’尽管巴赫金在其他方面不谙世故，但他却与政治的声调保持协调”。[①]在这样的背景下，巴赫金创作的《言语体裁问题》是对斯大林的《马克思主义与语言学问题》小册子的回应，是摩尔多瓦教育学院科研工作计划中的内容，也是他因公务需要而撰写的《对话性话语问题（以斯大林论述的作为交际手段的语言学说为基础）》一文的副产品。为了使《言语体裁问题》顺利发表，巴赫金还写了一个序言，援引了斯大林的一连串话。但这篇序言也无济于事，文章当时未能发表。此文在巴赫金身后被收入《语言创作美学》(1979)，序言被删掉了。

特殊背景下创作的《言语体裁问题》，让研究者们产生许多异议，因为它是巴赫金学术写作生涯中一个过于峻急的变调，很刺人耳膜。他在长官意志与学术操守之间所做的抉择令人意外，他对马尔学派和索绪尔语言学态度的前后不同甚至反向转变让人难以接受，这种接受完全是因斯大林的好恶而生。正如俄文版《巴赫金文集》第5卷的编者柳·戈戈季什维利（Л. Гоготишвили）指出的那样，努力使自己的思想适应当时的形势也许是《言语体裁问题》的最高任务。因此，巴赫金无法在文中直接论述自己的思想，才不

① 克拉克等：《米哈伊尔·巴赫金》，语冰译，中国人民大学出版社，2000，第421页。

得不将自己思想的锋芒隐藏在他人立场之中，即便是对表述范畴的论述，也是通过揭示它与作为语言单位的词句之间的区别来实现的。而且，巴赫金创作这篇文章时直接从语言学内部出发，遵循当时的术语、修辞规范，使用所预见的读者（语言学家们）的语言，尽量避免使用一般哲学、语言学注释，从而易于被语言学家接受。也正是由于这篇文章，巴赫金的表述理论和言语体裁理论迅速为现代语言学所接受，从而“赢得广泛的声誉”。①

《言语体裁问题》一文中隐含着对当时盛行的马尔主义批判的回应，对句法学、修辞学总体状况的批判，对苏联国内语言学发展前景的超前预测。

几乎所有流派的语言学家都被卷入了反马尔主义的运动，他们打着形式上统一的旗号：赞成语言的全民统一性观点，批判马尔臃肿的句法学，反对语言的阶级方法，反对以阶级方法为基础的俄语语文学；支持遭到马尔主义批判的历史对比语言学、语音学、词法学等。反马尔主义运动使各个语言学流派走向联合，人文思维总体呈现独白化。因而，巴赫金在这场大讨论中，不得不采取中立的立场。然而，巴赫金之所以密切关注反马尔主义大讨论，主要目的是想从传统语言学内部嫁接对话的分支。巴赫金的策略是：有条件接受他人的理论前提，得出纯逻辑的结论，然后拓展这些结论。他适度接受源于索绪尔的语言与言语的二元理论，以及源于斯大林关于语言的全民统一性和非意识形态性的观点。按照这种“逻辑运算”，绘出语言学总图，然后限定自己直接感兴趣的领域——言语交际。

《言语体裁问题》一文针对的是当时反马尔主义的语言学大讨论中存在的三种对立观点：马尔主义，“维诺格拉多夫学派”和国内的新兴结构主义。显然，它们与巴赫金的语言学思想格格不入，但

---

① Gary Saul Morson & Caryl Emerson, *Mikhail Bakhtin: Creation of a Prosaics*, Stanford, California: Stanford University Press, 1990, p. 271.

是巴赫金对待这三个流派的态度有细微差别。其中最主要的论辩对象是维诺格拉多夫学派，不过，需要说明的是，后者并不是“最为敌对的”，而是“最能触动”巴赫金的。巴赫金和维诺格拉多夫用不同的理论导向，研究几乎相同的问题，得出完全不同的结论。巴赫金把维诺格拉多夫的立场定位为语言学中的索绪尔方向。而巴赫金对国内的新兴结构主义则采取另外一种态度，他指出，在人文思维独白模式条件下，结构主义最合乎情理，在逻辑上“最令人信服”。不过在巴赫金看来，结构主义根本不适合考察语言学中的他人话语或者非直接表述现象。激进的唯理论思维不利于语言学问题的清晰划分，而这必然导致结构主义彻底放弃语义学，然后语义学回归结构主义。巴赫金考察的一些问题，比如言语的多主体性，说者之我的分化等再次以减弱的独白化形式（姑且叫作维诺格拉多夫形式）引入语言系统思维轨道。巴赫金强调一个奇怪的现象：维诺格拉多夫流派与结构主义流派作为独白思维的两个端点互相转化。至于巴赫金与马尔学派，则可以说他们的研究几乎不相干。马尔学派的核心是语法，准确地说是研究语法形式和语法范畴的生成与意义。对于巴赫金来说，纯语法的东西从来不是分析的对象。而巴赫金所研究的言语交际，也不是马尔学派研究的对象。就巴赫金的语言哲学与马尔主义的最初动机和最终目的来说，二者也不具有可比性。对于巴赫金来说是个性，对于马尔主义而言，是人的抽象共性，乃至未来的全体一致性。因此，在巴赫金看来，马尔主义、结构主义和维诺格拉多夫学派都是独白性的。

巴赫金认真关注着传统语言学各流派的发展，一直想把自己的研究课题有机引入传统语言学，《言语体裁问题》一文就是这样的尝试。此文是一篇未完成的作品，巴赫金自己也坦言，未完成性是自己的创作风格。[①]文中未尽的思想，不便于直接表达的，以及受

① Бочаров С. Об одном разговоре и вокруг него // Новое литературное обозрение, 1993, №2, С. 86.

传统语言学限制的思想在后来的作品中得到了进一步阐发，如《文本问题》《1961 年笔记》等，这些作品有助于我们更为深刻地理解巴赫金的言语体裁理论。

二　言语体裁理论的内涵

"体裁"原本属于古典语文学概念，源于古希腊哲学家亚里士多德的"类"的概念，他在《诗学》中区分了史诗、抒情诗和戏剧三种文学体裁。现在，人们往往用体裁代指一切艺术作品的种类和形式，故有文学体裁、绘画体裁、雕塑体裁、舞蹈体裁、电影体裁、音乐体裁、建筑体裁之分。在我国文论中，体裁一直用来指文章体式、文学作品的样式。在俄语语文学中，体裁是个文学范畴，指文学中历史形成的内部分类。20 世纪初，亚・尼・维谢洛夫斯基（А. Веселовский）把法语的"genre"引入俄语文学研究，用它来划分抒情作品、史诗、戏剧和长篇小说、短篇小说、叙事长诗、童话、寓言等类型。[①]

巴赫金创造性地使用这一术语，赋予它全新的含义，从文学、艺术领域拓展到语言学，用它来指一切口头和书面的话语类型，并加以限定，取名"言语体裁"（жанр речи，речевой жанр），以区别于其他体裁。"每一单个的表述，无疑是个人的，但使用语言的每一领域却锤炼出相对稳定的表述类型，我们称之为言语体裁。[②]""一定的功能（如科学的、技术的、政论的、公务的、日常生活的功能）和每一个领域特有的言语交际的某些条件，产生特定的体裁，亦即特定的，在主题、结构布局和修辞方面相对稳定的表述类型。[③]"巴赫金言语体裁的含义集中体现在他对言语交际、表述及其与体裁相互关系的独到理解中，下面我们分别加以阐述。

---

① Веселовский А. Н. Историческая поэзия. Москва，1989，С. 247 - 250.

② 巴赫金：《巴赫金全集》第四卷，白春仁等译，河北教育出版社，1998，第 140 页。

③ Бахтин М. М. Собрание сочинений. Т. 5，Москва，1997，С. 164.

（一）言语交际

巴赫金的言语交际（речевое общение）概念具有严格的范畴意义，其本质在于独立主体间的对话性。巴赫金批判了洪堡特和索绪尔等人的“说者中心”之交际观，认为他们所谓的“听者”和“理解者”、统一语流的说法是一种虚构，否定了受话人的主体地位，造成了说话人的独白。“说者中心”交际观歪曲了言语交际这一复杂的、多面的而又积极的过程，否定了言语交际的对话本质。巴赫金的言语交际又被称为言语的相互作用（речевое взаимодействие），在他看来，言语交际远比机器运转复杂，人可以同时做“说”和“听”这两件事情，言语交际是一种双向的理解活动：说者听，听者说。“听者在接受与理解言语的意义时，要对这一言语采取积极的应答的立场：同意或是不同意（全部还是部分同意），补充它，应用它，采取行动等，从整个聆听、理解过程一开始，有时从说者说出的第一个字开始就形成了听者的应答立场。对活生生的言语、话语的任何理解都具有积极应答性质……任何理解都孕育着回答，而且必定产生某种形式的回答：从而听者成为说者（以便‘交流思想’）。[①]”在巴赫金的言语交际观中，积极的应答式理解包括：(1) 行动（比如口令、命令的执行）；(2) 默不作声的、延迟的应答式理解（听者所听到的、积极理解的内容迟早会在该听者随后的言语或行动中体现出来。比如，我们读一本专著，对其中的观点、立场的理解就属于这一种，我们可能会在自己的文章中引用所读过的专著中的观点、立场，或批判或赞同等。这类理解大多相对于抒情话语、复杂体裁的话语）；(3) 高声应答等形式（比如，对问题的直接回答，表达立场，这多见于活生生的现实交际中。巴赫金充分肯定了受话人的主体地位。）

从说者的角度来看，一方面，说者期待的正是听者的积极应答

① Бахтин М. М. Собрание сочинений. Т. 5，Москва，1997，С. 169.

式理解，要求听者回答、同意、同情、反对、执行等。为了促成受话人的积极应答式理解，说话人应该充分考虑受话人的统觉背景及观念信仰等因素，说者的话语总是以受话人潜在的应答为前提。我们说话时，也总是会考虑对方会怎么回答，有怎样的反应，话语是为他人，为受话人而构建的。另一方面，说者本身也是应答者，因为任何一个说者都不是“第一个打破宇宙永恒沉默的人”①。说者要应答的是先前存在的，自己的或者别人的话语，所以每一个话语都是话语链条上的一个环节，承上启下。

言语交际的复杂程度还远不止上述的情形，因为任何话语中还存在他人话语（чужое слово）。巴赫金指出，在日常交际中，说者的言语对象是与直接交谈者的意见交锋的舞台，而在文化交际领域，说者的言语对象是与他人观点、世界观、流派、理论等交锋的舞台。而言语中的他人的世界观、流派、理论、意见总是通过语言来表达的，它们构成了他人言语。话语不仅要针对言语对象，而且针对该言语对象的他人言语，因此，他人言语是言语中之言语，话语之话语，同时也是一种关于言语之言语，话语之话语。那么，传统语言学的说者与听者（理解者）之间的简单图式，以说者为中心的交际观，在巴赫金这里就变成了“我”与“他人”平等的对话关系；他人不是消极的听众，而是言语交际的积极参与者；他人既可以是在场的，也可以是不在场的；既可以是实实在在的他人，也可以是一种意识，甚至可以是自我中一种持异议的声音。

（二）表述

表述译自 высказывание（系 высказывать 的动名词，意为“说出”“表示”），它作为一个俄文术语在当时的苏联语言学界被广泛使用，表示话语句，语句，被视为表达完整思想的语言单位。实际上，传统语言学把句子和表述、语言单位和言语交际单位混为一

---

① Бахтин М. М. Собрание сочинений. Т. 5，Москва，1997，С. 170.

谈。许多语言学家、语言学流派所研究的句子，实质上是“(作为语言单位的)句子与(作为言语交际单位的)表述的混合体”①。传统语言学对表述的理解依然局限于抽象的语言体系，脱离生动的交际现实，巴赫金所理解的表述是语言与生活的中介，即语言通过具体的表述进入生活，而生活也通过具体的表述进入语言。

巴赫金明确指出，言语交际中“人们交流的不是(严格语言学意义上的)词和词组，也不是句子，而是思想，即借助作为语言单位的词、词组、句子构建的表述”②。“表述整体——已不是语言单位……，而是言语交际的单位，它所具有的不是意义(значение)，而是含义(смысл)，即与价值——真善美等有关系的，要求得到带有评价意味的应答性理解的完整含义。③”

巴赫金所理解的表述术语有一个显著特点——表述主体始终处于核心位置，因为主体决定了表述的一系列重要特征。首先表述属于言语交际参与者，具有清晰的边界，但这个边界不是语法边界，而是由言语主体的交替决定的边界。传统语言学将言语切分为句子、词组、词、音节、音位，普遍采用术语“语流(речевой поток)”，巴赫金指出言语流概念意义不明确，无法确定其长度、起点和终点，取多长的片段进行分析。而巴赫金找到了主体这个关键依据，并对话语进行清晰界定，他指出：“言语交际是人类所有活动领域和生活领域中的思想交流。所有表述[从日常生活的(由一个词组成的)简短对语到大部头的长篇小说或者科学论著]都具有绝对的起点和终点：表述开始之前是他人的表述，表述结束之后是他人的应答表述(即便是他人的默不作声的积极应答式理解，或者最终根据积极应答式理解所采取的应答式行动)。说者结束自己的表述，是为了让他人发言或者让位于他人的应答式理解。话语不是假定的单位，而是现实的单位，是由言语主体交替划定的清晰边界的单

① Бахтин М. М. Собрание сочинений. Т. 5, Москва, 1997, С. 176.

② 同上书，第176—177页。

③ Бахтин М. М. Эстетика словесного творчества. Москва, 1979, С.305.

位，表述的结束就是让他人发言……好像一个信号，让听者感觉到说者已经说完。[①]”

就人类活动的不同领域、不同类型的言语交际而言，言语的主体交替也采取不同的形式。比如在现实的对话中，主体交替采取对语（реплика）的交替形式，话语边界位于对语之间。“每一个对语，不管它多么简短，多么不连贯，都具备特殊的完成性，它表达了说者的某种立场，可以对说者的立场进行应答，根据说者立场可以采取应答立场。[②]”在其他的言语交际领域，包括复杂的有组织的文化交际（科学、艺术领域的交际），话语边界的本质亦复如此。结构复杂的文学作品，专业化的科学作品，即便与作为对话的对语的性质有所不同，但它们仍然是言语交际单位，仍然有清晰的边界，而这个边界同样由主体交替来确定。言语主体在这里体现为作品的作者，他的风格、世界观、意图等诸方面体现为作品的个性特点，使他的作品与该文化领域的言语交际过程中与他的作品相关的其他作品区分开来，这些作品有：作者依据的前人作品，同一流派的其他作品，作者与之斗争的敌对流派的作品等。作品与作为对话的对语一样，旨在得到他人的回应，得到他人的积极应答式理解。这种积极应答式理解可能采取各种形式：对读者的教育影响，说服读者，批判式意见，对追随者和后继者的影响等。在言语交际的复杂条件下，作品决定了他人的应答立场。作品是言语交际的一个环节，与对话的对语一样，既与它所应答的作品相连，也与对该作品做出应答的作品相连；同时，与作为对话的对语一样，作品与其他作品具有绝对的言语主体交替的边界。

从上面的论述中我们可以得出结论：在现实对话中，一个表述等于同一个说者的一个对语；在复杂的交际领域，一个表述即对应着一位作者的一个作品。对此，也有学者持不同意见，如俄罗斯学

---

① Бахтин М. М. Собрание сочинений. Т. 5, Москва, 1997, С. 172 - 173.

② 同上书，第 173 页。

者弗·阿尔帕托夫(В. Алпатов),他认为有一种情形不明确:“同一个作者的短篇小说集或者学术论文集,究竟是算多个表述还是算一个表述呢?[①]”巴赫金虽然没有直接论及这种情形,但是我们参照他的理论,不难回答这个问题。同一个作者的短篇小说集或论文集属于多个话语,它们有着不同的创作背景、依据和针对性,期待不同的应答,积极应答式理解。

其次,表述具有语调。巴赫金所说的语调有别于语音学意义上的语调。后者用于本义,指语句的发声基调,一般仅具有语法和表情的功能。而巴赫金的语调则用于引申义,它具有丰富的内涵。在论述勃洛克诗歌的形式特点时,巴赫金指出:“语调是指无法准确分类的各种细微差别的总和。这里的问题既不在于话语的含义方面,也不在于话语的声响方面,而在于声音赋予一定语境中的话语的情感评价、个性评价,这种评价就是话语的语调,通过我们的声音振动来传达。一句话,用声音传达的无穷无尽的细微差别构成了话语的语调。[②]”语调是说话人对言语对象和他人话语的评价态度,是说话人情感意志的重要载体。巴赫金通常把语调称作“情感意志语调”(интонация, эмоционально-волевой тон)或者表现力语调(экспрессивная интонация)。在交际过程中,人们可以感受到说话人语气的轻重缓急,语调中所透露的情感意志,从中我们可以把握说话人的评价立场。如果话语没有语调,就会变得难以理解,话语便不复存在。巴赫金举例说:两个人坐在房间里,沉默不语。一个人说“是这样!”,另一个人什么也没说。如果谈话时,我们不在房间,那么整个这段“谈话”就是令人费解的。“是这样!”是空洞的和完全无意义的。倘若我们给话语“是这样!”加上语调,比如,愤怒和责备的语调,然后再联系话语的语境:对话时,两个对话者看了一眼窗外,发现下雪了。两人都知道,已经五月了,早就应该

---

① Алпатов В. М. Волошинов, Бахтин и лингвистика, Москва, 2005, С.390.

② Бахтин М. М. Собрание сочинений. Т. 2, Москва, 1997, С. 347.

是春天了。两人对漫长的冬日已经生厌，都在等待春天的到来，对不合时令的降雪感到不快。这一切就是非语言的语境，它决定了说话人的语调。巴赫金指出："语调是处于语言和非语言、言说和非言说的边界上。"①

有声话语的语调比较好理解，那么，对于现成的言语作品来说，如何理解语调呢？按照巴赫金的思想，我们阅读书面言语时也能意识到表现力语调的存在，它是一种无声的语调。无声的语调体现为渗透在字里行间的作者的评价态度，我们通过话语的整体把握，而体裁作为话语整体的形式，在我们解读作者的无声语调时起着预测与调整的作用。语调就其本质来说是社会性的，因为话语是一种社会性事件，它通过语调表现出说（写）者、听（读）者、被谈论者或事件之间的价值关系和相互作用，也就是以赞同、反对、批驳、嘲讽、戏谑、冷漠、欣喜、厌恶等语气与他人（话语）进行交锋。话语通过语调直接与生活相关联，而生活正是渗透在话语内部，代表着说者周围统一存在的和生长于这个存在中的共同的社会评价，亦即社会语调，它构成了"一块绣花的底布，在这上面活生生的人类话语绣出一幅幅语调的图案"②。按照巴赫金的理解，话语体现为多声语，即存在多种语调的共存和交锋，说者的语调既不排斥他人的语调，也不丧失自己的独立性，而是进入与他人语调的对话关系之中。

语调作为说者的评价立场，分为两个方面：一方面指向听（读）者，期待他的共鸣与"和声支持"；另一方面指向话语的客体，语调对它或批评或推崇或厌恶或喜爱。话语的客体，在巴赫金看来，就像话语的有生命的第三个参与者。从这个意义上说，语调具有借喻功能。比如上例中的语调似乎在责备反常降雪的活生生的过错者——冬天。"瞧，这固执的冬天还不愿结束，该结束了！"③

---

① 巴赫金：《巴赫金全集》第二卷，李辉凡等译，河北教育出版社，1998，第88页。

② 同上书，第89页。

③ 同上书，第90页。

为了说明语调对于话语的作用，巴赫金还援引了陀思妥耶夫斯基同六个醉汉相遇的亲身经历：他们用同一个猥亵词以不同的语调表达了六种不同的态度和立场。[①]如果这个词被印刷成文字，脱离具体语境，它就是一个词，不过重复了六次而已；然而，语调赋予它特定情境的含义，使它们成为互不相同的六个构成对话关系的话语，对话在这里完全由语调来体现，而非借助这个词的意义，仅仅将它作为语调的支点。巴赫金指出："在生活言语中，声调（即语调）往往具有完全独立于言语含义构成的意义。……我们有表情地表达自己的情感，并深刻地叙述着偶尔受我们影响的某个词，往往是虚拟的感叹词或副词。几乎每一个人都有自己惯用的感叹词和副词，有时还有语义饱满的词，人们常常将它作为一种纯声调的解释，解释细微的，而有时又是很大的日常生活环境和心情。[②]"在春晚小品《不差钱》中，小沈阳的话语中特有的语气词，就属于这类，借助他特有的语调，表达的是一种情感、态度和评价立场。

"没有评价就无法构造表述。每一种表述首先都是评价定位。所以活生生的表述中每一个成分不仅在指示着，而且在评价着。[③]"语调作为话语不可或缺的成分，贯穿话语始终，成为表达说者对外部世界的观点立场和情志态度的重要因素，是最终使自己话语指向他人话语，又彻底区别于他人话语的关键环节。

再次，表述具有完整性。实际上，在论述表述的边界中，我们已经涉及完成性的问题，然而表述的完成性（завершенность），或曰完整性（целостность）是一个非常复杂的问题，它牵涉话语之间的对话关系；它是理解巴赫金的话语本质、话语理论的一个非常重要的范畴。

巴赫金指出，话语完成性是"说者说完（或者写完）此时此刻或

---

① 巴赫金：《巴赫金全集》第二卷，李辉凡等译，河北教育出版社，1998，第457—458页。

② 同上书，第458—459页。

③ 同上书，第457页。

者此条件下想说的一切。我们听或者阅读时,明显感觉到话语的结束,就好像听到了说者的结束语'我说完了'"[1]。我们发现,这里涉及完成性的两个标准,即说者的标准和听者的标准。从说者的角度看,我们常说"我要说的都说完了""我说完了,该你了!""我要讲的就是这些,下面想听听您的意见"等等,都是话语完成性的明显标志。从听者的角度来看,话语完成性的标准是:可以对它做出应答,准确地说,可以对它采取应答立场。[2]这两个标准考察话语完成性的结果有时是不一致的,在日常口语交际中,会出现打断说者的表述,这时,从听者的角度看是"够了,我知道你要说什么了",而从说者的角度看是"我还没说完呢,别打断我"。那么,这里就会出现一个问题:被打断的说者的话语是不是一个完成的表述呢?我们的回答是肯定的,因为巴赫金表述的完成性是一个相对概念。相对于该表述的听者来说是完成的表述。在每一个话语中,我们都能感觉到、领悟到说者的言语意图,它决定了话语的篇幅和边界,即完成性。我们想象作者想要说什么,我们正是用(理解到的)说者的意图、言语意志来衡量话语的完成性的。接受者一旦领悟到这一点,说者的话语即获得完成性。

在创作领域,表述的完成性又有什么特点呢?在创作领域,特别是科学领域,作为话语的作品所涉及的内容同样具有相对的充分性,因为不存在"空前绝后"的绝对真理。在科学探索的道路上,每一个表述仅仅解决的是一部分的问题,不可能存在一个表述能够解释存在的所有现象,也不可能存在放之四海而皆准的道理。作为科学研究活动之成果的作品,总是受限于对该事物的现有认识、研究状况、作者既定的目的,即在作者一定的意图范围内。随着人们对事物认识的不断深入,关于该事物的话语的完成性程度不断提高,但是没有绝对的完成性,因为科学探索是无止境的。这

① Бахтин М. М. Собрание сочинений. Т. 5, Москва, 1997, С. 178.
② 同上。

是从宏观上来看,从某一话题内容的研究历史与发展来看的,每一个表述都是相对完成的,处于与他人(前人的、期待的后人)的对话关系之中。从微观上来看,一个表述内部充满对话,如就某一问题的争论,他人的表述在表述内部发生"交锋",这种交锋其实就是应答或者应答立场,参与交锋的表述都具有完成性。

最复杂的是文学话语,因为作品既是作家的话语,又不全是作者的话语,还有人物的话语。作品整体作为完成的话语与其他作品发生对话关系,这是宏观的话语;在这个"宏观话语"的内部存在人物之间的对话:主人公与作者,主人公与主人公,作家假借叙述人之口与时代的对话,等等,就会存在作者的话语、主人公的话语、叙述人的话语等,这是"微观话语"。不管是哪一种话语,关键是要抓住话语的主体,这样就能分辨各种类型的话语及其完成性。

从以上论述中可以归纳出表述完成性的两个标志:一是指物意义(即所讲的事物,告知的内容,话题的内容)具有相对的充分性,这是话语的客观因素;二是说者的言语主旨或者言语意图已经明了,这是就接受者而言的,具有主观性。除此之外,表述的完成性还体现在它具有典型的结构形式——体裁,这是我们下面要讲的。

最后,需要指出的是,在巴赫金的俄文原著中,还有几个词与высказывание术语构成同义词,表达同一所指即现实中的话语。这些词是слово, текст, речь, говорение在中文版《巴赫金全集》中分别译为"话语""文本""言语(话语)""言讲(言说)"。对于同一概念为什么要使用不同的术语呢?巴赫金曾解释说:"我喜好针对一个现象使用多样性的术语,采取多种角度。不指明中间环节而遥相呼应。[①]"因为巴赫金的话语现象具有复杂的边缘性,它处于众多学科的边缘,不单独属于哪一门类,贯通语言、文学、美学、文化等多个领域。从而在不同的语境中,有不同的侧重。

此外,需要补充的是,言语交际、表述在当时的语言学界的使

---

① 巴赫金:《巴赫金全集》第四卷,白春仁等译,河北教育出版社,1998,第424页。

用频率非常高，但是，巴赫金的言语交际、表述概念具有明确的范畴意义，有着上述特定内涵。巴赫金所说的言语交际不能被纳入索绪尔的“语言-言语”二元结构，因为巴赫金的言语交际概念强调的是交际的社会典型方面，而非个性方面，这一点有别于索绪尔的“言语”。巴赫金所说的言语交际的“社会性”（социальность）与索绪尔所说的语言的社会性又有着本质区别：巴赫金强调言语交际的多主体性，而不是统一的、抽象的语言意识。如果注意到巴赫金后期作品（如《文本问题》）中的相关论述，那么，可以推测，巴赫金的语言学结构不是“语言—言语”二元结构，也不是谢尔巴的“语言系统—语言材料—言语活动”三元结构，而是四元结构：（作为系统的）语言、（作为语篇集合的）言语、言语交际和（作为言语交际单位的）表述。

（三）言语体裁

综合巴赫金的相关阐述，我们认为，可以对言语体裁做出如下界定：言语体裁是在一定言语交际领域中所形成的相对稳定的表述类型，由功能、交际条件以及具体的交际情景所决定的结构、修辞统一体。人们的交际活动领域是多元化的，每一个活动领域都能形成一系列言语体裁；而且人们的交际活动领域也在不断变化和发展，言语体裁从而得到不断的发展，所以言语体裁纷繁多样。除此之外，言语体裁具有极端差异性。巴赫金指出：“我们不仅应该把日常对话的简短对白（而且由于话题、情景和对话的参与者不同，日常对话的类别也是千差万别）、日常讲述、（各种形式的）书信、程式化的简短军事口令、具体详尽的命令、各种各样的公文（大都是程式化的）、各种各样的政论演讲（包括社会和政治演说）都归入言语体裁，还应该把各种科学著作、文学体裁（从俗语到多卷本长篇小说）也归入言语体裁。”[①]从这段话中我们可以看出：巴赫金

① Бахтин М. М. Собрание сочинений. Т. 5, Москва, 1997, С. 159 - 160.

的言语体裁几乎包含了所有的话语现象，因此具有普遍性的语言学意义；其次，文学体裁是言语体裁系统中的一个组成部分。此外，我们还发现，巴赫金的言语体裁理论正是围绕言语交际、表述和言语体裁的关系而展开的，因此有必要梳理一下三者之间的内在逻辑联系，以揭示巴赫金言语体裁理论的内涵。

第一，“言语体裁不是语言形式，而是典型的表述（话语）形式。[①]”巴赫金对内容与形式的关系有着独特的理解，他认为“内容是新东西，形式是程式化了的、凝固了的旧的（熟悉的）内容。形式是通向新东西、未知内容所必经的桥梁。形式是熟悉易解的、凝滞了的旧世界观”[②]。言语体裁形式也不例外，它是“与一定主题和情景相适应的典型话语，是过去交际行为的存留，是准备未来行为的一种言语积累”[③]。体裁不是纯粹的形式，而是有潜在含义的形式，它对应着典型的言语交际情景，典型的题材，因而，对应典型条件下的词的意义与具体现实的典型联系。言语体裁是一种历史记忆，是联系过去与未来、已知与未知、旧的与新的纽带，“体裁过着现今的生活，但总在记着过去”[④]。

传统的语言学认为，人们说话时直接面对语言学上的词句，并区分词句在修辞色彩上的各种类型，从语言单位的词、句直接到达话语，但巴赫金认为，这中间还存在一个不可逾越的环节——言语体裁。人们在讲话、写文章的同时要遵循两套规范，一是语言单位的形式，二是言语单位的形式——即作为表述形式的体裁。换言之，要同时遵守语法规则和语用规则，言语体裁便是语用规则的体现，言语体裁是连接语言与生活的桥梁。一方面，语言通过言语体裁进入生活，另一方面，生活通过体裁进入语言。

第二，言语体裁在言语中表现为话语模型（модель）。人们在

① Бахтин М. М. Собрание сочинений. Т. 5, Москва, 1997, С. 191.

② Бахтин М. М. Эстетика словесного творчества. Москва, 1979, С.368.

③ 凌建侯：《巴赫金哲学思想与文本分析法》，北京大学出版社，2007，第 170 页。

④ 巴赫金：《巴赫金全集》第五卷，白春仁等译，河北教育出版社，1998，第 140 页。

讲话时，并不是每次都要临时遣词造句，在大多数情况下，都是采用现成的套语。巴赫金在《言语体裁问题》一文中多次使用“我们的言语熔铸到一定的体裁形式”的说法①。可见，言语体裁是话语模型，言语交际时，我们总是选择一定的模型，把话语铸入其中，形成自己的话语。比如，日常交谈中我们使用一种体裁说话，在正式场合我们用另一种体裁说话；写散文是一种言语体裁，写议论文又是另一种体裁。而且“在构建表述的过程中，我们也不总是从语言系统中选取中态的，词典里所列的形式。我们通常从其他表述中，首先是从体裁（亦即题材、布局和语体）相近的表述中取词，因此，我们是根据体裁特点来选词的”②。

我们娴熟自如地使用作为话语模型的言语体裁，有时甚至察觉不到它的存在，因为“言语体裁之于我们，几乎就像母语……假如不存在言语体裁，我们并没有掌握它们；假如我们不得不在言语过程中从头创造它们，自如而且首次建构每一个表述，那么言语交际、思想交流就几乎是不可能的了”③。巴赫金指出：“许多精通语言的人在某些交际场合往往不知所措，这正是因为他们没有从实践中掌握这些领域的体裁形式。有的人在文化交际各领域中能够自如地驾驭语言，善于做报告，展开学术辩论，谈起社会问题滔滔不绝，可在社交谈话中往往沉默寡言或笨口拙舌。这里的问题不在于词汇贫乏，也不在于抽象意义的风格，问题的症结在于没有掌握社交的各种体裁形式……”④

第三，言语体裁是话语存在的自然形态，离开体裁话语就不复存在。言语体裁是决定表述完整性的要素，它与指物含义的充分性、说者的言语意图或者言语意志密不可分。巴赫金指出：“说者的言语意志（речевая воля）首先体现在言语体裁的选择上。言语体

① Бахтин М. М. Собрание сочинений. Т. 5, Москва, 1997, С. 180 - 181, 183.

② 同上书，第 191 页。

③ 同上书，第 181 页。

④ 同上书，第 183 页。

裁的选择是由言语交际领域的特点、指物含义的构想、言语交际具体情景、交际参与者等因素决定。[①]"巴赫金所理解的表述具有普遍的语言学意义，泛指一切话语，是话语的基本单位；那么，作为言语交际单位形式的言语体裁同样具有普遍意义。言语体裁纷繁多样，看似庞杂无序，却反映了语言的本来面目，反映着话语的真实存在。巴赫金将繁杂的言语体裁分为第一性和第二性两大类。前者是指在直接言语交际条件下形成的言语体裁，如日常生活中的言语体裁，又称为简单体裁或基本体裁。后者是指在较为复杂的、相对发达且有组织的文化交际（主要是书面交际）条件下产生的言语体裁，又称之为复杂体裁或者派生体裁，由第一性体裁派生而来，其中特征最鲜明的是戏剧，最为复杂的则是长篇小说。需要指出的是，所谓第一性和第二性，属于哲学范畴，常用来表示存在与意识的辩证关系，因而巴赫金的言语体裁理论具有深厚的哲学基础，他把第二性体裁称为意识形态体裁（идеологические жанры）。第一性体裁直接与现实发生联系，反映交际的情景，反映日常生活、生产的事件。而第二性体裁则是对第一性体裁加以改造而形成的，于是构成第二性体裁的那部分第一性体裁便获得了特殊的性质：它不再与现实发生直接的关联。比如，日常生活对话中的对白或者书信，在小说中保留了对话或者书信形式，并仅在小说的内容方面保留了日常生活意义，只能通过整个小说进入现实，即作为文学艺术事件，而不是日常生活事件进入现实。因此，可以说第一性体裁是第二性体裁的基础和前提，第二性体裁是第一性体裁的发展和创新。除此之外，巴赫金还将体裁划分为简单体裁、复杂体裁、基本体裁和派生体裁，应该说，这些名称都源于第一性体裁和第二性体裁的特征。

第四，言语体裁作为典型的表述形式，具有典型的语调，它是一种凝固了的语调，是对用语调表现个人情感意志的种种复杂情

---

① Бахтин М. М. Собрание сочинений. Т. 5, Москва, 1997, С. 179.

况的归纳、概括与分类。言语体裁的语调体现话语主体的情态评价。言语体裁的主体是一种潜在的主体,是潜在的一类人或者典型的主体。

言语体裁除了具有表述的主体性、指向性、情态性、评价性、历史性之外,还具有整体性。巴赫金认为,言语体裁是布局结构的整体,修辞的整体;在许多言语交际领域,我们讲话时显得信心不足,是因为我们对这些领域的言语体裁缺乏整体把握,缺乏体裁整体感,不善于把握发言时机,"不会正确地开始和正确地结束"[①],而这种整体感能够帮助我们迅速、自如地将言语融入一定布局的修辞形式。对于受话人而言,体裁整体感有助于理解话语的内容、预测话语的走向,从而对话语做出应答或者应答式理解。从这个意义上讲,把握体裁的整体感是言语交际得以顺利实现的前提条件之一。

巴赫金把表述、言语交际和体裁三者有机结合起来,用体裁把语言和生活联系起来。"单纯从体裁的角度讲,巴赫金的贡献之一,是没有将体裁局限在文学领域,而是放置在整个言语交际活动中加以考察,把日常生活体裁、言语交际的形式或类型看作言语体裁。[②]"巴赫金的言语体裁包括两大类型:一是人们用以体验现实的基本体裁,或称日常言语体裁;二是用以理解艺术世界、认识客观世界的复杂体裁,或称文化体裁。"贡献之二,是巴赫金把体裁放到同言语交际、话语主题的相互关系中来研究,把体裁提高到人们思维和理解客观对象的形式的高度,'人的意识用以观察和理解现实的一系列内在体裁'成为'整个作品、整个话语的典型形式'。[③]"

巴赫金从与传统的两个语言哲学流派(即个人主义的主观主义和抽象客观主义)的学术对话、争鸣中找到了超语言学的研究方法和研究对象,建立了独特的超语言学理论,搭建起别具一格的四

① Бахтин М. М. Собрание сочинений. Т. 5, Москва, 1997, С. 183.

② 凌建侯:《巴赫金言语体裁理论评介》,《中国俄语教学》,2000 年第 3 期。

③ 同上。

位一体的语言学构架:语言系统、言语、言语交际和表述。在这个理论基础上,20 世纪 50 年代中期,在复杂的、不被理解的学术环境中,他创作了《言语体裁问题》一文,将传统的体裁概念从文艺学领域引入了普通语言学。他提出的"言语体裁"是指一切口头的、书面的话语类型。

言语体裁理论的独特内涵体现在表述、言语交际和言语体裁的概念及其内在联系上。表述既有别于语言系统的单位,又不同于结构主义的所谓言语,它是言语交际的单位。巴赫金的言语交际观体现的是平等的对话主义,始终把主体置于语言研究的中心位置,可以说具有显著的人类中心主义的特点。言语体裁概念可以指涉所有话语的类型——既包括传统的文学作品的体裁,又包括非文学作品的体裁,既包括书面语体裁,也包括日常口语体裁,因此具有语言学的普通性质。

三　言语体裁理论研究现状评述

当代语言学家们对巴赫金言语体裁理论的关注始于 20 世纪 80—90 年代,研究队伍以俄罗斯学者为主体,在较短的时间内便取得了相当可观的学术成就,俄罗斯语言学家瓦·杰缅季耶夫(В. Дементьев)指出:"以体裁为中心的研究趋势日益增强,逐渐占据主导地位,并获得了普遍性……近 5—8 年所发表的相关论著超过了前 50 年的成果之和。[①]"直至现在,体裁研究热在俄罗斯不仅丝毫未减,而且还呈上升趋势,一门崭新的学科——体裁学(жанроведение)也应运而生。俄罗斯成立了多个体裁研究中心,著名的有萨拉托夫、莫斯科、伏尔加格勒和彼尔姆等地的数家学术中心。许多知名学者都投身这一研究领域,形成了一个实力雄厚的

① Дементьев В. В. Изучение речевых жанров: обзор работ в современной русистике// Вопросы языкознания. 1997. №1, С. 109, 118.

"学术共同体"。尤其值得一提的是，萨拉托夫大学还推出了名为《言语体裁》(«Жанры речи»)的系列论丛(从1997年到2012年已出版八辑)，1997年、1999年和2002年出版的前三辑涉及多个论题，后五辑则分别围绕言语体裁的某个专题展开研究，第四辑(2005年)的论题是"体裁与概念(концепт)"，第五辑(2007年)则以"体裁与文化"为副标题，而第六辑(2009年)、第7辑(2011年)、第8辑(2012年)的专题分别为"体裁与语言""体裁与语言个性""体裁与创作"。八辑论丛既有对言语体裁理论的宏观研究，也有对言语体裁分类问题和具体言语体裁的微观探讨，所收录的文章不仅有俄罗斯语言学家的，还有国外学者的。该论丛较为全面地反映了最近20年言语体裁的研究状况及其学术水准。

从汗牛充栋的相关论著中，我们大致可以归纳出这一理论的三个观照视角——传统语言学、交际语用学和功能修辞学。需要说明的是，虽然我们关注的焦点是功能修辞学，但其他两个视角也涉及言语体裁的基本理论及其核心内涵，因此也被列入我们的考察范围。

(一) 言语体裁理论的传统语言学角度研究

所谓言语体裁理论的传统语言学角度研究，主要指运用传统语言学的系统结构之方法，借用言语行为理论的术语对巴赫金的言语体裁思想进行解读和阐发，并从说者的意向出发，对言语体裁进行分类和描述，阐释言语体裁结构中的语言单位，揭示言语体裁的各种名称之具体含义。这一研究方向的代表人物有俄罗斯语言学家尼・阿鲁秋诺娃(Н. Арутюнова)、米・费多休克(М. Федосюк)、塔・什梅廖娃(Т. Шмелева)和波兰裔语言学家安・韦日比茨卡(А. Вежбицка)等。需要说明的是，我们将言语行为理论纳入传统语言学的视角，这完全是相对于其他两种视角(即交际语用学和功能修辞学)而言的，显然具有较大程度的假定性。

有不少学者发现，言语体裁理论与言语行为理论之间具有可比性。言语行为理论最初由英国哲学家约翰·奥斯汀(J. Austin)于20世纪50年代提出,后经美国哲学语言学家约翰·塞尔(J. Searle)进一步发展。该理论认为言语是一种行为,人们说话实际上就是在做事,我们可以用语言做很多事情,如陈述一件事情、进行一次询问、发出一个指令、提出一个请求等。根据奥斯汀的分类,当我们说一句话时,即已实施三种言语行为:言内行为(locutionary act)、言外行为(illocutionary act)和言后行为(perlocutionary act)。塞尔指出,言语行为有直接的和间接的两种。说话者话语的意义和句子的字面意义一致的言语行为就是直接的言语行为。间接言语行为是指通过完成一种言语行为而间接完成另一种言语行为。如果人们对间接言语行为的言外之意不能正确理解,交际就无法顺利进行。他把言外行为分为阐述、指令、承诺、表达和宣告五类,每一类行为都有一个共同的目的。

言语行为理论的创立早于巴赫金《言语体裁问题》一文的发表,以至于巴赫金在该文中所阐述的言语体裁思想长期处于言语行为理论的"阴影"之中。"言语体裁'理论'的悲惨命运不亚于它的创始人,在'幸运'的言语行为理论的衬托下尤为突出。而30年以来,后者得到了很好的系统研究——从言语活动之动词的词汇逻辑描述到众多的分类、缜密的聚合和组合模型。①"

现在我们来看言语行为理论影响下的言语体裁研究。阿鲁秋诺娃指出,言语和行为密不可分,于是提出了交际体裁五分法:信息类对话(make-know discourse)、规定性对话(make-do discourse),旨在做出决策、解释真理的思想交流类型对话(make-believe discourse)、建立或调整人际关系类对话(interpersonal-relations discourse)和日常寒暄体裁(phatic discourse)。

费多休克通过对两种理论的概念和术语进行综合分析后得出

---

① Дементьев В. В. Фатические и информативные коммуникативные замыслы и коммуникативные интенции: проблемы коммуникативной компетенции и типология речевых жанров // Жанры речи. Вып. 1. Саратов: ГосУНЦ "Колледж", 1997, С.37.

结论：受话人根据语言表达的特点确定表述的体裁属性之后，他获得的信息不仅有说话人努力施加的影响（通常称作表述的言外之意 иллокутивная цель），还有借以识别说话人意图的一系列特征——可以称之为语力或语势（иллокутивная сила）。此外，任何一种言语体裁的语力可以反映表述的事件内容（событийное содержание）、说话人的观念（концепция автора），亦即他对受话人和事件内容的态度，以及该表述与前一话语和后面话语的相互关系，即交际的往事因素和交际的将来因素（факторы коммуникативного прошлого и коммуникативного будущего）。说者通过这些因素对受话人的认识、行为或者情感施加影响，亦即取得某种行为效果（перлокутивный эффект）。从该结论中我们可以理出两种理论所用术语的大致对应关系：

言语行为理论	言语体裁理论
语势 （иллокутивная сила）	言语意图 （речевой замысел）
言后效果 （перлокутивный эффект）	受话人的积极应答式理解 （активно-ответное понимание）
言外之意 （иллокутивная цель）	对受话人应答的预期 （предвосхищение ответа）

什梅廖娃是较早研究巴赫金言语体裁理论的语言学家之一，她提出言语体裁模型（модель речевого жанра）的概念。她认为，人的“言语意识中存在‘典型的言语体裁方案’，体裁规范、体裁模型，研究者的任务就是将这种直观表现用科学的定义进行说明，我们把它称为言语体裁模型”①。言语体裁模型是比语言模型更复杂的现象，她指出，至少可以用七个参数来描述言语体裁，其中首要的参数是交际目的，按照交际目的可以划分为四种类型的言语体裁，即信息类（информативные речевые жанры）、命令类（императивные

① Шмелева Т. В. Модель речевого жанра // Жанры речи. Саратов: ГосУНЦ “Колледж”, Вып. 1. 1997, С.91.

речевые жанры)、礼节类(этикетные речевые жанры)和评价类(оценочные речевые жанры)。在这一基础上,根据其他参数,每一类言语体裁内部都可以划分出相当多的体裁,这些参数有:作者形象、受话人形象(образ адресата)、命题(事件)内容(диктумное 〈событийное〉 содержание)、言语交际的过去因素(образ прошлого)、言语交际的未来因素(образ будущего)等。言语体裁的最后一个参数是语言表达(языковое воплощение)。①我们不难发现,言语行为理论在论述言语行为成功的条件、言语行为的分类时,早就用到所列举的这些参数,什梅廖娃只不过将这些要素系统地组织到一起了而已。

而韦日比茨卡则完全用巴赫金的思想阐述塞尔的观点,她指出:"言语世界不是由词、句构成,而是由表述(言语行为)构成。……言语行为理论比以语言单位为研究对象的传统语言学与现实联系更紧密。②"她用自己的语义元理论,借助于表示说者动机、意图等思维活动的一些句子,为"提问"(вопрос)、"请求"(просьба)、"命令"(приказ)、"威胁"(угроза)等小型言语体裁设计了模型。此外,她指出:"仅仅用言语行为概念来分析话语还不够,因为言语行为概念不仅将复杂体裁排除在外,而且还将小于单个'行为'的言外成分(如说者的个人意图和动机)排除在外。每个言语行为对应着一组综合的思维活动,每种言语体裁也是如此。要在统一的层面上进行语言分析,一方面需要一个比'行为'更大,内涵更广的概念(因此,我们需要'体裁概念');另一方面,需要比'行为'更简单,更小的概念(因此,我们需要'言外成分'概念)。③"可以看出,韦日比茨卡试图将言语行为理论和言语体裁思想进行有效

---

① Шмелева Т. В. Модель речевого жанра // Жанры речи. Саратов: ГосУНЦ "Колледж", Вып. 1. 1997, С.91 - 97.

② Вежбицка А. Речевые жанры //Жанры речи. Вып. 1. Саратов: ГосУНЦ "Колледж", 1997, С. 99.

③ 同上书,第109页。

结合。

就该研究方向而言，我们认为，必须明确两点：第一，言语体裁和言语行为是两个不同的范畴；第二，从传统语言学角度研究言语体裁是一种简化的研究。

虽然言语体裁理论和言语行为理论都力求摆脱抽象的语言系统，走向言语交际过程中的语言运用，从这一角度看，两者是相通的。但是，它们采取的是两条不同路径：(1) 言语体裁理论是以超语言学为基础的语文学理论，而言语行为理论则是以逻辑为基础的。(2) 言语体裁理论关注表述类型，而言语行为理论则侧重于行为类型，把言语行为“捆绑”到语法上，尤其是句子类型上。巴赫金在《言语体裁问题》一文中花大量的篇幅论述了作为语言单位的句子与作为言语交际单位的表述之间的本质区别。他指出：“当句子作为完整表述出现时，它似乎被嵌入了另一种材质做成的框子里。在对句子进行分析时，如果忘记了这一点，那就歪曲了句子的本质（同时也歪曲了表述的本质，将这一本质变成了语法属性）。许多语言学家和（句法学领域的）语言学学派就处于这种混乱之中，他们所研究的句子，实质上是（作为语言单位的）句子与（作为言语交际单位的）表述的混合体（гибрид）。[①]”在分析句子时，有些语言学家在不知不觉中便把句子当成表述，这种“偷换”概念的结果是，“把从语境中独立出来的句子扩展到表述整体。从而获得完成性，可以对其进行应答”[②]。不难发现，言语行为理论对语言的研究方法正是巴赫金着力批判的对象。

与言语行为相比，言语体裁是一种更为宽泛的概念，其结构更为复杂。玛·科任娜(М. Кожина)指出：“言语行为是对话中赋予一定语势，期望达到一定效果的对语，即具有一定影响的行为；而

① Бахтин М. М. Собрание сочинений. Т. 5, Москва, 1997, С. 176.

② 同上书，第 185—186 页。

言语体裁总是一种相互作用，即互动，总是更为全面的言语理论。[①]”运用巴赫金对言语体裁的分类法，我们可以区分言语体裁和言语行为。言语行为仅仅与第一性的言语体裁中由单个句子构成的表述类型相对应，如果仅限于这一角度，那么可以将言语体裁看作俄罗斯化的言语行为。

我们认为，把言语体裁当作言语行为来研究，或者说，用言语行为理论来考察言语体裁的各种特征，其实这是将言语体裁限定在狭小的语境范围内，从特定的角度出发进行局部研究。应该承认，这样的视角十分有助于深入理解小型日常言语体裁的特点，而后者恰恰是传统的体裁研究所忽略的。我们知道，对传统的体裁研究来说，其关注的主要对象是第二性体裁，尤其是文学体裁，而大量的日常生活体裁则被排斥在外。但是，正如巴赫金指出的那样，“片面地只依据第一性体裁，不可避免地会将整个问题庸俗化（这种庸俗化的极端表现，就是行为主义语言学）。[②]”只有对两类言语体裁进行全面分析，才能揭示表述的普遍性特征，因为“第一性体裁与第二性体裁的相互关系本身，及后者的历史形成过程有助于说明表述的本质特性”[③]。

那么我们又为什么说从传统语言学角度研究言语体裁是一种简化的研究呢？

按照巴赫金的言语体裁思想，言语体裁是一种对话现象，如果仅仅根据说者的典型意向来编制复杂的“言语体裁清单”，那么关注的重点就仅限于言语体裁的逻辑-意向，而容易忽略言语交际的其他因素，特别是接受者的因素，这实质上是一种简化的方法，偏离了巴赫金的言语体裁思想的本意。

无论是什梅廖娃的体裁描述，还是韦日比茨卡的体裁模型，都

---

① Кожина М. Н. Речевой жанр и речевой акт（некоторые аспекты проблемы）// Жанры речи. Вып. 2. Саратов：ГосУНЦ “Колледж”，1999，С.56－59.

② Бахтин М. М. Собрание сочинений. Т. 5，Москва，1997，С. 162.

③ 同上书，第 162 页。

倾向于说者，因此，费多休克对什梅廖娃的模型持批判态度，他指出："言语体裁的描述表中所列参数并不是表述的客观性特征，也不是表述在交际过程中的地位，更不是交际参与者，而是该表述的说者对所列参数的评价。[①]"然而，遗憾的是，费多休克自己也有"倾向于说者"之嫌，他认为，言语交际中的"自我吹嘘（похвальба）"和"阿谀奉承（лесть）"体现的是说者的不良意向，在实现该意向时，说者不可能承认该意向，因此它们不是言语体裁。奥·西罗季宁娜（О. Сиротинина）针锋相对地指出："从听者的角度看，无论是'自我吹嘘''阿谀奉承'还是恭维（комплимент）都是言语体裁（与典型的交际情景相对应）……言语体裁首先应该着眼于话语的接受者，它是在日常生活交际的接受中形成的。[②]"

简化式的理解还体现在对言语体裁的主题、布局和语体的认识上。比如，在言语体裁的传统语言学研究中，主题往往被简单地理解为言语对象（предмет речи），而巴赫金所理解的主题则是选择的结果，体现说者的立场，用现在的说法，主题具有语用特点。言语体裁的语体同样具有语用特点，它和主题一样，表达说者的一定的（情态）立场，决定着应答立场，而"言语体裁的布局结构"则是确保主题和言语体式与现实之间的联系。从这个角度来看，用言语行为理论对言语体裁进行语言学阐释的局限性，可以归结为对言语体裁的语用特征没有给予充分的考虑。这也是言语行为理论本身的不足，因它过于"迷恋"模型而导致图式化、简单化和独白化。

应该指出，从传统语言学的视角来研究言语体裁理论，可以说是学界探索此理论的初始阶段，这一研究视角由于受传统语言学的惯有思维和方法所困而偏离了巴赫金言语体裁理论的原本方

---

① Федосюк М. Ю. Нерешенные вопросы теории речевых жанров // Вопросы языкознания. 1997. №5, С.107.

② Сиротинина О. Б. Некоторые размышления по поводу терминов «речевой жанр» и «риторический жанр» // Жанры речи. Вып. 2. Саратов: ГосУНЦ "Колледж", 1999, С.27.

向。后来，有不少学者都意识到了这一点，于是他们在言语体裁理论的研究过程中也不再固守这一原则。

（二）言语体裁理论的交际语用学角度研究

如果说言语体裁思想的独白化和说者意图的绝对化是上述方向的不足之处，那么为了弥补这一缺陷，有的学者便从交际语用学入手来考察这一理论。交际语用学是语言使用的科学，它研究交际过程中的语言运用问题。言语体裁理论的交际语用学研究是从言语体裁的对话本质出发，依据的不是巴赫金的某部专著（或某篇专论），而是他的整体对话哲学、文化哲学。需要说明的是，与言语行为理论不同的是，交际语用学乃属传统符号学的一部分，它不仅要从与说者的关系中，而且要从交际情景的对话语境中，甚至还要从更为广泛的民族言语文化、社会文化和精神文化的宏观语境中来考察语言。

我们知道，巴赫金所理解的言语体裁有别于传统的体裁概念（如文艺学），巴赫金认为言语体裁不仅仅是文学作品的样式，而且是处于对话中的对语、表述类型。巴赫金从言语交际的角度考察言语体裁，将言语体裁视为人际间社会互动的事实，将它看作言语主体立场的相互关系和相互作用的类型。言语体裁的交际语用学研究正是基于巴赫金对言语体裁的理解而展开的，它重视发话人和受话人互动的方方面面，注重交际理解中的受话人因素，同时兼顾说话人传达的信息和受话人接收的信息。从事这方面研究的学者有康·谢多夫（К. Седов）、康·多利宁（К. Долинин）、瓦·戈利金（В. Гольдин）和奥·杜布罗夫斯卡娅（О. Дубровская）、瓦·杰缅季耶夫等。他们用广义的、社会学意义上的语用学方法研究言语体裁，把言语体裁理解为“人际间社会互动的典型情景的语言表达”[①]。康·多

① Седов К. Ф. Анатомия жанров бытового общения // Вопросы стилистики. Вып. 27. Саратов: Издательство Саратовского университета, 1998, С.11.

利宁指出:“言语体裁不是结构体(或者说不仅仅是结构体),不是语言学家们理论抽象的产物,而是某种语言操用者的言语能力(речевая компетенция)所具有的说话、写作的范式(模式)……言语体裁是言语行为(речевое поведение)的原型,……其功能是将交际情景诸要素的典型意义结合起来,构成固定的、可再现的组合。交际情景要素包括:(1) 发话人(考察角度有社会地位、性别、年龄,规定的角色,实施具有一定目的的行为,所持世界图景,个性和当时心理状态);(2) 受话人(也从发话人的上述方面考察);(3) 观察者;(4) 参照情景;(5) 交流渠道;(6) 发话人、受话人互动的总体语境;(7) 时间、地点和周围环境。①”

需要指出的是,从交际语用学的角度来研究言语体裁,有时会出现某种偏向,比如,从谢多夫的定义中可以看出,语言手段已退居次要地位,言语体裁的研究偏向了情景体裁和行为体裁。我们认为,既然是言语体裁(而不是别的体裁),那么相关的研究既不能忽视交际情景,也不能忽视语言本身。在这种情况下,正确理解言语体裁和语言的关系就成了问题的关键。巴赫金指出:“我们仅用一些特定的言语体裁来说话,……这些言语体裁之于我们,就像母语,我们无须对语法进行理论研究就能自如地掌握母语。②”巴赫金在此将言语体裁与语言进行比照,一方面是向语言学家们解释言语体裁的概念,因为此概念先前仅仅适用于文艺学范畴。这样的类比说明,言语体裁和语言形式一样是客观存在的。另一方面,言语体裁和语言具有相通之处,它们具有共同的交际本质,是言语交际的两种组织形式。言语交际也是人与世界互动的重要手段,人们实则同时借助体裁和语言来实现在互动中的各自定位。这一点我们可以在巴赫金的另一段话中得到证实:“语言形式和典型的表述形式(即言语体裁)紧密相连,一起进入我们的经验和我们的意

① Долинин К. А. Речевые жанры как средство организации социального взаимодействия // Жанры речи. Вып. 2. Саратов: ГосУНЦ “Колледж”, 1999, С.8 - 9.

② Бахтин М. М. Собрание сочинений. Т. 5, Москва, 1997, С. 180 - 181.

识。学会说话——就是学会建构表述（因为我们说话是用表述，而不是单个的句子，当然，更不是用单个的词）。言语体裁几乎就像语法形式（句法形式）那样组织我们的言语。①”

从交际语用学出发，把言语体裁作为社会互动的形式化手段来研究，这为言语体裁和语言的研究找到了一个共同的平台——言语交际。杰缅季耶夫指出：“言语体裁和语言是交际形式化总过程中的不同阶段。②”言语体裁是社会互动形式化的手段，是语言和言语之间的一种过渡现象。一方面，体裁不是交际，而仅仅是交际的形式；③另一方面，虽然有很多程式化的体裁，但体裁依然是言语形式。因此，言语体裁不是语言，但也不完全是言语，它是一种过渡现象，具有混合性质。体裁是可以消除语言和言语之界限的高级单位，是打通语言和言语的必经之道，是作为僵化现象的语言系统和语言的实际运用之间的缓冲地带。

言语体裁积极参与言语交际过程，对言语交际进行调节。波兰语言学家斯坦尼斯拉夫·盖达（Станислав Гайда）给言语体裁的定义是“听者期待的视野（горизонт ожидания），说者构建的模型”④。说者用言语体裁组织表述，而“受话人只有懂得体裁规范……方能识别体裁（要识别体裁往往只需要一小段话语），也就是说，受话人才能在他参与的言语事件中实现定位，激活记忆中相应的脚本，从而调整到需要的波段，接通相应的‘设备’——感知和行动的‘设备’，方能预测对方下一步的言语行为和将要展开的话题，方能进行恰当的应对”⑤。

---

① Бахтин М. М. Собрание сочинений. Т. 5，Москва，1997，С. 180 - 181.

② Дементьев В. В. Коммуникативная генристика：речевые жанры как средство формализации социального взаимодействия // Жанры речи. Вып. 3. Саратов：ГосУНЦ “Колледж”，2002，С.22.

③ Бахтин М. М. Собрание сочинений. Т. 5，Москва，1997，С. 192.

④ Гайда Ст. Проблемы жанра // Функциональная стилистика：теория стилей и их языковая реализация. Пермь：Издательство Пермского университета，1986，С.24.

⑤ Долинин К. А. Речевые жанры как средство организации социального взаимодействия // Жанры речи. Вып. 2. Саратов：ГосУНЦ “Колледж”，1999，С.10.

我们把体裁理解为社会互动的形式化手段，言语交际的调节手段。必须考虑到言语体裁的原则有不同的刚性（степень жесткости）——这些刚性程度对交际的调节作用有所不同。根据体裁刚性程度特征，巴赫金将言语体裁区分为程式化体裁和较为自由的体裁。对于程式化体裁，如问候、祝贺，说者在体裁方面的创作自由度就非常小，“说者个性化的言语意志只能表现在，对一定体裁的选择上，以及体裁富有表现力的语调发声上”[①]。而对于较为自由的口头言语交际体裁（如沙龙谈话体裁、朋友式私密交谈体裁、家庭私密交谈体裁等），大都可以进行自由创造式的改造。

言语体裁对言语交际的调节作用还受交际直接程度的影响。杰缅季耶夫把言语交际分为直接交际和非直接交际。直接交际是指表述的内容结构中的含义等于意义的交际，也就是说，由表述的组成部分（词、最小语法单位等）的字典意义所表达的内容层面与最终的交际含义相一致的交际。最经典的直接交际例子是考试中的问答，如：“伏尔加河流入哪一个海？”“伏尔加河流入里海。”非直接交际是指交际双方均能感受到能指和所指的关系与约定的关系之间存在明显偏差。受话人在阐释非直接交际的含义时仅仅运用所掌握的语言规则是不够的，还须运用他所掌握的体裁知识。言语体裁限定了交际含义的等值接受，在一定程度上去除了交际含义的不确定性。多利宁把言语体裁对言语交际的这种调节作用称为“体裁的认知结构方面”。另外，言语体裁还增加了言语交际的非直接性和信息的不确定性，体裁可能要求交际者运用间接言语行为、委婉语等。所以，我们必须区分两种体裁：表述的表层结构体裁和间接言语体裁。表层结构体裁的表述含义不具有多重性，而间接言语体裁包括言语组织的一系列要求，体裁规则表现为选择非直接交际形式的原因，如何进行言语表述等。

言语体裁的传统语言学研究和交际语用学研究的区别在于：

① Бахтин М. М. Собрание сочинений. Т. 5，Москва，1997，С. 181.

前者以独白为取向，后者则以对话为取向；前者侧重逻辑、语法，后者趋向具体情景下的社会互动；前者是静态研究，后者是动态研究，是言语体裁理论的综合方向，它在与语言的关系中把握与理解体裁，把二者看作言语构建和理解的模式，这体现了语言和体裁在本质上的统一性；它不仅把体裁系统视为言语的形式方面，而且将其看作言语的内容方面。相比较而言，言语体裁的交际语用学研究更符合巴赫金学术思想的精髓，是目前言语体裁理论最有潜力的主流研究方向。

（三）言语体裁的功能修辞学角度研究

功能修辞学，有广义和狭义之分。广义的功能修辞学是指一个方法论流派：20 世纪 20 年代—30 年代由巴赫金、维诺格拉多夫、维诺库尔、雅库宾斯基以及布拉格语言小组成员创立。该流派主要从语言与语言外（首先是社会的）现实的联系中研究语言，集中探索语言的运用规律，不仅考察语言系统内部，还关注超语言因素作用下的“外部”环境，力求全面揭示多样的言语交际形式和类型。[①]安・瓦西里耶娃（A. Васильева）指出：“功能修辞学源于在一定的社会发展阶段，根据社会总体发展水平和现实的交际需求，在现行语言中形成了一定的、完整的，在功能上有所区分的系统之系统，其内容、结构和形式接近交际需求层面的理想的适宜性。[②]”在功能修辞系统中，按照语言抽象性可以依次划分出脱离语境的有修辞区分的语言单位、宏观功能语体、宏观语体变体（其中包括体裁）层面，甚至抽象程度更低的层面，直至非程式化的具体话语。[③]狭义的

---

① Салимовский В. А. Жанры речи в функционально-стилистическом освещении. Пермь: Издательство Пермского университета, 2002, С.3 - 4.

② Васильева А. Н. Уровни стилистической абстракции и основные уровневые разделы функциональной стилистики // Основные понятия и категории лингвостилистики. Межвузовский сборник научных трудов. Пермь, 1982, С.35.

③ Васильева А. Н. Уровни стилистической абстракции и основные уровневые разделы функциональной стилистики // Основные понятия и категории лингвостилистики. Межвузовский сборник научных трудов. Пермь, 1982, С.41 - 42.

功能修辞学是指20世纪60年代—70年代形成的言语学科，其研究对象是语言在社会交际领域的使用规律，以及形成的修辞言语一体性。功能修辞学与巴赫金言语体裁理论具有相通之处，功能修辞学的理论和方法亦适用于言语体裁研究。从这一视角研究言语体裁的学者主要有弗·萨利莫夫斯基（В. Салимовский）、娜·奥尔洛娃（Н. Орлова）等。

萨利莫夫斯基在其专著《言语体裁的功能修辞学阐析（科学学术语篇）》中阐述了功能修辞学视域下有关体裁问题的基本观点和研究成果，回顾了言语体裁的功能修辞学角度的研究历史。他认为，体裁与语体的相互关系是言语一体性（речевая системность）的不同类型，言语一体性的基本类型则为语体一体性（стилевая системность）。他还引入了"体裁—语体的一体性（жанрово-стилевая системность）"这一重要概念。[①]

就语体与体裁的关系问题而言，奥尔洛娃对其中相互矛盾的两个论断做了剖析。这两种论断是：一、每一个语体都固有一系列体裁；二、体裁可以从一种语体"移植"到另一种语体，也就是说，体裁并非限定在某一种语体之中。前者源自维诺格拉多夫关于语言体式和言语体式的论述，按照此论断，语体是体裁的抽象观念，这一点与传统的语体模式和体裁观念大体一致。只要对比一下语体和体裁的必备条件，便可发现，体裁的要件更为具体：交际领域（语体）—典型交际情景（体裁）；语言的普遍社会功能（语体）—说者的具体目的（体裁）。第二种论断常见于现代学术文献中，最初是由巴赫金提出的。他认为言语体裁有第一性和第二性之分，这就意味着所有的报刊政论、公文事务、科技领域，甚或文学作品的体裁在日常生活话语中几乎都有原型（прообраз）。体裁从一种语体移入另一种语体时保留着体裁的言外结构（иллокутивная структура）

---

① Салимовский В. А. Жанры речи в функционально-стилистическом освещении. Пермь，2002，С.200－201.

和表述特点，体裁的言外结构不随语体的变化而变化。语体是体裁要素系统中的变量之一，体裁的区分性特征之一。[1]

言语体裁的功能修辞学研究方向和传统语言学的研究方法一样，都属于静态研究；这一方向的优势在于，有助于“治理”言语体裁的“乱象”，从宏观上把握多样的言语体裁。需要指出的是，虽然功能修辞学一直关注言语体裁的问题，但是，这里的言语体裁与巴赫金的言语体裁概念并非同一所指。当代语言学家利用巴赫金言语体裁理论，结合功能修辞学的理论和方法来阐释传统意义上的言语体裁，采取这一综合性路径无疑会获得更多的新发现。

总之，学者们从功能修辞学角度对言语体裁理论的内涵做了深入的挖掘，可以说，言语体裁理论因此得到了丰富和充实；另一方面，研究者们运用言语体裁理论对口语、书面语的诸多体裁做了详尽、透彻的分析，并借该理论解决了语言学中一些悬而未决的问题。同时，我们在这一研究方向中也看到了一些不足和局限，如：言语体裁理论对于语言学科之间的整合作用没有引起足够的重视；只注重言语体裁的微观研究，而轻视对言语体裁理论的宏观把握；用现代语言学的成果来完善言语体裁理论的著述并不多见，等等。

顺便提一下，巴赫金的言语体裁理论也引起了中国学者的关注。国内学界已取得的相关成果主要有，已故的张会森教授的系列文章《从语体到言语体裁》《作为语言学家的巴赫金》《言语体裁——当代新显学》，程正民教授的论文《巴赫金的体裁诗学》，凌建侯教授的专著《巴赫金哲学思想与文本分析法》之第七章《言语体裁理论与体裁分析法》，李树金的博士学位论文《从 M. M. Бахтин 的言语体裁论出发看科学文艺作品》。这些著述从不同角度对言语体裁理论进行了阐释和评价。

---

① Орлова Н. В. Жанры разговорной речи и их «стилистическая обработка»: к вопросу о соотношении стиля и жанра //Жанры речи. Саратов: ГосУНЦ “Колледж”, Вып. 1. 1997, С.51 - 56.

第二章　巴赫金言语体裁理论与修辞学

俄语修辞学经过长期发展，在 20 世纪形成两大研究方向，即资源修辞学（стилистика ресурсов，也称“结构修辞学〈структурная стилистика〉”或“描写修辞学〈описательная стилистика〉”）和功能修辞学（функциональная стилистика），可以说，资源修辞学和功能修辞学是现代俄语修辞学的两大主要分支。前者是传统的研究方向，主要描述具有修辞色彩的语言单位和语言手段；后者探索语言的运用规律，描述语体中选择和组织语言手段的各种规范。就研究状况而言，与前者相比，后者显得更为活跃。不过，无论前者还是后者都遇到了难以突破的发展瓶颈。资源修辞学受结构主义的影响，将语言手段（主要为词汇手段）的修辞特性和表现力研究限定为语言系统内部的静态研究，把修辞色彩视为语言手段所固有的特性，而这种特性往往远离现实，远离“鲜活的”言语活动。功能修辞学中的语体研究则局限于传统语言学的视角，把语体看作标准语的子系统，忽视语体的言语属性；表面上看，功能修辞学是从语体层面来考察语言使用的，其研究对象似乎比抽象的语言更为具体，但是，由于其考察的重点是语言“潜能的潜能”①，因此，这种

① Леонтьев А. А. Понятия «стиль речи» и «стиль языка» в ряду других понятий лингвистики речи /Сб. науч. трудов. Москва，1973，С. 49.

研究还是过于空泛。而巴赫金所提出的言语体裁理论对俄语资源修辞学和功能修辞学的进一步发展，对俄语修辞学内部分支学科的有效整合做了重要贡献。

一　言语体裁理论与功能修辞学的关系

广义的功能修辞学走过了近一个世纪的发展历程，取得了一系列显著成就。但是随着语言科学的发展，随着修辞研究的深入，功能修辞学的弊端也日益暴露。早在半个多世纪之前就有学者指出，功能语体的概念过于宽泛，如果一种功能语体可以囊括内容各异的诸多言语情景，那么这样的概括显然“无助于揭示语言用于不同目的、不同交际条件、不同社会活动领域时，以及根据言语的不同内容所呈现的多样性”①。

语体是功能修辞学的核心范畴，在论及语体与言语体裁的关系时，巴赫金写道：“语体作为一个要素进入表述的体裁统一体中。这当然并不意味着，不能把语言体式作为一个独立的专门研究对象。这样的研究，即作为独立学科的语言修辞学，既是可能的，也是必要的。但这种研究只有不断地考虑到语言体式的体裁属性、事先研究言语体裁的类别，只有预先考察了言语体裁的不同变体，才会是正确的、富有成效的。到目前为止语言修辞学还缺乏这样的基础。它的不足正源于此。”②谢多夫指出：“语体与体裁概念的相互关系渐渐成为争论的焦点。最激进的观点是用言语体裁划分理论取代功能修辞学，‘修辞学已经死亡！’‘体裁学万岁！’。”③格·韦克申（Г. Векшин）则断言：“尽管我们尝试将俄语功能修辞学（作

① Сорокин Ю. С. К вопросу об основных понятиях стилистики//Вопросы языкознания, 1954, №2, С. 82.

② Бахтин М. М. Собрание сочинений. Т. 5, Москва, 1997, С. 164.

③ Седов К. Ф. Антология речевых жанров: повседневная коммуникация. Москва, 2007, С.10.

为功能语体的理论）与现代体裁学结合起来，让它们的概念、范畴体系互相适应，但研究俄语言语的这两个领域依然相对独立，不容易融合。……功能修辞学无论看待什么现象，总是局限于有限的几个功能语体，这是对多样化言语形式的束缚和刻意的简化。[①]”他从自己教学经验的角度出发对功能语体思想适用于言语体裁理论也提出了质疑。弗·卡拉西克（В. Карасик）甚至认为，功能语体术语是语言学中最不成功的术语。[②]多利宁建议，在具体研究中，“更为合理的方法不是从‘大’的功能语体，而是从更为细碎的言语体裁开始……为了避免术语的混乱，放弃使用‘功能语体’术语不仅可以，而且大有裨益，从各方面来说‘言语体裁’术语更合适一些”[③]。那么，巴赫金的言语体裁理论与功能修辞学到底有什么样的关系？巴赫金的言语体裁理论对功能修辞学有什么样的启示意义？功能修辞学的方法是否适用于言语体裁研究呢？这是本章需要回答的问题。

毋庸置疑，巴赫金言语体裁理论的形成与当时的修辞理论构成了特殊的对话关系。巴赫金曾多次强调：“为了更深刻地从方法论上更明确地创建语言修辞学和文学修辞学、语义修辞学等，从理论上探讨语文学这一关键性问题（言语体裁）就显得十分必要。[④]”依照巴赫金的观点，语体只是言语体裁的一个要素，功能修辞学也应该属于言语体裁理论的范畴。然而现在看来，后两者间的关系又不能简单地归结为部分与整体的关系，因为，一方面，功能修辞学的内涵和外延也在不断地丰富与扩展。如果说功能语体的研究对象最初仅仅局限于语言手段的选择和使用，那么经过半个多世

---

① Векшин Г. В. Жанр и функциональный стиль: языковое и речевое (о некоторых двусмысленностях в функциональной стилистике) // Жанры речи. Вып. 6. Жанр и язык. Саратов, 2009, С. 40.

② Карасик В. И. Языковой круг: личность, концепты, дискурс. Волгоград, 2002, С. 294.

③ Долинин К. А. Стилистика французского языка. Ленинград, 1978, С. 67.

④ Бахтин М. М. Собрание сочинений. Т. 5, Москва, 1997, С. 236.

纪的发展，其研究范围已拓展至话语活动实现方式、言语成品的组织类型等。就20世纪50年代的相关研究状况而言，巴赫金将功能修辞学纳入言语体裁理论无疑有着充分的理据。另一方面，言语体裁理论历经30年的发展也被赋予了新的含义。基于功能修辞学与言语体裁理论这两方面的变化与更新，二者之间的关系也就需要被重新审视。我们拟从言语体裁理论与功能修辞学的学理对比入手，探讨言语体裁理论对于俄语修辞学（尤其是功能修辞学）深入发展的重要启示意义，阐述巴赫金对于将俄语修辞学内部学科之间的融会贯通做出的重要贡献。

下面我们就来对比一下二者学理的异同。

言语体裁理论与功能修辞学的异同首先反映在研究对象上。后者的研究对象主要是标准语的各种功能变体，即语体。语体是适应不同社会活动领域的需要而形成的语言运用体系，不同的语体诞生于不同的社会活动领域。而社会活动领域与社会意识密切相关，社会意识是人们对社会存在的反映，分为社会心理和社会意识形式两个层次。社会心理是与日常社会生活直接相关的一种自发形成的、未定型的意识。社会意识形式是比较自觉的、系统化的、定型化的意识，主要包括政治法律思想、道德、文学艺术、宗教、科学和哲学等。据此，20世纪的俄罗斯语文学界公认的五大语体，即日常口语体、科学语体、公文事务语体、报刊政论语体、文学语体。每一种语体都有各自不同的体裁。21世纪以来，越来越多的研究者主张把（教会）宗教语体也划归其中。[①]需要注意的是，社会活动领域只是划分功能语体的基本依据，两者之间并未形成一一对应关系，换言之，有些社会活动领域没有相对应的功能语体（функциональные стили）。如此看来，功能语体的确也有自身的局限性。除此之外，“功能修辞学关注的主要是已经形成的（稳定的）

① Кожина М. Н. и др. Стилистика русского языка. Москва, 2008, С. 412 - 414.

'意识形态体系'，亦即纯粹的社会意识形式。[1]"其实，无论是科学语体、公文事务语体，还是报刊政论语体、文学语体，抑或宗教语体，都源于"稳定的"社会意识形式。但对于社会意识形式之外的在日常社会生活中自发形成的、低层次的、不定型的意识——社会心理，功能修辞学则关注较少。这一点也受到一些学者的诟病。

言语体裁理论的关注对象则无疑集中在言语体裁本身，巴赫金将社会心理和"意识形态体系"（即我们所说的社会意识形式）视为体裁的构成因素。他一方面强调："社会伦理、科学、艺术、宗教等已经形成的意识形态体系尽管是由生活意识形态结晶而成的，但又强烈地反作用于生活意识形态，并且通常还给后者定调。[2]"同时也指出："社会心理是在各种各样的表述形式和小型言语体裁形式中形成的。[3]"言语体裁理论的核心概念不仅有"意识形态体系""意识形态创作领域"，而且还有"社会心理""社会交际领域和目的"。显然，巴赫金的言语体裁理论不仅关注"已经形成的意识形态"，而且把社会意识形式和社会心理看作一个统一体，两者相互作用、相互影响。正如前文所述，巴赫金将言语体裁分为两类：第一性体裁和第二性体裁。前者指日常生活体裁（又称为简单体裁或基本体裁）；后者则由前者派生而来，故又称为派生体裁或复杂体裁，具体是指，在相对发达且组织的文化交际（主要是书面交际）条件下产生的言语体裁，其中最为复杂的是长篇小说。用巴赫金的话来说，第二性体裁是意识形态体裁。需要注意的是，无论是用来表示存在与意识辩证关系的第一性和第二性，还是上文提到的社会意识形式，皆属哲学范畴，因此可以说，巴赫金是将言语体裁置于语言哲学的视域下加以观照的。

---

① Салимовский В. А. Жанры речи в функционально-стилистическом освещении. Пермь，2002，С. 41.

② Бахтин М. М. Фрейдизм. Формальный метод в литературоведении. Марксизм и философия языка. Статьи. Москва，2000，С.426.

③ 同上书，第 362 页。

从研究对象的对比中不难看出，与社会意识紧密相关的社会活动领域构成了功能修辞学和言语体裁理论的共同基础，这是二者发生关联的重要条件。

与此同时，功能修辞学和言语体裁理论都有各自的研究侧重点。前者以研究语言手段为己任，重视语言单位的选择及其组织规律，因此可以说，基本属于“前语篇”层面；而言语体裁理论则强调表述、言语交际及其主体因素的重要性。如上文所述，表述作为“超语言学”的独特范畴，与语言学中的“высказывание”（亦可译为“话语句”“语句”）绝非同一所指，它已不是语言单位，而是一个完整的言语交际单位，具有完成性；其篇幅可大可小，小到日常生活中的一句对白，大到一部卷帙浩繁的长篇小说。依照巴赫金的观点，“体裁是表述整体在类型特征上所形成的固定格式，是建构整体的固定类型”①，那么这种具有类型特点的表述自然也就成了言语体裁理论的研究客体。然而，“任何表述——无论它有多长，自身的完成性有多高——仅仅是连续言语交际（包括生活、文学、认知、政治等方面的交际）的一个组成部分。这种连续言语交际本身同时又只不过是该社会集体的持续全面形成中的一个组成部分”②。由此可见，巴赫金是在言语交际中研究言语体裁理论的，社会活动领域和交际领域构成了言语体裁不可或缺的要素。从这个意义上说，言语体裁理论与现代交际语言学、语用学具有诸多共性。

此外，就研究方法而言，功能修辞学多用演绎法，即从较具概括性的语体到体裁、篇章，再到具体的语言手段。语体属性俨然成了指向牌，而这也很容易导致语言分析者在实践中犯经验主义的错误。譬如，提高阶段的俄语学习者在判断语言手段的语体色彩时，往往会根据有限的几个功能语体“猜出”语篇的功能语体属性

---

① Бахтин М. М. Собрание сочинений. Т. 5, Москва, 1997, С. 243.

② Бахтин М. М. Фрейдизм. Формальный метод в литературоведении. Марксизм и философия языка. Статьи. Москва, 2000, С.430.

(如报纸上的文章即属报刊语体),再由此确定相应的语言手段的语体色彩。显然,这样的方法并非总是行之有效。言语体裁的学说则多用归纳法,自下而上地形成理论,即从研究具体体裁入手,上升至语体层面,再推理出言语体裁的抽象化特征。我们注意到,巴赫金并未否定功能语体研究的必要性和可能性,只是强调在相关研究中应充分认识体裁的本质,并要尽量考虑体裁的多样性,否则功能修辞研究则会成为无源之水。其实,对纷繁复杂的言语体裁的研究,如果没有语体作为统领,同样会显得无章可循,因此观照语体和体裁的理想方法,应是演绎法与归纳法的有机结合。

功能修辞学与言语体裁理论在研究对象上有交叉,在学理方面多有相通之处。譬如,体裁也一直是功能修辞学的研究对象,只不过功能修辞学仅从语体层面对其进行考察,而言语体裁理论则多从"超语言学"的视角对其加以观照;再如,二者在研究方法上亦可互相借鉴。另一方面,功能修辞学需要借助言语体裁理论来进一步完善自身的发展,应该像言语体裁理论多加关注低层次的话语存在形态,尤其是口语的各种存在形态。关于这一点,白春仁教授指出:"随着科学认识逐步深入的需要,人们于是寻找话语在语体之下更低层次的存在形态,也是自然的存在形态。在文语方面,这便是人们常用的各类具体体裁;在口语方面,也是大家司空见惯的讲话类型。这种类乎分语体的话语形式,我们暂且称之为体式。从概括的语体向纵深发展,返璞归真地回到了自然形态的话语形式,可说是修辞学的又一个进步,一个螺旋式的上升。[①]"

另一方面,我们也不难发现,言语体裁在功能修辞学的发展历程中起到的推进作用。

功能修辞学在形成之初就把各种交际领域和情景中的语言活动作为表述、体裁、言语行为加以研究,尤其关注言语的布局形式、表述的整体。需要指出的是,功能修辞学的研究对象较之言语行

① 白春仁:《文学修辞学》,吉林教育出版社,1993,第 61 页。

为理论更为广泛，后者主要研究日常的直接言语交际，而直接言语交际仅仅是思想交流的一种，功能修辞学则把它与其他类型的交际放在一起考察。

从20世纪20年代开始，俄罗斯和捷克的修辞学家就提出要研究多样化的言语。1929年维诺库尔指出："语言修辞学不应该忽视多样的言语体裁，尽可能广泛、全面地掌握它们。[①]"除了巴赫金，还包括列·雅库宾斯基（Л. Якубинский）、维诺库尔、博·加夫拉涅克（Б. Гавранек）在内的研究者们，对休闲式交谈（разговор в обстановке досуга）、公务会谈（деловая беседа）、沙龙式交谈、非正式交谈、意见交流、通知、海报、集会讲话、法庭言语、公务文书、学术论文等体裁进行了广泛的研究。那时他们所理解的功能语体与现在的语体形式（体裁）或言语手法及言语行为是一致的[如通知（消息）、劝说等]。维诺格拉多夫在描述20世纪50年代中期到60年代初的修辞学状况时，强调"研究口头言语和书面语言不同体裁之间，由社会因素决定的不同言语类型之间的语义、修辞表现力方面的细微差别，是言语修辞学的任务"[②]。

从20世纪50—60年代起，修辞学的研究逐步从语言的修辞资源转向语言的使用规律，考察的主要对象变成了宏观功能语体，而体裁问题退居次要位置，同时功能修辞学的理论基础研究得到进一步强化。在这方面，科任娜所持的功能修辞学思想与巴赫金的观点基本一致。她认为，言语交际作为人类所特有的现象，与人的其他属性密切相关，与人的活动及意识紧密相连。[③]因此，在功能语体的研究过程中，应将功能修辞学的重要概念"交际领域"具体化为人类活动类型与社会意识形式的统一体。语体正是语言通过服

① Винокур Т. Г. Разговорная речь, разговорный стиль, устная форма // Разновидности городской устной речи. М., 1988, С.455 - 466.

② Виноградов В. В. Стилистика. Теория поэтической речи. Поэтика. Москва, 1963, С. 5.

③ Кожина М. Н. О специфике художественной и научной речи в аспекте функциональной стилистики. Пермь, 1966, С. 16.

务于相应的纯社会活动领域所实现的社会意识的形式而形成的，社会意识形式和活动类型(以及交际领域)的目的决定了功能语体的特点，语言手段的运用以及言语组织的规律。

宏观功能语体中不同层面语言手段的使用规则和特点得到了充分研究，这在很大程度上促进了语体分类的细化，及其向言语体裁的拓展。瓦西里耶娃认为，语言修辞学发展的主流方向是将语体研究的功能方法论推广到整个修辞学层面，其中包括体裁层面。体裁最初的语言学描述方式可以归结为：首先描述超语言条件和一定类型话语的总体目的，在此基础上，通过列举该话语特有的语言手段来描述体裁，并引入决定体裁系列特征的各种要素，包括话语长度，纵向和横向的切分，思想的阐述方式，以及语言的表现形式(口头、书面)，言语的类型(独白言语、对话言语)，内容类型等其他因素。由此可以看出，在当时的修辞学研究中，对体裁的纯言语组织问题予以了特别关注。

到了 20 世纪 80 年代，随着话语篇章语言理论的兴起，修辞学界也对篇章修辞表现出强烈的兴趣，并将注意力转向对连贯言语修辞规律的探索。所谓连贯言语修辞规律，即指在各种类型的连贯、完整的话语中，根据内容、语体、体裁、布局、交际目的、对象等方面的要求恰当地组织言语的规律。学者们从篇章层面对言语的修辞潜能、布局结构及其类型、具体功能和修辞特点做了许多有益的探索，并达成了不少共识。于是在功能修辞学范围内诞生了一个新的研究方向——篇章修辞学(стилистика текста)，它重点研究言语作品的结构。维·奥金佐夫(В. Одинцов)认为，语篇的基本成分是语言、主题(和情节)和布局(及其手法)[①]，篇章修辞学的主要任务在于研究布局及其手法。[②]言语体裁的分析逐渐成为语篇研究的重要视角，语篇所属交际领域的特点也是考察的重点。斯·

---

① Одинцов В.В. Стилистика текста. Москва, 1980, С. 43.

② 同上书，第 34 页。

盖达从体裁学角度观照超语言因素决定语篇的组织问题。他认为,修辞学是研究人们受文化制约的言语行为,体裁理应成为修辞学的核心概念之一;[①]从语言文化的角度来看,语体和体裁反映的是语篇的修辞规约;交际领域(日常生活、文学艺术、政治、宗教领域等)是体裁形成和运用的文化领域。[②]各类社会文化活动的特点成了相应交际领域的言语体裁的超语言基础。

功能修辞学以整体语篇为取向,将语篇视为具有一定功能语体与体裁特征的言语作品[③],研究其交际规范(包括修辞规范、体裁规范、语篇规范)的问题。斯·盖达指出:"体裁是主体间存在的规则系统,它调节一定领域的语言行为(语篇)。[④]"可以断定,体裁规范就是一定交际条件下语篇组织的稳定方式。

综上所述,言语体裁的研究贯穿整个功能修辞学的发展过程。关于言语功能与言语类型的初期论著中就包含了作为表述(语篇)组织形式的体裁思想,相关著述所提出的一些基本观点,为功能修辞学理论奠定了基础。随着功能修辞学的发展,言语体裁的描述方法也在不断完善。超语言因素决定着修辞言语组织的特点——这一论断已经不仅适用于解释基本语体的性质,而且还用于解释更为具体的言语类型。学者们逐渐趋于统一的认识:不仅要从各抽象层面来研究语言的功能修辞系统,而且更要注意考察其体裁层面的种种特点。

---

① Гайда Ст. Стилистика и генология // Статус стилистики в современном языкознании. Пермь: Издательство Пермского университета, 1992, С. 29.

② Гайда Ст. Проблемы жанра // Функциональная стилистика: теория стилей и их языковая реализация. Пермь, 1986, С. 252 - 253.

③ Купина Н.А., Матвеева Т.В. От культуры речи к новой русской риторике // Вопросы стилистики. Вып. 25. Саратов, 1993, С. 49.

④ Гайда Ст. Проблемы жанра // Функциональная стилистика: теория стилей и их языковая реализация. Пермь, 1986, С.24.

二　从言语体裁理论看巴赫金的修辞色彩观

词语的修辞色彩(стилистическая окраска)是修辞学的主要研究对象之一,也是资源修辞学的核心概念之一。修辞色彩通常分为两类:情感表现力色彩(эмоционально-экспрессивная окраска),亦称情感评价色彩(эмоционально-оценочная окраска)和(功能)语体色彩(функционально-стилевая окраска)。长期以来,修辞学界把修辞色彩看作语言单位所固有的,是语言单位的附加意义。譬如,维诺库尔指出,“我们有权断定,……除了声音、形式和符号之外,语言本身确实还有某种东西,这便是声音、形式和符号所拥有的表现力”[①]。再如,奥·克雷洛娃(О. Крылова)写道:“在确定修辞色彩时,必须记住,带有情感表现力色彩的语言手段(特别是词)可以用某种方式把言语‘染上色彩’。[②]”俄国大多数语言学家都持类似的立场。而巴赫金对修辞色彩的看法则恰恰相反,他认为,表现力并不是语言单位的固有属性,而是构成言语交际单位完成性的基本要素之一。那么,修辞色彩究竟属于语言单位还是言语交际单位?下面我们分别从情感表现力色彩和语体色彩这两方面加以阐述。

(一)情感表现力色彩

一般意义上的情感表现力色彩是指说话者对所指事物、现象、行为的态度和评价,如:肯定、赞许、讽刺、蔑视;庄严、高雅、狎昵、粗俗等。巴赫金则是从言语交际的角度来考察情感表现力色彩的。言语交际的基本单位则是表述。我们已在上文指出,所谓表述,就是指表达独特思想含义的完整交际单位。一句谚语或一部

① Винокур Г. О. Избранные работы по русскому языку. Москва, 1941, С. 17.

② Крылова О. А. Лингвистическая стилистика. Москва, 2006, С. 91.

长篇小说都可以构成一个完整的表述。依照巴赫金的观点，情感表现力色彩不仅指主体对自身表述的含义内容的感情评价态度，而且还决定着表述的结构和风格。“在不同的言语交际领域，表现力要素具有不同的意义和不同的程度，但是它无处不在，因为绝对中态的表述是不可能的。说话人对言语对象的评价态度（不管是什么样的对象）也决定了对表述的词汇、语法和结构等手段的选择。[①]”由此可以判断，情感表现力色彩属于言语主体，属于人。“诚然，作为系统的语言拥有丰富的语言手段（包括词汇、词法和句法等手段），以表达说话人的情感评价立场，但这些手段作为语言手段，对于任何现实的评价来说都是完全中立的。‘миленький’（亲爱的）一词无论是词根义，还是后缀，都是表爱词，但该词本身，作为一个语言单位，如同‘даль’（远方）一词，也是中性的。该词仅仅是表达对现实的情感评价态度的潜在语言手段，但无论它用于何种现实，这种应用——亦即现实的评价，只能由说话人在具体的表述中加以实现。词语是不属于任何人的，本身不对任何事物进行评价，但可以服务于任何一个说话人，服务于说话人各种不同的，甚或截然相反的评价。[②]”

按照巴赫金对表现力的理解，我们认为，语言单位所具有的不是表现力，而是表现潜力。前者是现实的、具体的，属于言语交际的层面，后者则是潜在的、抽象的，属于语言单位的层面。因此从某种意义上来说，表现力和表现潜力是互为表里的关系。那么这种潜在的表现力在具体的表述中又是如何转化为现实的表现力的呢？

如上所述，脱离表述的语言单位（无论是词语还是句子）本身并不具有现实的表现力，它只有在具体的表述中才能获得鲜明的表现力。例如：“Он умер.”（他死了。）这个句子乍看起来包含了一

---

① Леонтьев А. А. Понятия «стиль речи» и «стиль языка» в ряду других понятий лингвистики речи /Сб. науч. трудов. Москва，1973，С. 188.

② Бахтин М.М. Собрание сочинений. Т. 5，Москва，1997，С.188.

定的表现力，而“Какая радость!”（真高兴！）一句看起来似乎更具表现力。其实，当我们确认它们具有某种表现力时，我们不是把它们当作句子，而是将它们作为完整的言语表述，并且是典型情景下的表述整体（亦即言语体裁）加以接受的。“Он умер.”一句也可获得正面的、令人欣慰的表现力色彩，它是由相应的表述语境所决定的。同样，“Какая радость!”一句在一定的表述语境中，完全可以用来表示嘲讽、挖苦之意，在此种情况下，它便会获得相应的表现力语调——作为表述的结构特征，表现力语调反映了言语主体对言语对象所持有的感情评价态度。需要强调的是，如果说语言单位属于语言系统，那么表现力语调则属于表述整体，然而语言单位一旦与表现力语调相结合，那么语言单位就会发生质的变化，而成为表述。事实上，在言语中存在大量的、程式化的评价性表述类型，即评价性言语体裁，它们与表扬、赞同、欣赏、责备等各种评价色彩有关，例如：“Отлично!”（很棒！）、“Молодец!”（好样的！）等。于是，我们会误以为，这些评价色彩来自词本身，可实际上这类单个的词已构成了完整的表述，而且是典型的表述。因此可以说，作为修辞色彩的表现力是典型表述（亦即言语体裁）所特有的。

巴赫金指出：“……很难放弃这样的观点，语言中的每个词本身具有或可能具有‘情感语调’‘情感色彩’‘价值因素’‘修辞光晕’（стилистический ореол）等，因而也就具有表现力的语调，而且这是词所固有的。在为表述选词时，我们正好是遵循某词所固有的情感语调：选择那些在语调上与我们表述的表现力相一致的词，而舍弃其他的词——这样认为自然是可以的。诗人正是如此形容自己对词语的加工，修辞学也正是如此阐释这一过程的。[①]”巴赫金指出，这同样是一种错觉。其实我们在选词的时候，是从表述的整体出发，“而这一整体总是具有表现力的，不仅如此，它还将自身的表现力（准确地说，是我们的表现力）辐射到我们所选用的每一个词

---

① Бахтин М.М. Собрание сочинений. Т. 5，Москва，1997，С.190.

上，可以说，是让每个词都染上了这一整体的表现力”[①]。

显然，正是表述整体——换言之，正是言语主体才使词句在具体的表述中获得了情感表现力色彩。我们可以把情感表现力色彩、语言单位、表述及其主体分别比喻为光、月亮、太阳。我们知道，月亮本身并不发光，但能够反射太阳光，也就是说，月亮经过太阳照射就会发光。这就意味着，语言单位虽然其本身并不具有表现力色彩，但由于具备反射表现力色彩之光的潜力，在表述（及其主体）这一光源的照耀下也会“熠熠生辉”。

需要说明的是，任何一个语言单位在具体的表述中都可以获得某种特定的修辞色彩。所谓在修辞上呈中性的语言单位，一旦应用于言语交际现实，即可产生情感表现力的“火花”。巴赫金强调：“语言意义只有接触具体的现实，语言只有通过表述接触现实，才能产生表现力的火花：而这种表现力无论是在语言系统当中，还是在我们身外的客观现实中都是没有的。[②]”由此可以判断，情感表现力色彩的形成必须具备三个要素：主体、表述、语言单位。主体借助语言单位构成完整的表述，以表达自己的独特思想和感情评价，表述中的每一个语言单位都会受到整体感情评价色彩的浸染。因此，如果词不应用到鲜活的言语交际中，那么词义本身就不会有情感色彩。特别是那些专门用来表示情感、评价的词，很容易让我们产生错觉，例如“радость”（高兴）、“скорбь”（悲痛）、“прекрасный”（极好的）、“веселый”（快乐的）、“грустный”（忧伤的）等，它们似乎都具有感情评价色彩，事实上它们与其他语言单位一样，都是中性的。只有完整的表述才能赋予它们以表现力色彩，换言之，它们的表现力色彩取自具体的表述整体，而绝非取自各自的抽象词义。如，“Всякая радость мне сейчас только горька.”（任何快乐现在对我来说都是痛苦）。其中的“快乐（радость）”并不是真正的快乐，也

① Бахтин М.М. Собрание сочинений. Т. 5，Москва，1997，С.190.

② 同上书，第 191 页。

就是说，它背离了该词的原义。

上述的表现力色彩并未涉及他人的表述。其实在言语交际的过程中，“我们绝不总是从语言系统中选取像词典形式里那样呈中态的词语。我们通常会从他人的表述中[首先是从体裁(亦即题材、结构和语体)近似的表述中]取词；因此，我们是根据其体裁特点来选词的”①。言语体裁作为一种典型的表述形式，蕴含着某种相应的表现力色彩。体裁是同典型的言语互动情景相对应的，是同该情景下语言单位的意义与现实的典型接触相对应的，因此体裁便会产生典型的表现力色彩，不过后者常常会使人觉得，它仿佛是语言单位所固有的。必须重申，这种典型的表现力色彩不属于语言单位本身，而是产生于语言单位与体裁的关系之中。在谈及这一问题时，巴赫金借用了鲍·托马舍夫斯基(Б. Томашевский)的术语“修辞光晕”：“(修辞光晕)不属于词语本身，而属于该语言单位通常使用的体裁，它是受到体裁的整体影响而响彻在词语中的回声。”②

虽然语言单位不属于任何人，语言单位的体裁表现力及其语调也是没有主体的，但由于我们通常只是在个人的表述中听到，在个人作品中读到语言单位，因此我们接触到的语言单位不仅具有典型的表现力，即体裁的表现力色彩，而且或多或少还带有与个性相关的情感表现力色彩。巴赫金指出：“语言之词(слово языка)的中性词典义保证了语言的共性和该语言所有操用者之间的相互理解。但是，在生动的言语交际中，词语的运用总带有个性和语境的特点。因此可以说，对于说话人而言，任何一个词都存在于三个方面：中性的、不属于任何人的语言之词，充满别人表述回声的他人之词(чужое слово)以及我之词(мое слово)，因为既然我在一定情景中与词打交道，与一定的言语意图打交道，那么词就会蕴含着我

① Бахтин М.М. Собрание сочинений. Т. 5，Москва，1997，С.191.

② 同上。

的表现力。他人之词和我之词是具有表现力的，但这种表现力，我们重申，不属于词本身，它诞生于词与现实情境条件下的实际情况相接触的那个点上，而这种接触是通过个人表述来实现的。在这种情况下，词乃是个人（权威人士、作家、学者、父母、朋友、老师等）的某种评价立场的表达，乃是表述的'缩影'。[①]"我们认为，这里的词（слово）是一个泛指概念，即语言单位——源自他人表述的语言单位，他人之词是他人表述整体、他人评价立场的代表，而我之词则代表了我的情感评价立场，这样就形成了对话关系，形成了两个声音、两种语调。表述中的语调和声音不可单独、孤立地存在，它必须有"和声的支持"[②]。

由此可见，在具体的表述中，词的情态除了典型表述形式的情感表现力（因为言语体裁本身所蕴含的情感表现力在具体表述中可以转化为语调），还有他人的个人情感表现力的"回声"。

综上所述，巴赫金言语体裁理论框架下的情感表现力色彩可以归结为两点：第一，情感表现力色彩是表述的整体情感表现力辐射到语言单位上的修辞光晕，因此它只存在于完整表述中，其作用方向是从表述到语言单位，而不是相反（这一点与传统修辞学的看法截然不同）。第二，言语体裁蕴含着典型的情感表现力色彩，诚然，其中的语言单位亦可获得这种色彩，但这种色彩并不属于语言单位，而是言语体裁整体在该语言单位的"回声"，是词的一种"体裁记忆"。

（二）语体色彩

传统修辞学认为，语体色彩（亦称"功能色彩"或"功能语体色彩"）是指语言单位通常的使用范围，即只用于或主要用于某个交际领域。"语言单位的语义-修辞特色同它运用的主要领域，两者

---

① Бахтин М.М. Собрание сочинений. Т. 5，Москва，1997，С.193.

② 巴赫金：《巴赫金全集》第二卷，李辉凡等译，河北教育出版社，1998，第 189 页。

之间存在着紧密的依从关系。这个或那个意义，正是由于常常用于某一交际领域，才获得一定的修辞特性和修辞色彩……由此可见，功能色彩也可能是语言单位所固有的，同该语言单位的意义不可分割。[①]”

而在巴赫金看来，功能色彩与情感表现力色彩一样，都不属于语言单位，而属语体，即属于它所使用的领域，是典型交际情景在语言单位上留下的一道修辞光晕。当语言单位用于某一个具体的言语领域时，共同的交际任务和功能目标使得各种语言单位结合成一个有机的整体，语言单位就会在修辞言语上呈现出一体性，整个连贯话语也会产生修辞-语义上的某种色彩。而获得作为修辞言语一体性的语体色彩，不仅需要借助于那些被认为是带有鲜明修辞色彩且相对稳定的语言手段（即所谓“现成的”语言修辞手段），还需要调用全部的，包括一向被认为是修辞上呈中性的语言手段。科任娜指出，表述的修辞色彩“不仅借助于‘现成的’语言修辞资源，而且是在言语交际过程中形成，表现在独特的言语组合方式上，表现在语言单位的独特的相互联系上”[②]。于是，所产生的结果十分“耐人寻味：任何一个结构层的语言单位好像在语义上发生分裂，分别参与不同语体的形成”[③]。鲍·加斯帕罗夫（Б. Гаспаров）借用雅可布森的术语，把具有该规律的语言手段称为语体“转换器”（шифтер），亦即语言材料的微粒，它们的“语体特点（甚至体裁特点）不是一劳永逸地赋予表述，或外在于表述，而是根据它们所依存的整个话语的语体和体裁情形而获得不同的价值。在诗歌话语中，该转换器可以是‘诗性’的符号，在口语中，可以是‘口语性’的符号，在公文事务话语中，则是‘公文性’的符号”[④]。

---

① 科任娜：《功能修辞学》，白春仁等译，外语教学与研究出版社，1982，第29—30页。

② 同上书，第50页。

③ 同上书，第52页。

④ Гаспаров Б. М. Язык, память, образ. Лингвистика языкового существования. Москва, 1996, С. 301.

可以看出，语体色彩的获得在相当程度上受到了交际任务的影响，受到了言语交际情景的感染。另一方面，在具体的表述中，语体色彩又会辐射到表述的所有成分（这种情形与表现力色彩完全相同），作为表述构成成分的各种语言单位因而也就会获得语体色彩。科任娜用动词现在时的例子说明了这一道理，她指出："如果说在科学言语语境中动词现在时形式用于非时间意义，那么在公文事务话语中它用于命令现在意义，在文学话语中，用于历史现在时意义……；在日常口语中，现在时形式的特点是言语时刻的现在时意义。[①]"加斯帕洛夫则以人称代词 я（我）被省略的确定人称句为例来说明该现象，他认为这种句型可用于非正式、随意的口语话语：Вернусь поздно.［（我）要晚些时候回来。］；Не знаю.［（我）不知道。］；亦可用来体现演说式庄重、富有激情的语气：Истинно говорю вам...［（我）实话告诉你们……］；Проклинаю вовеки веков.［（我）永远诅咒。］；还可用于较正式的广播、电话交际情景中，以形成精干的言语印象：Слышу вас хорошо.［您的声音（我）听得很清楚。］；Продолжаю наблюдения.［（我）继续观察。］；甚至还可用于书信体中，以体现该体裁所特有的直白性、程式化的规范性：Обращаюсь к тебе вот по какому случаю.［（我）给你写信是为这么一件事。］；Хочу рассказать о том, что у нас недавно случилось.［（我）想讲一讲不久前我们这里发生的事情。］[②]不难发现，科任娜和加斯帕罗夫论述的是相同语言手段在不同交际领域和交际情景中的独特运用，以及这些手段对不同话语修辞内容的表达。如果说科任娜考察的是语言单位在使用过程中的功能语体特点——言语一体性所导致的功能变体，那么加斯帕罗夫则研究"转换器"的语体特点和

---

① Кожина М. Н. Проблемы специфики и системности функциональных стилей речи: Автореферат диссертации на соискание ученой степени доктора филологических наук. Москва, 1970, С.31.

② Гаспаров Б. М. Язык, память, образ. Лингвистика языкового существования. Москва, 1996, С. 302.

体裁特点。

还有的学者不仅赞同和支持巴赫金的语体色彩观，而且进一步提出了体裁色彩(жанровая окраска)的概念。如韦克申断言，修辞色彩除了感情评价色彩和功能语体色彩之外，还应包括(社会)体裁色彩，这三个部分构成了俄语语言单位修辞色彩的基础。[①]他所说的(社会)体裁色彩取决于典型的语境和情景。我们认为，体裁色彩的提出是学者们深化巴赫金言语体裁理论的必然结果。人类活动的领域不断扩大和细化，五六种功能语体的划分已难以涵盖所有领域。而另一方面，在现实生活中"我们总是用体裁说话"[②]，因此就有必要引入体裁色彩的概念。语言单位的体裁色彩应该理解为由于常常用于一定的言语体裁而获得的修辞色彩。不过在我们看来，体裁色彩应是功能语体色彩的一个分支，而并非与功能语体色彩处于同等地位；换言之，如果将体裁色彩归入语体色彩的名下，则更为合理。

其实，情感表现力色彩和功能语体色彩(及其体裁色彩)是一个事物的两个方面，表述中某个具体的语言单位往往会兼有这两种修辞色彩。

需要补充说明的是，当我们用巴赫金的言语体裁思想重新阐释传统的修辞色彩概念时，不应忘记：任何语言单位在具体的话语中都可以获得修辞色彩；之所以将语言手段按照修辞色彩进行归类，是为了快速提取这些手段组织我们的语言，并对语言手段加以典型而准确的运用；然而这并不意味着，具有某一修辞色彩的语言手段只能用于它所对应的语体和体裁(如诗语词汇不仅仅用于诗语领域，还可以用于其他领域)，这些语言手段无论进入何种领域都在某种程度上保留着自身的修辞色彩，这种修辞色彩实质上是

① Векшин Г.В. Жанр и функциональный стиль: языковое и речевое (о некоторых двусмысленностях в функциональной стилистике) // Жанры речи. Вып. 6. Жанр и язык. Саратов, 2009, С. 55.

② Бахтин М.М. Собрание сочинений. т. 5, Москва, 1997, С. 180.

一种语体记忆或体裁记忆。

巴赫金的言语体裁理论作为一种卓有成效的语言学思想，具有很强的阐释能力，为修辞学研究提供了全新的视角——即从体裁角度研究语言与言语交际，从而使得修辞学更加贴近“鲜活的”语言现实。语言单位通过体裁进入言语实践，修辞色彩更是通过体裁作用于语言单位——言语体裁理论的这些独特观点，为研究语言单位的修辞特性提供了新的理据。语言单位以及基于语言单位的言语模型的体裁分析，使得俄语传统修辞学两大方向之一的资源修辞学焕发出新的活力。

三　言语体裁理论对于俄语修辞学的贡献

现代语言学众多流派纷纷关注语言的交际功能、言语活动及其组织形式。在斯拉夫诸语言的研究中，“修辞学，准确地说，功能修辞学发挥着重要作用（有些学者甚至认为是主导作用）”①。功能修辞学从语言与语言外现实，首先是从社会现实的相互关系角度考察语言，集中关注语言的运用规律。而在这一点上，巴赫金的言语体裁理论恰好与之构成了一种特殊的对话关系。

（一）言语体裁理论中的体裁语体

语言体式（стиль языка）与言语体式（стиль речи）既有区别又有联系，两者关系错杂，一直是功能修辞学中争论不休的问题。20世纪50年代中期，苏联语文学界展开了一场声势浩大的修辞学大讨论，其核心论题便是语体。1954年苏联科学院《语言学问题》杂志刊发尤·索罗金（Ю. Сорокин）的文章《关于修辞学几个基本概念的问题》，有关“语言体式”和“言语体式”问题的争论便由此拉开

① Кожина М. Н. О соотношении стилистики и прагматики //Стилистика и прагматика. Пермь，1997，С. 4.

序幕，并逐渐扩大成一场俄语修辞学大讨论。学者们对“语言体式”和“言语体式”的划分依据是什么、类别有哪些、划分意义等问题各抒己见，经过一年多的集中论辩，达成了不少共识。首先，大多数语言学家都主张有必要区分出“语言体式”和“言语体式”，如维诺格拉多夫院士等人认为，语言体式是指“在语言统一结构的内部由词形、语汇、各类词汇和句法结构组成的各种互有关联的子系统”①，在语言体式之下划分出诸种言语体式，换言之，后者作为社会言语的建构类别是前者内部的体式分类，因此可以说，语言体式是区分诸多言语体式的基础。其次，根据语言使用的几个主要领域，大体上可将语体分为科学、公文、政论、文学和口语，即所谓”五大语体”，每一种语体可以再细分出一些“微观体”（микростиль）或“分语体”（подстиль）。然而，其中还有一些重要问题长期以来一直悬而未决，如语体的性质问题，举例来说，功能语体本身究竟属于语言体式还是言语体式？如果说功能语体具有两重性，即既是“语言的”，又是“言语的”，那么就容易造成相关术语的混乱，一些学者在使用 функциональные стили языка 这一术语时，有时也指 функциональные стили речи，反之亦然。再如某些言语形式和类型很难归入某一个“大语体”，譬如外交语言类型多样，其中有的样式属于公文语体，而有的类型则属典型的政论语体。总之，“语言体式”和“言语体式”之争似乎成了制约功能修辞学发展的瓶颈。

而巴赫金提出的体裁语体（жанровый стиль, стиль жанра），作为言语体裁理论的一个重要概念，为解决上述问题提供了有效途径。那么巴赫金是怎样在体裁与语体之间建立起有机联系的呢？

首先必须强调，言语体裁理论的研究对象是作为言语交际的语言，而这种作为言语交际的语言则相对于作为系统的语言。言语交际的基本单位为表述，而不是词或句子。表述整体不仅具有

---

① Виноградов В. В. Проблемы русской стилистики. Москва, 1981, С. 20.

完成性，通常还会对所指称的事物具有主观评价态度。在巴赫金看来，尽管每一个表述都具有相对的独特性，但使用语言的每一个领域都有相对稳定的表述类型。各种交际领域必定会产生诸多不同的言语体裁形式。巴赫金指出："语言的运用是人类活动某一领域的参与者以单个的具体的表述形式（口头或书面形式）加以实现的。这些表述可以反映每个领域所特有的条件和目的，这不仅仅表现在（话题）内容和语体（亦即对语言的词汇、成语和语法手段的选择）上，而且首先表现在结构布局上。[①]"可以看出，巴赫金这里强调的是语体与表述主题［即（话题）内容］、建构统一体的联系，即它与言语主体对所反映现实的情感评价态度，与表述的谋篇构局之联系，依照巴赫金的观点，主题、语体、布局构成了言语体裁的三位一体。显然，言语体裁理论并不否认语体的存在和作用，而只是将其视为表述整体的一个组成部分："语体是作为一种构成要素包含在表述的体裁统一体之中的。当然，这不意味着，不可以将语言体式视为独立的专门研究对象。这种研究——亦作为一门独立学科的语言修辞学，不仅是可以的，而且是需要的。"[②]但在研究作为言语交际的语言过程中，仅仅停留在语体层面是远远不够的，因为结构布局、主题等因素已超出了语体的范围，而进入了体裁的范畴。于是巴赫金便以功能语体为基础进而提出了体裁语体："在语体或功能语体的问题上，也可以清楚地揭示语体和体裁之间有机而紧密的关系。就实质而言，语体或功能语体恰恰就是人类活动和交际的某些领域的体裁语体。[③]"巴赫金一再强调，只有将语体置于体裁的框架下加以考察，只有关注语体的体裁属性，功能修辞学的研究才会富有成效。

巴赫金不是从语言或言语的层面，而是从言语体裁的高度来看待语体的，将语体视为言语体裁不可或缺的组成部分，这样自然

---

① Бахтин М. М. Собрание сочинений. Т. 5，Москва，1997，С. 159.

② 同上书，第 164 页。

③ 同上书，第 163 页。

就从语言体式和言语体式的争论中抽身，并为语体研究开拓出一片崭新的天地。

值得注意的是，尽管巴赫金也把语体与词汇、成语和语法手段的选择联系起来，但他认为，任何语言现象，如果它被纳入抽象的语言系统进行考察，则属于语法现象，然而，在个人表述或者言语体裁的组成中，语言现象便是修辞现象，因为言语主体“对某一个语法形式的选择本身就是修辞行为”[①]。巴赫金反复重申，就言语活动而言，选择行为本身属于修辞现象。我们认为，如果说把修辞（亦即语体）理解为对不同语言单位和语言手段的选择，是老调重弹，毫无新意可言，那么，言语体裁范围内的选择便获得了新意，因为体裁统领着言语主体的表述过程，使表述整体前后一致，并形成言语的一体性，用巴赫金的话来说，“关于表述整体形式的观念，即关于某种言语体裁的观念在我们的言语过程中始终统领着我们”[②]，而言语主体“富有个性和主观性的言语意图与所选择的体裁是相适应的，这种意图诞生于一定的体裁形式，并得以发展”[③]。一方面是追求自我表现的“富有个性和主观性的言语意图”，另一方面是“关于某种言语体裁的观念”（即某一体裁的相关规范），而体裁语体正是在这两种不同取向的协调过程中得以形成的，因此，言语主体的个性因素、个人风格与体裁规则的结合过程便成为体裁语体所关注的一个焦点。

综上所述，由于功能修辞学和体裁语体都以社会活动领域、交际领域为研究基础，因此两者之间有着紧密的有机联系；从言语交际的角度来看，作为宏观体（макростиль）的功能语体因过于概括和抽象而存在两大先天不足：一是语言体式与言语体式两者之间的关系时而清晰，时而模糊；二是对语体的划分还缺乏统一的依据，语体中的确存在一些过渡和交叉现象，即有些语言现象很难被划

---

① Бахтин М. М. Собрание сочинений. Т. 5, Москва, 1997, С. 167.

② 同上书，第 184 页。

③ 同上书，第 170 页。

入某一个大语体之中。但是从言语体裁层面来考察语体，就为功能修辞学乃至整个修辞学的新发展注入了强劲的活力。巴赫金的言语体裁理论在俄罗斯语言学界得到了广泛的运用和深入的探讨，自 20 世纪 90 年代起，俄罗斯学界就掀起了一股言语体裁研究热潮，学者们不仅对言语体裁理论所蕴藏的内涵做了精细的开采和系统的阐发，而且运用这一理论对丰富的口语和书面语的诸多体裁进行了切实有效的分析，解决了俄语修辞学乃至语言学中长期悬而未决的一些难题。由此也催生了一门崭新的学科——体裁学（жанроведение），从某种意义上说，它是功能修辞学的“升级版”，不仅可以克服功能语体划分方面的某些不足，而且通过语体的重新排列组合，还有利于解决语体的“最优化分类”问题。[①]

（二）言语体裁理论对俄语修辞学的整合作用

如上所述，言语体裁作为相对稳定的表述类型渗透到所有交际领域，无论是日常生活的口语交际，还是宗教、法律、科学、艺术领域的书面交际，都离不开言语体裁。这就为俄语修辞学的两个重要分支——资源修辞学和功能修辞学在统一的体裁层面实现整合提供了可能。

巴赫金指出：“言语体裁是言语整体的典型建构模式。”[②]需要说明的是，这里的“言语整体”相当于我们上文所说的“表述整体”。从修辞学角度来看，表述“建构模式”实质上是一种广义的修辞手法，即包括语言单位在内的各种语言手段的运用及其组织方式。[③]不过，近 20 多年来，随着言语体裁理论在俄罗斯的不断发展，一部分学者对语言单位有了新的认知，他们认为，标准语系统中存在着词、词组、句子等分级的语言单位，然而在整体语言思维中还存在

---

① 张会森：《张会森集》，黑龙江大学出版社，2007，第 268 页。

② Бахтин М.М. Эстетика словесного творчества. Москва，1979，С. 307.

③ Сковородников С. П. Выразительные средства русского языка и речевые ошибки и недочёты. Москва，2005，С. 322 - 323.

着不同性质的语言材料单位，如加斯帕罗夫提出了“交际片断”(коммуникативный фрагмент)的概念：“交际片断(即现成的完整表达)，是第一性的、完完整整的，可以直接识别的语言物质微粒……”[①]。每个单位通常由2—4个词形组合而成，“比如，像«сам построил дом»(自建房屋)、«строительство жилых домов»(住房建设)、«в недавно построенном доме»(不久前建成的房屋里)、«чтобы построить дом, нужно/требуется...»(为了建盖房屋，需要……)这样的表达就是不同的交际片段。它们完整地留存在我的记忆中，随时可以用作语言材料块。[②]”当然，对这些“交际片段”可以进行适当调整和处理，如截短、加长，甚或稍作替换等。交际者在自己以往的语言经验中要么使用过它们，要么就是在口头或书面的语篇中接触过它们，因此这种与具体情景和话题相伴相的“交际片段”有时也被加斯帕罗夫称为“语言经验片段”(кусок языкового опыта)，它们作为“微粒”仿佛附着于潜在的主题和情景中，言语主体一旦与某个实际情景和话题发生关联，相应的“交际片段”便会在其脑海里“闪现”。尤其值得注意的是，加斯帕罗夫明确指出，语言材料的片段具有相对的规范性：“我对此种表达的‘正确性’深信不疑，无须查对它是否符合一定的构建原则：我只是知道，它事实上是存在的，它是‘正确’的，也就是说，它属于我的语言经验库。[③]”也就是说，交际者从自身的语言资源库中选用的是现成的、规范的语言材料单位。而各类语言单位(包括这里所说的语言材料单位)在不同的典型情景中的修辞意义正是资源修辞学的任务之一。

另一方面，表述“建构模式”的内涵除了谋篇构局外，也包括言语一体性，而后者作为语体的主要特征，则是功能修辞学的研究对

① Гаспаров Б. М. Язык, память, образ. Лингвистика языкового существования. Москва, 1996, С.123-124.

② 同上书，第118页。

③ 同上书，第118页。

象。功能语体的言语一体性不仅取决于语言内部因素，更有赖于语言外部因素（或称非语言因素），科任娜就此明确指出："这种一体性表现在某一具体社会领域的交际目的和交际任务，这个领域中的思维形式、内容类别等，决定着在言语中积极运用特定性质的语言单位、语义类型及其功能语体色彩。这些语言单位在具体的言语领域里运用时，在由共同的功能任务所决定的一定意义的基础上紧密联系在一起。由于这种相互间的联系，连贯话语（和言语类型）在整体上便具有了某种修辞-语义的色彩。[①]"显然，此处的语言外部因素指社会活动领域的特点、交际需要和交际环境等，这些语言外部因素对各语体的形成起着制约的作用，也正是在它们的影响下，不同的语言单位在某个特定的语体中才能联系在一起，并形成独特的言语一体性。

我们之所以对表述整体的"建构模式"予以特别关注，旨在说明，言语体裁既涉及规范层面的语言资源，同时也涵盖语体的主要特征——言语一体性，前者通常是在资源修辞学的范围内加以描述的，而后者则是功能修辞学的研究对象。这种兼容性为资源修辞学和功能修辞学的整合奠定了理论基础。

以上我们仅从巴赫金对言语体裁所作的高度凝练的界定中即可看出，言语体裁说（以及在此基础上形成的体裁学）作为一种边缘性理论，完全可以连通俄语修辞学内部的两大主要分支：资源修辞学和功能修辞学。

巴赫金的言语体裁观为推动俄语修辞学向纵深发展做出了重要贡献：一方面，该理论对功能修辞学中的一些命题和观点具有佐证、检验和校正的作用，并促使功能语体的划分更趋合理；另一方面，在俄语修辞学的发展过程中，资源修辞学和功能修辞学这两大方向存在一定程度的分化与隔离倾向，言语体裁理论为俄语修辞学分支学科的内部整合提供了有效途径。我们认为，言语体裁观

① Кожина М. Н.и др. Стилистика русского языка. Москва, 2008, С. 92.

是一种具有普适性的修辞学理论，诚如巴赫金所言："哪里有修辞，哪里就有体裁……为了有效地探讨修辞学的所有问题，对后者（指言语体裁——作者注）进行更加深入而广泛的研究就显得十分必要。[1]"

① Бахтин М. М. Собрание сочинений. Т. 5, Москва, 1997, С. 166.

主要参考文献

俄文部分

Алпатов В. М. Волошинов, Бахтин и лингвистика, Москва, 2005.

Барлас Л. Б. Русский язык. Стилистика. Москва, 1978.

Бахтин М. М. Вопросы литературы и эстетики. Москва, 1975.

Бахтин М. М. Литературно-критические статьи. Москва, 1986.

Бахтин М. М. Собрание сочинений. Т. 2, Москва, 1997.

Бахтин М. М. Собрание сочинений. Т. 5, Москва, 1997.

Бахтин М. М. Фрейдизм. Формальный метод в литературоведении. Марксизм и философия языка. Статьи. Москва, 2000.

Бахтин М. М. Эстетика словесного творчества. Москва, 1986.

Борев Ю. Б. Эстетика. Москва, 1988.

Бочаров С. Г. Об одном разговоре и вокруг него // Новое литературное обозрение, 1993, №2.

Брандес М. Р. Стилистический анализ. Москва, 1971.

Васильева А. Н. Уровни стилистической абстракции и основные уровневые разделы функциональной стилистики // Основные понятия и категории лингвостилистики. Межвузовский сборник научных трудов. Пермь, 1982.

Васильева А. Н. Художественная речь. Москва, 1983.

Введение в литературоведение /Под ред. Г. Н. Поспелова. Москва, 1988.

Вежбицка А. Речевые жанры //Жанры речи. Вып. 1. Саратов: ГосУНЦ "Колледж", 1997.

Векшин Г. В. Жанр и функциональный стиль: языковое и речевое (о некоторых двусмысленностях в функциональной стилистике) // Жанры речи. Вып. 6. Жанр и язык. Саратов, 2009.

Веселовский А. Н. Историческая поэзия. Москва, 1989.

Виноградов В. В. О теории художественной речи. Москва, 1971.

Виноградов В. В. Очерки по истории русского литературного языка XVII–XIX века. Москва, 1982.

Виноградов В. В. О языке художественной литературы. Москва, 1959.

Виноградов В. В. О языке художественной прозы. Москва, 1980.

Виноградов В. В. Поэтика художественной литературы. Москва, 1976.

Виноградов В. В. Проблема авторства и теория стилей. Москва, 1961.

Виноградов В. В. Стилистика. Теория поэтической речи. Поэтика. Москва, 1963.

Виноградов В. В. Стиль Пушкина. Москва, 1941.

Виноградов В. В. Язык и стиль русских писателей. Москва, 1990.

Винокур Г. О. Избранные работы по русскому языку. Москва, 1941.

Винокур Т. Г. Разговорная речь, разговорный стиль, устная форма // Разновидности городской устной речи. Москва, 1988.

Гайда Ст. Проблемы жанра // Функциональная стилистика: теория стилей и их языковая реализация. Пермь, 1986.

Гайда Ст. Стилистика и генология // Статус стилистики в современном языкознании. Пермь, 1992.

Гальперин И. Р. Текст как объект лингвистического исследования. Москва, 1981.

Гаспаров Б. М. Язык, память, образ. Лингвистика языкового существования. Москва, 1996.

Гвоздев А. Н. Очерки по стилистике русского языка. Москва, 1965.

Гей Н. К. Художественность литературы. Поэтика. Стиль. Москва, 1975.

Дементьев В. В. Изучение речевых жанров: обзор работ в современной русистике// Вопросы языкознания, 1997, №1.

Дементьев В. В. Коммуникативная генристика: речевые жанры как средство формализации социального взаимодействия // Жанры речи. Вып. 3. Саратов, 2002.

Дементьев В. В. Фатические и информативные коммуникативные замыслы и коммуникативные интенции: проблемы коммуникативной компетенции и типология речевых жанров // Жанры речи. Вып. 1. Саратов, 1997.

Долинин К. А. Речевые жанры как средство организации социального взаимодействия // Жанры речи. Вып. 2. Саратов, 1999.

Долинин К. А. Стилистика французского языка. Ленинград, 1978.

Ефимов М. И. Стилистика художественной речи. Москва, 1961.

Жирмунский В. М. Теория литературы. Поэтика. Стилистика. Ленинград, 1977.

Золян С. Т. О соотношении языкового и поэтического смыслов. Ереван, 1985.

Карасик В. И. Языковой круг: личность, концепты, дискурс. Волгоград, 2002.

Кожина М. Н. О специфике художественной и научной речи в аспекте функциональной стилистики. Пермь, 1966.

Кожина М. Н. и др. Стилистика русского языка. Москва, 2008.

Кожина М. Н. О соотношении стилистики и прагматики // Стилистика и прагматика. Пермь, 1997.

Кожина М. Н. Речевой жанр и речевой акт (некоторые аспекты проблемы) // Жанры речи. Вып. 2. Саратов, 1999.

Кожина М. Н. Проблемы специфики и системности функциональных стилей речи: Автореферат диссертации на соискание ученой степени доктора филологических наук. Москва, 1970.

Контекст (1987). Москва, 1988.

Крылова О. А. Лингвистическая стилистика. Москва, 2006.

Купина Н. А., Матвеева Т. В. От культуры речи к новой

русской риторике // Вопросы стилистики. Вып. 25. Саратов, 1993.

Лармин О. В. Художественный метод и стиль. Москва, 1964.

Леонтьев А. А. Понятия «стиль речи» и «стиль языка» в ряду других понятий лингвистики речи /Сб. науч. трудов. Москва, 1973.

Лингвистический энциклопедический словарь. Москва, 1990.

Литературный энциклопедический словарь. Москва, 1987.

Лихачев Д. С. Избранные работы: В 3 т. Ленинград, 1987.

Лихачев Д. С. О филологии. Москва, 1989.

Лосев А. Ф. История античной эстетики (ранняя классика). Москва, 1963.

Лотман Ю. М. Структура художественного текста. Москва, 1970.

Лотман Ю. М. Анализ поэтического текста. Ленинград, 1972.

Новиков Л. А. Художественный текст и его анализ. Москва, 1988.

Одинцов В. В. В. В. Виноградов. Москва, 1983.

Одинцов В. В. О языке художественной прозы. Москва, 1973.

Одинцов В. В. Стилистика текста. Москва, 1980.

Орлова Н.В. Жанры разговорной речи и их «стилистическая обработка»: к вопросу о соотношении стиля и жанра //Жанры речи. Вып. 1. Саратов, 1997.

Поляков М. Я. Вопросы поэтики и художественной семантики. Москва, 1978.

Поспелов Г. Н. Проблемы литературного стиля. Москва, 1970.

Потебня А. А. Эстетика и поэтика. Москва, 1976.

Поэтика и стилистика русской литературы. Ленинград, 1971.

Русские писатели о языке. Ленинград, 1954.

Салимовский В. А. Жанры речи в функционально-стилистическом освещении. Пермь, 2002.

Седов К. Ф. Анатомия жанров бытового общения // Вопросы стилистики. Вып. 27. Саратов, 1998.

Седов К. Ф. Антология речевых жанров: повседневная коммуникация. Москва, 2007.

Сиротинина О. Б. Некоторые размышления по поводу терминов «речевой жанр» и «риторический жанр» // Жанры речи. Вып. 2. Саратов, 1999.

Сковородников С. П. Выразительные средства русского языка и речевые ошибки и недочёты. Москва, 2005.

Семиотика. Сборник переводов. /Сост. Ю. С. Степанов. Москва, 1983.

Смена литературных стилей. На материале русской литературы XIX－XX веков. Москва, 1974.

Соколов А. Н. Теория стиля. Москва, 1968.

Сорокин Ю.С. К вопросу об основных понятиях стилистики// Вопросы языкознания, 1954, №2.

Степанов Г. В. Язык. Литература. Поэтика. Москва, 1988.

Структурализм: «за» и «против». Москва, 1975.

Теория литературных стилей. Современные аспекты изучения. Москва, 1982.

Теория литературных стилей. Типология стилевого развития нового времени. Москва, 1976.

Теория литературных стилей. Типология стилевого развития XIX века. Москва, 1977.

Теория литературных стилей. Многообразие стилей советской литературы. Москва, 1978.

Тимофеев Л. И. Основы теории литературы. Москва, 1976.

Томашевский Б. В. Стилистика и стихосложение. Ленинград, 1959.

Тынянов Ю. Н. Поэтика. История литературы. Кино. Москва, 1977.

Успенский Б. А. Поэтика композиции. Москва, 1970.

Федосюк М. Ю. Нерешенные вопросы теории речевых жанров // Вопросы языкознания, 1997, №5.

Храпченко М. Б. Творческая индивидуальность писателя и развитие литературы. Москва, 1981.

Чичерин А. В. Идеи и стиль. Москва, 1968.

Чичерин А. В. Очерки по истории русского литературного стиля. Москва, 1985.

Шанский Н. М. Лингвистический анализ художественного текста. Ленинград, 1984.

Шкловский В. Б. О теории прозы. Москва, 1983.

Шкловский В. Б. Художественная проза. Размышления и разборы. Москва, 1959.

Шмелева Т.В. Модель речевого жанра // Жанры речи. Вып. 1. Саратов, 1997.

Щерба Л.В. Избранные работы по русскому языку. Москва, 1957.

Эйхенбаум Б. М. О литературе. Москва, 1987.

Эйхенбаум Б. М. О прозе. О поэзии. Ленинград, 1986.

Якобсон Р. О. Работы по поэтике. Москва, 1987.

Якобсон Р. О. Избранные работы. Москва, 1985.

中文部分

（一）

白春仁:《文学修辞学》,长春:吉林教育出版社,1993 年.

陈良运:《中国诗学体系论》,北京:中国社会科学出版社,1992 年.

郭绍虞主编:《中国历代文论选》(四卷本),上海:上海古籍出版社,1979—1980 年.

胡经之主编:《西方文艺理论名著教程》(上下),北京:北京大学出版社,1988—1989 年.

胡经之:《文艺美学》,北京:北京大学出版社,1992 年.

黄药眠、童庆炳主编:《中西比较诗学体系》(上下),北京:人民文学出版社,1991 年.

九歌:《主体论文艺学》,北京:中国社会科学出版社,1989 年.

凌建侯:《巴赫金哲学思想与文本分析法》,北京:北京大学出版社,2007 年.

《马克思主义文艺理论研究》编辑部编选:《美学文艺学方法论》(上下册),北京:文化艺术出版社,1985 年.

《马克思主义文艺理论研究》编辑部编选:《美学文艺学方法论》(续集),北京:文化艺术出版社,1987 年.

钱中文:《文学原理——发展论》,北京:社会科学文献出版社,1989 年.

王朝闻主编:《美学概论》,北京:人民出版社,1981 年.

王力:《汉语诗律学》,上海:新知识出版社,1958 年.

伍蠡甫、胡经之主编:《西方文艺理论名著选编》(上下卷),北京:北京大学出版社,1985—1987 年.

伍蠡甫主编:《西方文论选》(上下卷),上海:上海译文出版社,1979 年.

伍蠡甫主编:《西方古今文论选》,上海:复旦大学出版社,1984 年.

吴战垒:《中国诗学》,北京:人民出版社,1991 年.

叶维廉:《中国诗学》,北京:生活·读书·新知三联书店,1992 年.

张会森:《张会森集》,哈尔滨:黑龙江大学出版社,2007 年.

周振甫:《中国修辞学史》,北京:商务印书馆,1991 年.

周振甫:《诗词例话》,北京:中国青年出版社,1980 年.

周振甫译注:《文心雕龙选译》,北京:中华书局,1980 年.

(二)

巴赫金著,白春仁、顾亚玲译:《陀思妥耶夫斯基诗学问题》,生活·读书·新知三联书店,1988 年.

巴赫金著,白春仁等译:《巴赫金全集》第四卷,石家庄:河北教育出版社,1998 年.

巴赫金著,白春仁等译:《巴赫金全集》第五卷,石家庄:河北教育出版社,1998 年.

巴赫金著,邓勇、陈松岩译:《文艺学中的形式方法》,北京:中国文联出版公司,1992 年.

巴赫金著,李辉凡等译:《巴赫金全集》第二卷,石家庄:河北教育出版社,1998 年.

布洛克曼著,李幼蒸译:《结构主义:莫斯科—布拉格—巴黎》,北京:商务印书馆,1980 年.

茨维坦·托多罗夫著,蔡鸿滨等译:《俄苏形式主义文论选》,北京:中国社会科学出版社,1989 年.

黑格尔著,朱光潜译:《美学》(第一—三卷),北京:商务印书馆,1984 年.

霍克斯著,瞿铁鹏译:《结构主义和符号学》,上海:上海译文出版社,1987 年.

杰弗森等著,陈昭全等译:《西方现代文学理论概述与比较》,长沙:湖南文艺出版社,1986 年.

克拉克、霍奎斯特著，语冰译:《米哈伊尔·巴赫金》，北京:中国人民大学出版社，1992年.

利奇著，王庆仁译:《列维-斯特劳斯》，北京:生活·读书·新知三联书店，1985年.

帕尔纽克主编，刘继岳译:《作为哲学问题的主体和客体》，北京:中国人民大学出版社，1988年.

什克洛夫斯基等著，方珊等译:《俄国形式主义文论选》，北京:生活·读书·新知三联书店，1989年.

托洛茨基著，刘文飞等译:《文学与革命》，北京:外国文学出版社，1992年.

韦勒克、沃伦著，刘象愚等译:《文学理论》，北京:生活·读书·新知三联书店，1986年.

休斯著，刘豫译:《文学结构主义》，北京:生活·读书·新知三联书店，1988年.

亚里士多德、贺拉斯著，罗念生、杨周翰译:《诗学·诗艺》，北京:人民文学出版社，1982年.

英文、法文部分

Culler, J. *Structuralist Poetics: Structurelism, Linguistics and the Study of Literature. London, 1975.*

Erlich, V. Russian Formalism: History-Doctrine, The Hague, 1965.

Gary Saul Morson & Caryl Emerson, Mikhail Bakhtin: Creation of a Prosaics, Stanford, California, 1990.

Guillen, C. Literature as System, Princeton, 1971.

Hartman, G. Beyond Formalism: Literary Essays 1958－1970.New Haven, 1970.

Jakobson, R. Questions de poétique.Paris, 1973.

Jakobson, R. and Halle, M. Fundamentals of Language. The Hague, 1956.

Kristeva, J. Sémiotiké, Recherches pour une Sémanalyse. Paris, 1969.

Levin, S. Linguistic Structures in Poetry. La Haye, 1973.

Sebeok, T. Linguistics and Adjacent Arts and Sciences. The Hague, 1973.

Todorov, T. Poétique de la prose. Paris, 1971.

Waugh, L. Roman Jakobson' Science of Language. Lisse, 1976.

Wellek, R. The Literary Theory and Aesthetics of the Prague School. Ann Arbor, 1969.

后 记

我和两位同门合著的《俄罗斯文学修辞理论研究》2009 年出版后，曾有友人善意指出，倘若将此书三篇（上篇“作者形象的修辞角度研究”，中篇“语言学诗学理论研究”，下篇“文学作品风格的结构分析和审美评价”）中的下篇换作“××理论研究”，那么全书在结构体例上则“无懈可击”，于是我们趁此次出版机会，用“言语体裁理论研究”将下篇做了更换。此外，我们还将俄国学者论述“作者形象”的两篇力作列于上篇之末，以方便读者更加深入地理解这一理论的内涵和本质。

巴赫金的言语体裁理论已超出了文学修辞范畴，故我们将书名更改为《当代俄罗斯修辞理论三题》。之所以冠以“当代”，是因为这三种理论均产生于 20 世纪 50 年代之后。

上篇“作者形象的修辞角度研究”、中篇“语言学诗学理论研究”和下篇“言语体裁理论研究”分别由我、王生滋和袁俭伟撰写，全书统稿工作由我完成。

本书中的部分内容曾在《俄罗斯文艺》《当代外国文学》《外语与外语教学》《中国俄语教学》《解放军外国语学院学报》等 CSSCI 来源期刊上发表。

王加兴

2019 年 11 月于南大和园

图书在版编目(CIP)数据

当代俄罗斯修辞理论三题 / 王加兴，王生滋，袁俭伟著. —南京：南京大学出版社，2019.12

ISBN 978-7-305-22685-4

Ⅰ. ①当… Ⅱ. ①王… ②王… ③袁… Ⅲ. ①俄语—修辞学 Ⅳ. ①H355

中国版本图书馆 CIP 数据核字(2019)第 257022 号

出版发行 南京大学出版社
社　　址 南京市汉口路 22 号　　　邮　编 210093
出 版 人 金鑫荣

书　　名 当代俄罗斯修辞理论三题
著　　者 王加兴　王生滋　袁俭伟
责任编辑 张　静
助理编辑 曹思佳

照　　排 南京紫藤制版印务中心
印　　刷 南京爱德印刷有限公司
开　　本 635×965　1/16　印张 17.75　字数 240 千字
版　　次 2019 年 12 月第 1 版　2019 年 12 月第 1 次印刷
ISBN 978-7-305-22685-4
定　　价 69.00 元

网址：http://www.njupco.com
官方微博：http://weibo.com/njupco
官方微信号：njupress
销售咨询热线：025-83594756